패러다임과 실천적 틀

사회복지 마케팅 원론

현용진 · 신혜자 저

PRINCIPLES OF SOCIAL
WELFARE MARKETING

미세기

○ 현용진

경영학 박사(마케팅, University of Wisconsin-Madison)

KAIST 명예교수, 숙명여자대학교 및 아주대학교 교수 역임

한국소비자학회 회장, 한국공정거래학회 회장 역임

서울시복지재단 자문위원 역임

○ 신혜자

이화여자대학교 사회복지대학원 졸업

이화여자대학교 법정대학 비서학과 졸업

난곡 및 수서지구, 요양시설 자원봉사

이화여자대학교 한국여성연구소, United Technologies 한국지점 근무

패러다임과 실천적 틀

사회복지
마케팅 원론

현용진 · 신혜자 저

미세기

서문

본서는 사회복지기관의 경영과 사업을 분석해 온 경영학자와 난곡, 수서지구 그리고 여러 요양시설에서 활동한 자원봉사자가 뜻을 모은 결실이다. 자원봉사자의 마음과 경영학자의 눈으로 사회복지의 화두로 대두된 마케팅의 실체를 풀어 보았다. 본서의 1-2장은 사회복지 마케팅의 이론적, 실천적 개념을 전달하고, '전략적 마케팅관리 과정'의 패러다임을 소개한다. 3-5장은 그 패러다임의 전략적 부분인 시장정의, 시장세분화, 표적시장 결정, 포지셔닝을 서술한다. 6-13장은 그 집행적 부분인 마케팅믹스(marketing mix), 성과평가, 마케팅조사 등을 서술한다.

마케팅의 실체적 내용은 1960-1980년대에 걸쳐 교환과 전략의 두 관점에서 체계적으로 정립되었다. 그리고 교환이 마케팅의 핵심으로 정의됨에 따라서 마케팅의 비영리 적용도 활발해졌다. 본서의 지향점은 교환과 전략 중심의 마케팅을 사회복지 분야에 전달하는 데 있다.

본서의 저술에 많은 분들이 도움을 주셨다. 특히, 두 제자인 서울시복지재단의 윤희숙 박사님, ㈜튼튼영어의 박홍균 대표님은 귀중한 지원과 조언을 아끼지 않으셨다. 이화여자대학교 사회복지학과의 정순둘 교수님, 조상미 교수님, 까리따스 방배종합사회복지관의 이수정 부장님은 현장에만 머물렀던 자원봉사자가 이론적으로나 실무적으로 사회복지체계에 다가가는 것을 인도를 해 주셨다. 서울대학교 사회복지학과의 이봉주 교수님과 ㈜튼튼영어의 임국아 이사님은 관심과 격려를 아끼지 않으셨다. ㈜꿈꾸는이상의 이상규 대표님과 송영주 전무님은 든든한 제자로서 출간을 격려해 주셨다. 미세기출판사의 윤경란 차장님은 친절하고 정성스럽게 출간의 모든 부분을 잘 맡아 주셨다. 끝으로, 오랫동안 현장과 기관, 학교에서 저자들과 함께하신 수많은 선후배, 동료들에게 깊은 감사를 드린다. 본서의 출간은 온전히 그분들이 나누어 주신 지식과 경험과 사랑 덕분이다.

contents

PART 05   집행적 과정 Ⅲ - 통제와 정보

패러다임(Paradigm)과
관리적 틀

CHAPTER 01
사회복지와
마케팅

결국 마케팅 지향적 복지기관에게 자원을 제공하는 주된 주체는 바로 교환을 통해 복지서비스를 얻고자 하는 주체이다. 다른 표현으로 마케팅은 교환 상대자를 중심으로 안정적인 자원확보 생태계를 조성하는 하나의 대안이라고 할 수 있다.

마케팅의 이론적, 실천적 지식체계는 교환과 전략의 두 가지 개념을 기반으로 수립되었다. 마케팅에서 강조되는 고객지향성(customer orientation), 표적시장, 차별화 등의 여러 내용들은 모두 교환과 전략의 사고에서 개발되었다. 이하에서는 사회복지의 맥락에서 교환과 전략의 관점을 살펴보며 마케팅의 정의와 주요 개념들을 전달한다.

1 1 사회복지와 마케팅

사회복지에서 대부분의 복지기관은 수혜자를 대상으로 활동한다. 수혜자란 복지기관에 아무런 대가를 지불하지 않고 복지기관으로부터 일방적으로 혜택을 받는 주체이다. 수혜자에게 혜택을 제공하려면 복지기관은 제3의 누군가로부터 자원을 공급받아야 한다. 가령, 이 누군가는 정부나 공공기관이거나 아니면 개인이나 사적 기업체일 수 있다.

그러나 복지기관이 마케팅을 지향하는 경우, 사회복지의 패러다임(paradigm)은 전환된다. 더 이상 복지기관에게 수혜자와 일방적 봉사라는 개념은 존재하지 않는다. 대신에 쌍방적 성격의 **교환(exchange)**이라는 개념이 존재하게 된다.[1] 교환을 할 때 복지기관과 어떤 주체는 자발적으로 서로가 원하는 재화나 서비스를 주고받는다.

아무것도 가진 것이 없고 아무것도 할 수 없는 심신미약자에게 서비스를 제공하는 복지기관을 생각해 보자. 이 경우에 심신미약자와 복지기관 간에는 교환이 존재할 수 없다. 복지기관은 심신미약자가 원하는 것을 제공할 수 있지만, 심신미약자는

---

1) Bagozzi, Richard P. (1975), "Marketing as Exchange," *Journal of Marketing*, Vol. 39, No. 4, pp. 32-39.
   Kotler, Philip (1972), "A Generic Concept of Marketing," *Journal of Marketing*, Vol. 36, No. 2, pp. 46-54.
   Kotler, Philip and Sidney J. Levy (1969), "Broadening the Concept of Marketing," *Journal of Marketing*, Vol. 33, No. 1, pp. 10-15.

복지기관이 원하는 것을 제공할 수 없기 때문이다. 그러나 만약 심신미약자에게 보호자가 있어 복지기관이 원하는 것을 제공할 수 있다면, 심신미약자와 보호자라는 하나의 집단과 복지기관 간에 교환이 존재할 수 있다. 여기서 보호자는 혈연관계의 개인에서부터 정부, 지역자치단체, 사회단체까지 누구나 될 수 있다.

또한 경제적으로 아무것도 없는 노인이 교환의 주체자가 될 수도 있다. 주위 사람들에게 복지기관에 대한 긍정적 구전을 하며 기부를 권하거나, 복지기관의 활동에 마음으로나 행동적으로 여러 형태의 품앗이를 한다면 노인과 복지기관 간에 교환이 가능해진다.[2]

사회복지마케팅은 복지서비스를 제공받은 주체로부터 대가를 얻기 위한 것이다. 그리고 이렇게 얻은 대가는 복지기관의 존립에 사용된다. 마케팅을 수행하는 복지기관에 있어서 그 존립의 기반은 교환의 상대방에 있고, 마케팅이란 복지기관이 그런 교환을 수행하는 원리와 방법론이다.

경영적 측면에서 복지기관이 마케팅을 추구하는 이유는 자원확보 경쟁의 심화에서 찾아볼 수 있다. 제3자로부터 자원을 공급받아 수혜자에게 일방적으로 복지서비스를 제공하는 경우, 복지기관은 그 제3자에게 매달리게 된다. 그 제3자로부터 자원이 지속적으로 공급되지 않는다면 복지기관은 생존하기 어렵게 된다.

만약 복지기관들 간에 그 제3자로부터 자원을 얻고자 하는 경쟁이 심화되면, 복지기관은 경쟁에서 이길 수 있는 능력을 키우거나 아니면 그 제3자 이외의 다른 곳에서 자원을 확보할 능력을 키워야 한다. 마케팅은 이런 자원확보 능력을 키우기 위한 하나의 대안이다.

마케팅은 일방적 수혜자를 교환 상대방으로 전환시키는 과정이다. 이 과정을 통해 복지기관은 교환 상대자로부터 존립에 필요한 자원을 확보한다. 이렇게 확보된 자원은 복지기관의 사업 실천에 투여되거나 또는 복지기관이 제3자로부터 자원을 얻고자 다른 복지기관과 경쟁을 할 때 사용된다. 결국 마케팅 지향적 복지기관에게 자원

---

2) Homans, George C. (1958), "Social Behavior as Exchange," *American Sociological Review*, Vol. 63, No. 6, pp. 597-606.

을 제공하는 주된 주체는 바로 교환을 통해 복지서비스를 얻고자 하는 주체이다. 다른 표현으로 마케팅은 교환 상대자를 중심으로 안정적인 자원확보 생태계를 조성하는 하나의 대안이라고 할 수 있다.

1 | 2 사회복지서비스의 교환과 마케팅

교환의 의미를 쉽게 이해하기 위해 예를 들어 보자. 어떤 사람이 소매점에서 한 식품회사의 달걀 1팩을 4,500원에 구매했다. 이 경우에, 식품회사는 자신이 제품으로 만든 달걀 1팩을(물론 이 달걀 1팩과 함께 여러 부가적 요소와 서비스가 포함된다.) 포기하여 4,500원을 얻었고 그 구매자는 자신이 갖고 있던 돈 중에서 4,500원을 포기하여 달걀 1팩을 얻었다. 당연히 그 식품회사가 4,500원을 다 갖는 것은 아니다. 식품회사를 대신하여 달걀을 파는 소매점의 몫도 있다. 만약 그 식품회사가 계란을 그 소매점에 직접 납품했다면, 4,500원 중 일부는 소위 유통마진(소매가격−납품가격)으로서 그 소매점의 몫이 된다.

위의 예에서 식품회사의 마케팅이란 구매자와 4,500원에 달걀 1팩을 교환하기 위해 식품회사가 수행해야 하는 일련의 활동들을 의미한다. 가령, 식품회사는 달걀을 직접 생산하거나 외부 업체로부터 조달받는 것 이외에도, 누가 자사의 달걀을 좋아할 것인지 알아도 보고(즉, 시장조사를 하고) 많은 구매자가 수용할 수 있는 가격을 책정하며, 자사의 달걀이 어떤 것인지 알리기도 하면서 구매를 권유해야 한다. 즉, 광고 및 판매촉진 활동을 해야 한다. 물론, 그 소매점과 같이 팔아 줄 주체를 선택해, 분위기 좋고 편리한 구매 환경을 확보해야만 한다. 즉, 유통경로를 개발, 운용해야 한다. 이외에도 일일이 열거할 수 없을 정도의 많은 활동을 수행해야 식품회사는 소매점에서 구매자에게 달걀 1팩을 제공하고 4,500원을 받을 수 있다.

복지기관의 경우로 돌아가 보자. 복지기관은 자신을 교환의 주체로 규정할 수도 있고, 아니면 오랫동안 그러했듯이 수혜자라고 지칭되는 대상에게 일방적으로 복지서비스를 배급해 주는 주체로서 자신을 규정할 수도 있다. 사실 복지기관이 자신을 교환의 주체로 규정할지, 아니면 배급의 주체로 규정할지는 선택의 문제이다. 다만, 마케팅은 자신을 교환의 주체로 규정하는 복지기관에서만 의미가 있다. 자신을 교환의 주체로 규정하는 복지기관은 교환을 통해 자신의 생존과 성장에 필요한 자원을 확보하겠다는 입장을 취한다.

반면, 자신을 일방적 배급의 주체로 규정하는 복지기관은 누군가로부터 복지서비스의 생산과 배급을 위탁받아 생존과 성장에 필요한 자원을 획득해야 한다. 이때 복지기관은 그 생산과 배급을 위탁한 누군가와 교환을 하는 주체로서 자신을 규정할 수도 있다. 그렇다면 복지기관은 그 위탁자를 대상으로 마케팅을 전개할 수 있다. 그러나 이러한 마케팅은 본서에서 다루지 않는다. 후술하는 바와 같이, 그런 위탁자 대상의 마케팅은 소비자 대상의 마케팅과 다른 문맥(context)에서 수행되기 때문이다.

본서에서 다루는 마케팅은 복지서비스를 제공하는 기관과 그 서비스를 얻어서 최종적으로 소비하는 개별적 주체(이하 소비자 또는 복지소비자라고 칭함) 간의 교환에 국한된다. 여기서 개별적 주체는 하나의 사람이나 이 사람을 중심으로 구성된 집단을 지칭한다. 가령, 복지서비스를 필요로 하는 심신미약자는 그 보호자와 함께 하나의 집단을 이루며 하나의 소비자로서 존재할 수 있다.

위에서 언급된 바와 같이, 제3자의 위탁을 받아 서비스를 배급하는 복지기관은 그 제3자를 대상으로 마케팅을 할 수 있다. 이러한 마케팅의 예로 정부기관을 대상으로 한 마케팅이 있다. 정부기관은 복지기관에 서비스의 생산과 배급을 위탁하고 이에 대한 대가로 복지기관의 생존과 성장에 필요한 자원을 제공한다. 이때 복지기관의 마케팅이란 정부기관 대상의 교환을 위한 일련의 활동들을 의미한다.

이 교환에서 복지기관이 정부기관에 제공하는 것은 위탁된 대로 복지서비스를 생산하고 배급하는 일종의 대행업무라고 이해할 수 있다. 이런 대행업무에 대한 대가에는 유·무형의 재화, 보조금과 같은 금전적인 것, 건물이나 토지의 사용권, 특정 복지사업을 수행할 수 있는 권한, 또는 여러 공공물자나 서비스 등이 포함된다.

이렇게 복지기관이 정부기관에게 대행서비스를 제공하고 그에 대한 대가를 받는 마케팅은 소위 **B2B(Business to Business) 마케팅**으로 이해할 수 있다. 반면 복지기관이 복지소비자에게 서비스를 제공하고 무언가 대가를 받는 마케팅은 **B2C(Business to Consumer) 마케팅**으로 이해할 수 있다. 앞서 언급된 바와 같이 본서에서는 B2C 마케팅만을 다룰 것이다.

복지기관의 모든 활동들은 직간접적으로 소비자에 대한 마케팅과 관련이 되어 있다. 복지서비스의 기획과 개발, 생산, 물류, 자금조달, 인사조직 및 재무회계 등의 모든 활동들은 교환을 위한 것이다. 예를 들어, 교환의 상대방으로 적합한 소비자들을 찾아 그들의 실정에 맞게 서비스를 개발, 생산하는 데에는 상당한 자금이 소요되므로 자금조달 및 운용 계획을 잘 수립해야 한다. 또한 서비스의 물류시스템과 그 담당인력을 잘 관리해야 소비자들이 모여 있는 장소나 시점에 복지서비스를 효율적으로 전달할 수 있다. 결국 현실 속의 복지기관에서는 마케팅 책임 부서라고 이름을 건 곳만이 마케팅을 위한 일들을 수행하는 것은 아니다.

이해를 돕기 위해 영리 기업의 경우를 살펴보자. 마케팅 부서가 담당하는 활동들은 기업마다 다르기 마련이다. 어떤 기업의 마케팅 부서는 표적시장을 결정하여 매출, 시장점유, 영업이익과 같은 기준으로 목표를 설정해 놓고, 이 목표의 달성을 위해 기업 내 각 부서의 역할을(가령, 제품 생산, 물류, 유통점 입점, 광고판촉 등의 많은 역할들을) 기획한다. 그리고 더 나아가 그렇게 기획한 대로 기업 전체가 움직일 수 있도록 각 부서의 업무를 조정, 통합한다. 이 정도가 되면 마케팅 부서의 역할은 매우 광범위하고, 기업 내 마케팅 부서의 위치도 상당히 공고하다. 그렇지만 마케팅 부서가 영업 부서를 지원해 주는 일에 머무르는 기업도 있다. 이 경우에 마케팅 부서는 판촉, 시장조사, 상품라인의 조정, 콜센터 운영과 같은 고객관리 등의 여러 활동을 맡아 수행한다.

한 기업에서 마케팅 부서의 업무 영역을 전사적인 통합, 조정으로 결정할지, 아니면 관련 부서의 지원에 그치도록 결정할지는 매우 어려운 일이다. 이러한 결정을 위해서는 시장상황, 기업의 경영전략, 조직문화, 기업 내부의 정치적 역학관계, 기업의 역사성 등의 수많은 요인들을 종합적으로 고려해야만 한다. 어느 면에서 마케팅 부서의 역할을 잘 결정하고 움직이는 기업은 문자 그대로 시장지향적 경영전략을 효과적으로 수행할 역량을 갖춘 기업이다.

이처럼 마케팅 책임 부서만이 마케팅 활동을 수행하는 것이 아니다. 작게는 기업 내 몇 부서들이 서로 공조체제를 이루어 수행하는 것이고, 넓게는 기업의 모든 부서들이 전사적인 통합, 조율 속에서 수행하는 것이다.

복지기관의 경우에도 마케팅 책임 부서의 역할과 활동은 복지 영역이나 복지기관의 조직적 입장과 특성에 따라 달라진다. 가령, 복지소비자들과 긴밀한 관계를 맺고 교환을 영위하는 것이 중요할수록 마케팅 책임 부서의 역할과 활동이 더 커질 수 있다. 그러한 관계적 교환을 위해서는 서비스의 개발과 전달에서부터 사후관리까지 복지소비자의 욕구를 체계적으로 반영하는 것이 중요하다. 그리고 이런 욕구반영을 위해서 복지기관 내의 모든 부서들은 서로 유기적인 통합 속에서 움직여야 한다. 즉, 각 부서가 그런 관계적 교환이라는 전 기관적 목표를 위해 다 같이 발맞추어 매진해야 한다. 복지소비자 지향적 서비스를 추진하고 있는 과정에서 한 부서는 예산 절감의 필요성을 강조하고, 다른 부서는 인력 배치의 어려움을 강조하며, 또 다른 부서는 부서 이기주의에 따라 추진 과제의 현실성 부족을 내세울 수 있다. 이런 상황에서 애초에 의도된 복지소비자 지향적 서비스는 실현 자체가 불가능해지거나 아니면 각 부서의 입장만 조각조각 반영된 아무것도 아닌 누더기로 전락할 수 있다. 이런 일을 막으려면 마케팅 책임 부서가 각 부서의 입장과 역할수행을 조정하여 통합해야 한다. 그러면 마케팅 책임 부서의 권한과 역할은 매우 커지게 된다.

반면 한정된 자원을 갖고 최대한 많은 복지소비자들에게 서비스를 제공해야 할 복지기관의 경우에 마케팅 책임 부서의 역할과 활동은 매우 제한적일 수 있다. 그리하여 서비스의 효율적 전달을 위한 일부의 보조적 책무만을 담당할 수 있다. 가령, 서비스 전달에 필요한 홍보를 하거나 아니면 사후관리의 한 부분인 복지소비자의 고정처리를 담당할 수 있다. 또는 복지소비자의 실태를 조사하여 기존 서비스를 개선하거나 아니면 새로운 서비스를 제시하는 스태프(staff) 역할만을 담당할 수 있다.

1 3 교환의 원리와 효용

  교환이란 양 당사자 간에 유·무형의 재화나 서비스를 주고받는 것이다. 이렇게 재화나 서비스를 주고받는 이유는 **효용**(utility) 증대에 있다.[3] 거래 상대방에게 준 재화나 서비스의 효용보다 그 상대방에게서 받은 재화나 서비스의 효용이 더 클 때 교환은 이루어진다.

  가상적인 예를 하나 들어서 교환의 본질을 전달해 보기로 한다. 사과를 재배해 먹고 있는 사람과 배를 재배해 먹고 있는 사람은 각자 매일 사과나 배만 먹어야 하므로 지겨워진다. 이때 그 두 사람이 서로 사과와 배를 하나씩 주고받았다고 하자. 이 경우에 그 두 사람은 사과와 배만 먹는 지겨움에서 얼마간 벗어날 수 있다. 지겨움에서 얼마간 벗어남은 곧 그만큼 효용이 늘어났음을 의미한다. 이런 식으로 자기에게는 효용이 적으나 상대방에게는 효용이 큰 재화나 서비스를 상대방에게 주고 상대방에게는 효용이 낮으나 자기에게는 효용이 큰 재화를 얻는 활동이 교환이다.

  위의 예에서 한쪽은 사과 판매자이자 배 구매자이며, 다른 쪽은 배 판매자이자 사과 구매자이다. 이런 판매자와 구매자 간의 상황을 이해하기 위하여 먼저 영리 기업의 경우를 살펴보자. 일반적으로, 기업이라는 판매자는 구매자인 소비자나 다른 기업에게 제품이라고 지칭되는 재화나 서비스를 제공하고 가격이라는 이름으로 유동성(liquidity)이 큰 재화인 금전을 받게 된다. 금전도 재화라고 본다면 기업은 재화나 서비스의 판매자인 동시에 돈이라는 재화를 구입하는 구매자이다. 유동성이 부족해서 당장 금전을 더 확보해야 할 기업에게는 금전의 효용이 더 크다. 동시에 그만큼 그 기업이 보유하고 있는 제품으로부터 얻는 효용은 작아진다. 그리하여 금전을 얻기 위해 보유하고 있는 제품을 포기하는 성향이 커진다. 그 결과 가격을 낮추어 더 많이 제품을 팔아 더 많은 금전을 확보하고자 한다.

  영리 기업은 구매자로부터 금전과 함께 유·무형의 다른 재화나 서비스를 가격으

---

3) Bernouille, Daniel (1954), "Exposition of a New Theory on the Measurement of Risk," *Econometrica*, Vol. 22, No. 1, pp. 23-26.

로 받기도 한다. 하나의 예로 구매자는 무언가를 사면서 설문에 응답하거나 고객카드를 작성해 주어 자신의 신상정보를 제공한다. 이 경우에 기업은 제품을 제공하는 대가로 금전과 구매자의 신상정보를 얻는다. 그 금전과 신상정보는 그것들을 얻기 위해 포기한 제품보다 기업에게 더 큰 효용을 준다. 그래서 기업은 구매자와 거래를 하고자 한다. 마찬가지로 구매자는 금전과 자신의 신상정보를 제공하고 기업으로부터 제품을 얻는데, 이 제품은 그 금전과 신상정보보다 구매자에게 더 큰 효용을 가져다준다. 통상적으로 교환의 결과에 대해 구매자가 '**만족**(satisfaction)'한다는 것은, 거래에서 포기한 재화나 서비스가 주는 효용보다 획득한 재화나 서비스가 주는 효용이 그가 원하고 기대한 만큼 충분히 컸음을 의미한다.

복지기관의 경우에도 영리 기업과 크게 다를 바가 없다. 소비자와의 교환에서 복지기관은 소비자에게 복지서비스라고 지칭되는 제품을 제공하고 소비자로부터 그 어떤 재화나 서비스를 가격이라는 형태로 얻는다. 여기서 복지기관이 복지서비스라는 제품을 포기했다고 함은 곧 갖고 있는 자원을 사용하여 소비자에게 복지서비스를 제공했음을 의미한다. 이렇게 얻은 재화나 서비스는 그렇게 사용한 자원보다 더 큰 효용을 복지기관에게 가져다준다.

교환에서 복지기관이 소비자로부터 얻는 재화나 서비스는 유·무형의 다양한 형태를 취한다. 소비자가 복지기관에 제공할 수 있는 재화에는 금전과 같이 유동성이 큰 재화가 포함될 수도 있고, 봉사와 협력이라는 이름으로 제공되는 시간과 노력이 포함될 수도 있으며, 아니면 복지기관에 필요한 다양한 내용과 형태의 정보가 포함될 수도 있다. 그 밖에도 다양한 유형의 물자들이나 무형의 권리 등과 같은 것들이 소비자가 복지기관에 제공하는 재화에 포함될 수 있다.

소비자들이 복지서비스에 대한 대가로 복지기관에게 제공하는 것들 중 중요한 부분은 복지서비스와 복지기관에 대한 긍정적 반응이다. 심리적, 행동적 일체감으로 이해될 수도 있는 그 긍정적 반응은 복지기관에게 가치가 있는 무형의 자산이 된다. 그런 일체감은 복지기관에 대한 평가를 높여서 모금이나 보조금 신청 등을 통한 재원 확보에 도움이 될 수 있다. 또는 복지기관의 운영이나 신사업 추진에 있어서 외부로부터 다양한 협조를 얻는 데 기여할 수 있다.

현실적으로 복지기관과 소비자 간의 교환은 일정 기간 동안 진행되기 마련이다. 때로는 그 진행 기간이 매우 길 수도 있다. 그리하여 소비자가 복지기관으로부터 서비스를 받는 시점과 이에 대한 대가를 복지기관에 제공하는 시점은 다를 수도 있으며 또는 그 대가를 여러 시점에 나누어 제공할 수도 있다. 예를 들어 소비자는 자신에게 서비스를 제공한 복지기관에게 필요할 때마다 도움을 제공해 줄 수 있다.

이상에서 서술된 바와 같이 복지기관과 소비자가 서로 교환할 재화와 서비스의 내용과 형태는 매우 다양하다. 더 나아가 그 교환 방식도 복잡한 면이 많이 있다. 따라서 복지기관이나 소비자 모두의 입장에서 무엇을 어떻게 교환할 것인지를 결정하는 것은 그렇게 단순한 일은 아니다.

1 4 효율성과 공정성

교환은 효율적으로 이루어져야 한다. **효율성**(efficiency)이라고 함은, 교환 당사자 모두가 최소의 비용으로 교환을 하여 최대의 효용을 얻는 것을 의미한다. 복지기관이 교환을 위해 지불하는 비용에는 복지서비스를 소비자에게 생산, 제공하는 데 소요되는 비용뿐만 아니라 교환을 성사시키고 완결하기 위해 소요되는 비용도 포함된다. 이렇게 교환을 성사시키기 위한 비용을 **교환거래비용**(transaction cost)이라고 지칭할 수 있다.[4] 복지기관이 부담하는 교환거래비용의 한 예로서, 수많은 복지소비자들 중에서 교환하기에 적합한 사람을 찾아내어 복지서비스를 설명하고 교환에 응하도록 하는 데 드는 비용을 들 수 있다. 교환과 관련된 여러 조건이나 규약을 소비자와 소통하고 합의를 이루는 데 소요되는 금전이나 노력과 시간도 복지기관이 지

---

4) Williamson, Oliver E. (1981), *The Economic Institutions of Capitalism: Firms, Markets, Relational Contracting*, New York, NY: Free Press.

불하는 교환거래비용의 일종이다. 이외에도 의도한 복지서비스에 적합하지 않은 소비자를 교환 상대방으로 선택해 복지기관에 발생하는 피해도 넓은 의미에서 교환거래비용이라고 볼 수 있다. 그렇게 피해를 본 후에 적합한 복지소비자를 찾아 제대로 된 교환을 성사시켰다면, 그런 피해는 제대로 된 교환을 이루기 위해 감수해야 할 비용으로 생각할 수 있기 때문이다.

한편 복지소비자가 지불하는 교환거래비용도 복지기관의 경우와 별다를 바가 없다. 하나의 예로서, 소비자가 복지기관에 서비스의 대가를 지불하는 행위에도 비용이 수반된다. 앞서 언급된 바와 같이 교환에서 소비자는 다양한 재화나 서비스를 다양한 방법으로 복지기관에게 제공한다. 소비자는 복지서비스에 대한 대가의 일부나 전부를 금전으로 제공할 수도 있다. 이러한 금전적 제공의 행위를 완결하기 위해 소비자가 감수하는 비용은 그다지 크지 않을 것이다.

그러나 교환의 대가로서 소비자가 금전 대신에 다른 재화나 서비스를 복지기관에 제공하는 경우에 사정은 달라질 수 있다. 가령, 복지서비스에 대한 대가로 소비자는 자신의 신상과 삶에 대한 정보를 복지기관에 제공할 수 있다. 이러한 제공을 위해 소비자는 시간과 노력을 소요하며 자신의 삶과 신상에 대해 생각하고 정리하며, 동시에 복지기관이 원하는 형식에 맞추어 정보를 제공해야 한다. 때로는 복지기관이 제시하는 복잡한 설문양식에 따라 많은 정보를 제공하며 긴 시간 동안 수고를 마다하지 않아야 한다. 그 시간과 노력은 곧 소비자가 복지서비스에 대한 대가를 지불하는 데 소요되는 비용으로, 교환거래비용의 일종이다.

소비자가 지불하는 교환거래비용 중 또 하나의 대표적인 예가 **정보탐색비용**이다. 소비자는 자신에게 적합한 복지서비스를 제공해 주는 복지기관이 어떤 기관이고 어디에 있는지 그리고 그 기관에서 제공하는 복지서비스의 특징이 무엇인지 알아보기 위해 정보탐색을 한다. 이러한 정보탐색에 소요되는 금전, 시간, 노력과 같은 것이 바로 정보탐색비용이다. 간단히 말해 복지서비스를 쇼핑하는 데 드는 비용은 곧 정보탐색비용으로, 소비자의 입장에서 감수해야 할 교환거래비용의 한 종류이다.

최소 비용으로 최대 효용을 얻을 수 없는 즉, 비효율적인 교환에 직면한 복지기관과 소비자는 당연히 효율적 교환을 실현할 방안을 생각하게 된다. 그리하여 복지기관은 같은 서비스에도 더 높은 효용을 느끼는 복지소비자를 찾을 수 있다. 아니면, 정보 제공과 소통을 통해 소비자의 욕구나 행동을 변화시켜서 소비자로 하여금 같은 비용에도 더 높은 효용을 느끼게 할 수 있다. 즉, 소비자가 더 큰 효율성을 느끼게 할 수 있다. 효용을 더 높게 느낀 복지소비자는 복지기관에 더 큰 대가를 기꺼이 지불한다. 결과적으로, 복지기관과 복지소비자 모두에게 효율성을 가져다주는 교환이 실현된다.

복지기관은 복지소비자가 지불하는 비용을 낮추어 효율적 교환을 실현할 수도 있다. 복지기관이 제공하는 효용은 변함이 없는 반면 복지기관과 복지소비자가 부담하는 비용은 낮아져서 효율적 교환이 실현된다. 그러나 현실적으로 많은 경우 복지기관이 비용을 낮추어 서비스를 제공하면 서비스의 품질은 떨어질 수도 있다. 만약 그렇다면 복지기관은 비용에는 민감하나 서비스의 품질에 대해서는 그다지 민감하지 않는 복지소비자를 찾아내어 교환을 효율적으로 성사시켜야 한다. 보통 이런 복지소비자는 최소한의 비용과 최소한의 서비스 품질에 만족하기 마련이다. 그리하여 복지기관은 비용을 절감하고 복지소비자는 원하는 비용에 원하는 효용을 얻어 교환의 효율성이 실현된다.

교환에서, 복지기관과 복지소비자 중 한쪽은 효율적이지만 즉, 최소의 비용으로 최대의 효용을 얻지만 다른 한쪽은 비효율적인 경우이거나, 또는 양쪽 다 비효율적인데 한쪽이 다른 한쪽보다 더 비효율적인 경우에, 그 교환은 **공정성(fairness)**이 결여되었다고 정의된다. 다른 말로 공정한 교환이란 교환자 양쪽 모두에게 효율적이거나, 아니면 적어도 양쪽 모두가 동일한 수준의 비효율성을 감수하는 교환을 의미한다.

현실에서 효율성과 공정성은 서로 얽혀 있어 객관적으로 판단하기 힘들다. 하나의 예로, 유명 브랜드의 노트북을 아주 싸게 사서 잘 쓰고 있는 어떤 구매자를 생각해 보자. 이런 점에서 그 구매자는 최소의 비용으로 최대의 효용을 얻었다고 볼 수 있다. 그러나 그 구매자는 자신과의 교환에서 그 브랜드가 자신보다 더 큰 효용을 얻었다고 느낄 수도 있다. 그 브랜드의 영업이익이 매우 크다거나, 임직원 급료가 업계 최고 수준이라는 등의 뉴스를 접하면 그렇게 생각할 수도 있다. 이렇게 되면 그 구매자는 자신이 구매한 노트북이 더 싸야 한다는 판단을 할 수 있다. 이러한 경우에 그 브랜드는 아무리 업계 최저가로 최고 품질의 노트북을 판매하여도, 그 구매자는 교환이 효율적이고 동시에 공정하다는 생각을 하지 않는다.

복지의 영역에서도 위의 예와 유사한 경우를 찾아보는 것은 어렵지 않다. 많은 복지소비자들이 서비스의 현장에서 복지기관과 그 종사자의 모습을 유심히 관찰하기 때문이다. 물론 복지소비자보다 복지기관이 교환에서 더 큰 비효율성과 불공정성을 느끼는 경우도 드물지 않을 것이다. 복지소비자가 더 큰 대가를 지불해야 한다고 판단하거나, 지나치게 많은 것을 요구한다고 판단할 수 있는 상황이 적지 않기 때문이다. 어찌 되었든 교환에서 쌍방은 모두 효율성과 공정성을 구현해야 한다. 그렇지 않으면 교환은 실패로 돌아가고, 다시 만나서 교환을 성사할 가능성이 적어진다.

1 5 재화와 서비스 그리고 효용

복지기관이 복지소비자에게 제공하는 것은 재화와 서비스로 구성되어 있다. 보통은 서비스 부분이 강조되어 복지기관이 제공하는 것을 보통 복지서비스라고 지칭한다. 그러나 서비스 못지않게 재화가 강조되는 경우도 있다. 이런 재화의 예로서, 서비스 이용에 필요한 장비나 보조기구, 교재 또는 의식주 관련 재화를 들 수 있다. 이하에서는 재화와 서비스가 무엇인지 그리고 이들이 어떻게 효용을 창출하는지에 대해 살펴보기로 한다.[5]

재화는 여러 유·무형의 구성요소들이 모여 이루어진 하나의 실체이다. 가령, 전동휠체어라는 재화는 모터, 변속기, 바퀴, 시트 등의 여러 유형적 구성요소와 브랜드, 보증기간 내 무상수리 권리, 디자인 등의 여러 무형적 구성요소로 구성되어 있다. 소

---

5) Gutman, Jonathan (1982), "A Means-End Chain Model Based on Consumer Categorization Processes," *Journal of Marketing*, Vol. 46, No. 2, pp. 60-72.

비자는 이러한 구성요소들의 일부 또는 전부를 사용하여 어떤 성과(consequences)들을 얻는다. 전동 휠체어를 사용하여 얻을 수 있는 성과들로는 거칠고 험한 길을 비교적 쉽게 이동하거나, 적은 전기로도 장시간 사용하거나, 충전 시간이 짧거나, 비교적 많은 휴대품을 싣고 이동하는 것들을 들 수 있다. 이렇듯이 하나의 재화로부터 많은 성과들이 다양하게 창출될 수 있다.

재화를 사용하여 얻는 성과를 통해 사용자는 자신이 가진 특정 문제를 해결할 수 있다. 장거리 승용차 출퇴근으로 기름값을 많이 쓰는 사람은 높은 연비의 성과를 내는 승용차를 구매함으로써 기름값 문제를 해결할 수 있다. 험한 산과 들을 운전하면서 재미(fun)를 느끼고 싶은 사람에게 기름값보다는 그러한 재미를 완벽하게 얻지 못하는 문제가 더 중요할 것이다. 이런 문제를 해결하는 데는 구동력이 좋고 거친 노면에도 쉽게 고장이 나지 않는 성과를 내는 자동차가 적격일 것이다. 일과 중 바쁜 시간에 허기를 달래야 하는 문제에 직면한 사람은 빵을 먹으며 이 문제를 해결할 수 있다. 빵은 간편하게 허기를 채울 수 있는 성과를 만들어 주기 때문이다. 아침에 식사를 할 때 잠이 잘 깨지 않아 문제가 되는 사람은 쫄깃하게 씹는 질감을 내는 바게트 빵의 성과를 통해 다소나마 그 문제를 해결할 수도 있다.

어떤 재화를 구성하는 요소들의 일부 또는 전부가 소비자에게 주는 효용이 크다고 함은 곧 소비자가 그것을 사용하여 얻는 성과가 소비자의 문제해결에 큰 도움이 됨을 의미한다. 〈도표 1-1〉에서, 소비자가 이뱅킹(e-Banking)시스템을 이용해 얻어 내는 성과 중의 하나는 은행에 가지 않고도 언제 어느 때나 은행 업무를 보는 것이다. 이뱅킹시스템의 성과를 통해, 바쁠 때 시간을 쪼개어 은행에 가서 일을 보아야 하는 문제가 해결될 수 있다. 특히, 장애로 불편한 몸을 움직여 은행을 힘들게 다녀야 하는 문제도 해결될 수 있다. 더 나아가 어떤 부부는 이뱅킹으로 은행 업무를 보며 집안일에 대해 도란도란 의견을 나눌 수 있다. 그리하여 평소 부족하다고 느껴온 부부간의 연대감 문제를 다소나마 해결할 수 있다.

4,000cc 또는 6,000cc 같이 배기량이 큰 엔진의 픽업트럭을 사용하면 강한 힘을 낼 수 있다는 성과를 얻을 수 있다. 그리하여 많은 짐을 한꺼번에 날라야 하는 문제나 재미를 느끼기 위해 험한 길을 무리 없이 달려야 하는 문제도 해결할 수 있다. 증

권사의 전문적 브로커 제도의 예도 마찬가지이다. 이 제도를 이용하는 투자자는 질 높은 정보를 획득한다는 성과를 얻을 수 있다. 그리하여 투자 상품을 잘 골라야 하는 문제를 해결할 수 있다. 만약 그 브로커 제도가 전문성으로 매우 높은 명성을 갖고 있다면, 투자자는 질 높은 정보와 함께 명성이라는 일종의 이미지를 누리는 성과를 얻을 수 있다. 이에 따라 투자자는 명성이 있는 브로커 제도와 호흡을 같이한다는 생각에서 투자자로서 뭔가 남보다 앞서간다는 느낌을 얻을 수 있다. 즉, 효용을 얻을 수 있다.

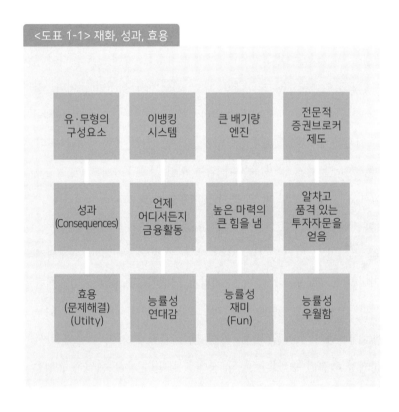

<도표 1-1> 재화, 성과, 효용

유·무형의 구성요소	이뱅킹 시스템	큰 배기량 엔진	전문적 증권브로커 제도
성과 (Consequences)	언제 어디서든지 금융활동	높은 마력의 큰 힘을 냄	알차고 품격 있는 투자자문을 얻음
효용 (문제해결) (Utilty)	능률성 연대감	능률성 재미 (Fun)	능률성 우월함

하나의 성과는 여러 가지 문제해결과 관련될 수 있다. 라면이 창출해 주는 하나의 성과로서 조리의 간편성을 들 수 있다. 조리의 간편성은 시간에 쫓겨 간단하게 점심을 때워야 할 때, 그 문제를 해결해 줄 수 있다. 또는 오지 캠핑의 식사 문제를 해결해 줄 수 있다. 물론 하나의 문제에 대해서도 해결하는 방법은 얼마든지 다를 수 있

다. 라면을 끓여 먹는 것만이 시간에 쫓길 때 점심을 때우는 방법은 아니다. 라면 대신에 과자나 초콜렛으로 쉽고 빠르게 끼니를 때울 수 있다.

재화의 품질이 높다는 것은 재화가 작동하여 만들어 내는 성과가 높음을 의미한다. 가령, 옷의 경우 천과 바느질, 디자인 등의 구성요소가 한데 어우러져 내구성이라는 하나의 성과가 만들어진다. 내구성이 높을수록 옷의 품질은 높은 것이다. 또다른 예로, 국내산 깨를 쓴 참기름은 수입산 깨를 쓴 것에 비해 더 고소한 맛을 낸다고 할 때, 국내산 또는 수입산 깨의 성분은 재화의 구성요소이고, 고소함은 그 구성요소가 만든 성과이다. 고소함이 큰 만큼 참기름이라는 재화의 품질은 높은 것이다. 아무리 재화의 구성요소가 비싼 것이라도 높은 성과를 만들어 내는 데 도움이 되지 못하면 그 구성요소로 구현되는 재화의 품질은 높다고 할 수 없다. 반대로 아무리 싼 구성요소를 갖고 있는 재화라 할지라도 그 구성요소가 만들어 내는 성과가 높다면 그 재화의 품질은 높은 것이다.

품질이 높은 재화를 사용한다고 해서 꼭 높은 효용을 느끼는 것은 아니다. 재화가 어떤 높은 성과를 만들어 내더라도 그 성과는 구매자가 원하는 효용의 실현에 기여하지 못할 수 있기 때문이다. 예를 들어, 재질, 엔지니어링 등과 관련된 여러 요소들이 잘 아우러져 고장 나지 않고 오래 잘 사용할 수 있는 승용차가 있다고 하자. 즉, 내구성과 경제성은 이 승용차가 만들어 내는 성과이고 따라서 승용차라는 그 재화는 내구성과 경제성 면에서 품질이 매우 높은 것이다. 그러나 어떤 구매자에게 승용차의 유지 비용은 문제가 되지 않고 자신을 남에게 잘 드러내 보이는 것이 훨씬 더 중요할 수 있다. 이 경우에, 내구성과 경제성은 구매자의 문제해결에 큰 도움이 되지 않는다. 그 승용차라는 재화는 내구성과 경제성 면에서 높은 품질을 갖고 있으나 구매자는 그 재화로부터 효용을 별로 느끼지 못하게 된다.

요컨대, 재화의 교환에서 구매자의 손에 들어 간 재화는 그 구매자에 의해 기능이 발휘되어 어떤 성과를 만들어 낸다. 그러면 최종적으로 구매자는 그 성과를 통해 자신의 문제를 해결한다. 즉, 효용을 얻게 된다. 고급 소재로 세련되게 만든 코트를 입은 사람에 대해, 주위 사람들은 부러움을 표시할 수 있다. 이 부러움의 표시를 알아챈 그 사람은 남보다 우위에 서고 싶다는 자신의 문제가 다소나마 해결되었음을 느낄 수 있다. 이렇게 느낀 만큼 그 코트로부터 효용을 얻은 것이다. 결국 구매자가 해결하고자 하는 문제는(즉, 구매자가 얻고자 하는 효용은) 재화로부터 얻고자 하는 성과를 결정하고, 이에 따라 얻고자 하는 재화의 구성요소도 결정한다.

소비자는 재화를 구매하고 자신이 그것을 사용하여 성과를 얻어 낸다. 그러나 때로는 남이 직접 만들어 준 성과를 얻기도 한다. 서비스란 이렇듯이 성과를 만들어 주는 것을 의미한다. 서비스의 교환이란 교환 상대방이 원하는 어떤 성과를 만들어 주고 그에 대한 대가를 받는 일이다.

가령, 가위, 빗 등의 이발 도구들과 어떻게 머리를 깎을 수 있는지 알려 주는 사용서를 하나로 묶어 생각해 보자. 이 묶음은 하나의 재화로 이해될 수 있다. 교환을 통해 이 재화를 얻은 사람은 그것을 사용해 스스로 머리를 깎을 수 있다. 그 사람이 그 재화를 사용하여 자신의 머리를 잘 깎은 것은 재화로부터 창출된 성과이다. 그리고 그 사람은 머리를 잘 깎아 보기 좋은 용모로써 자존감을 지키려는 문제를 어느 정도 해결할 수 있다. 즉, 자존감 유지라는 효용을 얻을 수 있다. 그렇지만, 그 사람은 자존감 유지의 효용을 얻기 위해서 이발 도구와 사용서를 구매하지 않고, 미용실에 가서 머리를 깎을 수 있다. 이 경우에, 미용실은 이발 도구와 소모품이라는 재화를 사용해 머리 깎기의 성과를 직접 그 사람에게 만들어 준 것이다. 즉, 미용실은 서비스를 제공한 것이다.

앞서 언급된 바와 같이 복지기관은 주로 서비스를 제공하지만 서비스 대신에 서비스를 만들어 낼 수 있는 재화를 제공하기도 한다. 무엇을 상담해 주거나 가르쳐 주는 서비스를 직접 제공하거나 책자, 매뉴얼, 필요 도구와 물자 등으로 구성된 하나의 재화를 제공하여 복지소비자가 직접 원하는 성과를 만들게 할 수도 있다. 한마디로, 복지기관은 재화를 제공할 수도 있고 아니면 그 재화가 만들어 내는 성과의 일부 또는 전부를 직접 만들어 줄 수도 있다. 그리고 서비스 산업으로서 복지산업에서 지칭되는 품질은 주로 성과차원의 것을 의미한다. 즉, 최상의 성과를 제공해 주는 경우 서비스의 품질은 높다고 정의한다.

1 6 교환 주체로서 복지소비자

　교환 주체란 재화나 서비스를 얻기 위해 교환을 계획, 집행, 통제하는 주체이다. 교환 주체는 자신의 효용을 정확하게 파악하고, 예산범위 내에서 그 효용을 실현시켜 줄 재화나 서비스를 탐색하여 결정하고, 그것을 제공할 누구를 찾아 협상을 통해 교환을 수행한다. 그리고 교환의 성과를 평가하여 다음번 교환에 그 평가의 결과를 반영한다. 그런데 일부 복지소비자들은 심신의 장애나 미성숙 등의 여러 이유로 일련의 활동을 제대로 수행할 수 없다. 그리하여 자신을 위해 교환을 수행해 주는 협업자를 필요로 한다. 이 협업자는 교환 수행 능력이 부족한 복지소비자를 지켜보고 돌보면서 그에게 필요한 효용과 재화를 파악하여 복지기관과의 교환을 완결해 준다.

　즉, 교환 수행 능력이 부족한 복지소비자는 친지나 후견인 또는 자원봉사자와 같은 교환의 협업자와 공동으로 교환을 수행한다. 이러한 복지소비자와 교환의 협업자는 서로 소통하고 협력하여 복지기관과 교환해야 할 재화나 서비스를 결정하고 복지기관과 교환을 수행, 완결한다. 공동적 교환활동은 영리적 부문에서도 흔히 있는 일이다. 아이의 구매에 부모가 동참하여 아이에게 의견을 제시하거나 아이의 쇼핑을 도와주기도 한다. 기업 내의 한 부서가 특정 물품을 구매할 때 그 부서와 구매 부서, 자금처리 부서가 각자의 입장을 조율하며 공동으로 구매에 참여한다.

　이렇듯이 복지소비자가 협업자와 공동으로 교환을 수행하는 경우에 복지소비자와 그 교환의 협업자는 하나의 집단을 이룬다. 이 집단의 구성원들은 하나의 공동의사결정을 통해 복지기관과 교환을 수행한다. 구성원들은 서로 소통하여 집단이 추구하는 효용을 결정하고 효용을 얻기 위해 서로 협력하며 복지기관과의 교환을 수행한다. 따라서 복지소비자의 교환 수행은 개별적인 것도 있지만 집단적인 것도 있기 마련이다. 집단적인 형태의 교환 수행에서 복지소비자의 의사결정과 행동은 다른 집단 구성원에 의해 영향을 받는다. 이런 집단적 영향은 복지기관의 마케팅 수행에 있어서 의미 있는 변수가 되기도 한다.

1 7 사업과 기관 그리고 마케팅

　사회복지마케팅이 수행되는 기본단위는 하나의 복지서비스 사업과 그 사업의 대상이 되는 시장이다. 따라서 마케팅의 수행을 위해서 복지기관은 운영할 복지서비스 사업들을 정의하고, 조직체계에 반영해야 한다. 가령, 국내의 모든 종합사회복지관은 중앙정부와 지역자치단체의 가이드라인을 참조하며 사업을 운영할 것이다.[6] 근자에 적용해 온 그러한 가이드라인에 따르면, 서울시의 종합사회복지관이 운영할 복지사업들은 대체적으로 대분류, 중분류, 소분류의 체계에 따라 정의할 수 있다. 대분류에는 가족복지 사업, 지역사회보호 사업, 지역사회조직 사업, 교육문화 사업, 자활 사업 등이 포함될 수 있다. 가족복지 사업에는 가족관계증진 사업, 가족기능보완 사업 등 여러 중분류의 사업들이 포함될 수 있다. 가족관계증진 사업이라는 중분류 사업에는 교육 및 훈련 프로그램과 상담 및 검사라는 소분류의 사업들이 포함될 수 있다. 그리고 교육 및 훈련 프로그램에는 가족교육, 부모교육 등의 여러 세부 프로그램들이 포함될 수 있다.

　서울시의 종합사회복지관은 위의 '대분류·중분류·소분류·세부 프로그램'으로 이어지는 4가지 수준의 복지 사업 체계를 고려하여 마케팅 수행의 단위가 되는 복지서비스를 규정할 수 있다. 만약 교육 및 훈련 프로그램의 세부 프로그램인 가족교육을 하나의 복지서비스 사업으로 규정한다면, 복지기관은 가족교육 과정을 이용하는 복지소비자들을 대상으로 마케팅을 전개한다. 여기서 가족교육 과정을 이용하는 복지소비자들은 하나의 시장을 형성한다. 그러나 만약 사업의 범위를 넓혀서 소분류의 교육 및 훈련 프로그램을 하나의 복지서비스 사업으로 규정한다면, 복지기관은 이 프로그램에 속하는 가족교육 과정과 부모교육 과정을 이용하는 모든 복지소비자들을 대상으로 마케팅을 수행한다. 그리고 그 모든 복지소비자들을 하나로 묶은 집단을 시장이라고 칭한다.

---

6) 보건복지부 (2017), **사회복지관 운영관련 업무처리 안내**, pp. 11-20.
　서울시복지재단 (2011), **까리따스방배종합사회복지관 경영컨설팅 최종보고서**, pp. 18-23.

그렇지만, 각 복지기관의 경영전략에 따라 복지서비스 사업은 얼마든지 다르게 규정될 수 있다. 가령, 사회적 자존감의 제고라는 하나의 효용을 놓고 이러한 효용을 제고하는 복지서비스를 하나의 사업으로 삼을 수 있다. 만약 이것이 너무 광범위하다면 재활치료라는 성과를 만들어 내는 모든 복지서비스들을 묶어 하나의 사업으로 규정할 수 있다. 이것도 너무 광범위하다면 재활치료를 종류별로 나누어서 각 종류를 하나의 사업으로 삼을 수 있다.

때로는 복지기관 내에서 수행되는 모든 서비스 사업들을 총계하여(aggregate) 하나의 포괄적 사업을 규정하고, 이 포괄적 사업에 대하여 마케팅이 수행되기도 한다. 가령, 장애인재활에 특화된 복지기관이라면, 기관이 수행하는 모든 구체적 서비스 사업들을 총계하여, 장애인재활 사업이라는 하나의 포괄적 사업을 규정할 수 있다.

이러한 하나의 포괄적 사업에 대한 마케팅은 곧 복지기관에 대한 마케팅이 된다. 복지기관에 대한 마케팅과 유사한 개념으로 대학교 마케팅, 교회 마케팅, 정부 마케팅과 같은 것들이 있다. 복지기관에 대한 마케팅은 단순히 복지기관을 홍보하는 것과 다르다. 총계적으로 규정된 복지서비스를 교환하는 데 그 핵심이 있기 때문이다.

CHAPTER 02
복지마케팅의
내용 구성

복지기관도 소비자와 마찬가지로 교환을 통해 재화나 서비스를 얻고, 그것을 사용해 효용을 얻는다. 목표 수립이란 교환을 통해 얻을 재화나 서비스를 결정하는 것이다. 이 결정을 위해서 복지기관은 궁극적으로 복지기관이 얻고자 하는 효용의 성격과 양을 파악해야 한다.

1장에서 정의된 바와 같이, 복지마케팅이란 효용창출을 위한 복지서비스를 소비자에게 제공하고 대가를 받는 일련의 교환활동이다. 이러한 복지마케팅은 〈도표 2-1〉과 같이 크게 네 가지 부분으로 정리할 수 있다. 첫째, 전략 부분으로, 교환을 통해 달성할 목표를 수립하고 교환 상대방인 복지소비자를 선택한다. 이 선택에서 복지소비자는 누구이고 그에게 창출해 줄 효용은 무엇인지 파악한다. 둘째, 집행 부분으로, 효용창출의 수단인 복지서비스를 생산하고 제공하여 대가를 받는다. 셋째, 성과평가 부분으로, 전략과 집행의 성과를 분석하고 그 결과를 차기 마케팅에 반영한다. 넷째, 전략, 집행, 성과평가에 필요한 정보를 수집, 관리한다.

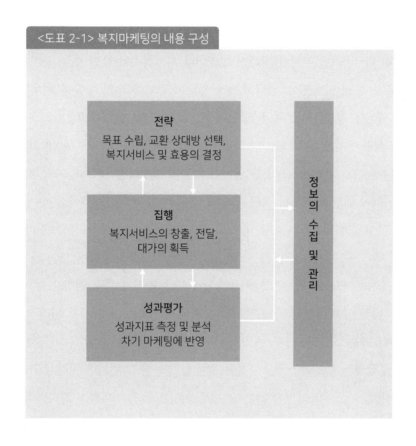

〈도표 2-1〉 복지마케팅의 내용 구성

전략
목표 수립, 교환 상대방 선택,
복지서비스 및 효용의 결정

집행
복지서비스의 창출, 전달,
대가의 획득

성과평가
성과지표 측정 및 분석
차기 마케팅에 반영

정보의 수집 및 관리

2 1 전략 - 목표와 교환 상대방

복지기관도 소비자와 마찬가지로 교환을 통해 재화나 서비스를 얻고, 그것을 사용해 효용을 얻는다. 목표 수립이란 교환을 통해 얻을 재화나 서비스를 결정하는 것이다. 이 결정을 위해서 복지기관은 궁극적으로 복지기관이 얻고자 하는 효용의 성격과 양을 파악해야 한다. 교환을 통해 복지기관이 얻는 재화나 서비스에는 금전적 수입이나 비금전적 물자와 같은 유형의 것도 있고, 법제도적 권리, 소비자의 재능이나 노력 등과 같은 무형의 것도 있다. 특히, 복지기관과 복지서비스에 대한 소비자의 긍정적인 생각과 행동성향도 복지기관이 교환에서 얻어 내는 매우 중요한 무형의 재화이다. 이런 비금전적인 무형의 재화는 모금이나 자원봉사자 모집 또는 복지서비스의 개발과 홍보 등에 사용되어, 궁극적으로 비용 절감이나 수익 창출에 기여할 수 있다. 이런 기여를 측정하면 무형의 재화도 금전적으로 환산할 수 있다.

마케팅 목표의 수립은 일정 기간 동안 교환을 통해 얻어 낼 유·무형의 재화나 서비스가 무엇이고, 양적으로 그것을 얼마나 얻는지 결정하는 것이다. 가령, 특정 복지서비스 사업에 대한 마케팅의 목표는 일정 기간을 대상으로 이용자의 숫자, 이용자당 이용 횟수 그리고 1회 이용당 이용자가 복지기관에 제공하는 유·무형의 금전적, 비금전적 대가 등에 따라 수립될 수 있다. 이렇게 기간과 이용의 규모를 파악하면서 마케팅을 통해 얻고자 하는 재화와 서비스의 질적, 양적 수준을 결정할 수 있다.

이해를 위해 영리 기업의 마케팅 목표 수립을 살펴보자. 교환에서 영리 기업이 구매자로부터 받는 대가 중 가장 중요한 것은 금전적 수익이다. 기업은 이 금전적 수익을 사용해 궁극적으로 기업이 추구하는 효용을 얻는다. 그렇지만 기업이 구매자로부터 얻는 대가는 금전에 그치지 않는다. 때로 기업은 금전 이외의 다른 유·무형의 자산을 구매자로부터 얻는다. 이러한 자산에는 구매자가 어떤 활동을 해서 만드는 성과도 포함된다. 가령, 구매자가 기업이 제시한 일정한 양식에 따라 자신의 신상정보를 작성해 기업에 주거나 기업의 제품을 이웃에게 소개해 주기도 한다. 이러한 소개나 신상정보의 제공 모두는 기업이 구매자로부터 얻는 대가에 포함된다.

행태적 성과의 달성도 영리 기업이 추구하는 마케팅 목표에 포함된다.[1] 행태적 성과란 자사 브랜드에 대한 긍정적 생각, 태도, 충성적 행동과 같은 것들을 말한다. 이런 것들은 구매자가 영리 기업에 교환의 대가로 제공하는 비금전적 무형의 재화이다. 영리 기업은 이런 무형의 재화를 축적하여 하나의 자산을 형성하는데, 일반적으로 이러한 자산에는 브랜드자산 또는 고객자산 등이 있다.

무형의 행태적 자산을 축적하는 것이 마케팅 목표가 되는 이유는 여러 가지로 살펴볼 수 있다. 가령, 혁신적인 신제품을 출시하면 당장 매출을 크게 올리기는 힘들 수 있다. 이 경우에 마케팅의 주안점은 구매자로 하여금 신제품에 대해 긍정적인 생각을 많이 하게 만드는 것이다. 그리고 이런 긍정적 생각을 하는 구매자들이 많아지면 평판이 높아져서 다음 시기에 그 신제품의 매출 증대가 용이해진다. 그리하여 신제품의 마케팅 목표는 많은 구매자들로부터 신제품에 대해 긍정적인 생각과 태도를 얻어 내는 것이 될 수 있다. 기존 제품의 경우에도 기업 가치를 높이기 위한 브랜드자산이나 고객자산의 개발이 추구된다면 당장의 매출보다는 브랜드 인지도나 태도와 같은 행태적 성과의 달성을 마케팅 목표로 설정할 수 있다. 이러한 측면에서 영리 기업이 구매자에게 제품을 제공하고 얻는 대가는 가격이라는 이름의 금전과 위에서 서술한 바와 같은 여러 형태의 비금전적 자산으로 나누어 볼 수 있다.

마케팅 목표가 수립되면, 교환의 상대방이 될 **표적 복지소비자**를 결정한다. 그다음으로, 교환 상대방에게 충족시켜 줄 효용과 이 효용의 충족을 위해 제공할 재화나 서비스를 선택한다. 때로는 목표를 수립하더라도 목표 실현이 가능한 교환 상대방을 찾기 어려울 수 있다. 교환 상대방이 원하는 재화나 서비스를 제공할 수 없거나, 아니면 교환 상대방으로부터 원하는 대가를 얻을 수 없기 때문이다. 또는 교환 상대방이 누구인지 알거나 접근하는 데 비용이 많이 들어 효율적 교환을 영위할 수 없기 때문이다.

이런 경우에 복지기관은 기존에 수립한 목표를 수정해야 한다. 그리고 교환 상대방을 바꾸어 그에게 제공할 복지서비스나 그로부터 얻을 대가를 다시 결정해야 한

---

1) Katsikeas, Constantine S., Neil A. Morgan, Leonidas C. Leonidou, and G. Tomas M. Hult (2016), "Assesing Performance Outcomes in Marketing," *Journal of Marketing*, Vol. 80 (March), pp. 1-20.

다. 이런 측면에서 목표, 교환 상대방 그리고 그 상대방에게 충족시켜 줄 효용과 이런 효용 충족에 필요한 재화나 서비스 모두는 동시적으로 고려되어야 한다. 가령, 교환 상대방이 누구이고 교환과 관련된 효용, 재화나 서비스가 무엇인지 고려하면서 목표를 결정한다. 그리하여 〈도표 2-1〉에서, 각 단계는 일방적 화살표가 아닌 쌍방적 화살표로 연결되어 있다.

교환 상대방 그리고 그가 추구하는 효용과 재화를 선택하는 일련의 작업들은 시장정의(market definition), 시장세분화(market segmentation), 표적시장(target market) 선택, 포지셔닝(positioning) 수립으로 나누어질 수 있다. **시장정의**란 특정 복지서비스를 구매하는 소비자들을 하나의 집단으로 정의하는 것이다. 이러한 집단은 이용하는 복지서비스에 따라 달라질 수 있다. 가령, 상담 서비스를 이용하고자 하는 복지소비자들을 하나의 집단으로 보아 상담 서비스 시장이라고 정의할 수 있다. 또는 좀 더 범위를 국한시켜 노인상담 서비스 시장, 청소년상담 서비스 시장과 같은 식으로 시장을 정의할 수도 있다.

또는 복지서비스가 만들어 내는 효용에 따라 시장을 정의할 수도 있다. 가령, 신체의 어려움으로 직업활동을 제대로 못해 자존감이 떨어져 있는 사람을 생각해 보자. 만약 이 사람이 복지기관의 서비스에 힘입어 직업활동을 정상적으로 하게 되고 덕분에 자존감이 높아졌다면, 그 사람은 복지기관으로부터 '직업활동을 통한 자존감 회복'이라는 효용을 얻은 것이다. 이런 효용을 추구하는 사람들의 집단을 하나의 시장으로 정의할 수 있다.

영리적인 영역을 예로서 살펴보면, 시장은 제품에 따라 정의되기도 한다. 가령, 커피 시장, 승용차 시장과 같은 식으로 시장은 정의된다. 또는 소비자가 제품을 사용하여 창출해 내는 성과에 따라 정의되기도 한다. 소비자가 커피를 마시는 성과의 하나로 '식사 후 입가심'이 있다면, 이 성과를 얻고자 하는 사람들의 집단을 하나의 시장으로 정의할 수 있다.

서비스의 경우에도 마찬가지이다. 제공해 주는 성과에 따라(즉, 서비스에 따라) 미용 시장, 의료 시장과 같은 식으로 시장을 정의할 수 있다. 물론 필요에 따라 서비스를 더 세분화하거나, 더 광범위하게 묶어 시장을 정의해 볼 수도 있다.

시장을 정의하려면 그 기준이 필요하다. 가령, 복지 영역에서 재활치료 시장, 급식 시장이라고 하면 재활치료나 급식을 이용하는지의 여부가 곧 시장정의의 기준이 된다. 마찬가지로 아이스크림 시장이라고 하면 아이스크림을 사 먹는 사람들의 집단이다. 그리하여 아이스크림을 사 먹는지 아닌지의 여부가 시장을 정의하는 데 기준이 된다. 또는 여름 바캉스 시장이라고 하면 여름에 바캉스를 가는지의 여부가 시장을 정의하는 데 기준이 된다.

시장정의의 기준은 필요나 상황에 따라 매우 다양하게 설정될 수 있다. 위에서 언급된 바와 같이 서비스의 유형을 기준으로 삼아 독거노인가사지원 서비스 시장, 결손가정아동보호 서비스 시장, 노숙자숙소지원 서비스 시장 등과 같이 시장을 정의할 수 있다.

그러나 서비스 범위를 더 넓거나 좁게 생각하면서 시장을 정의할 수도 있다. 가령, 결손가정아동보호 서비스는 그 유형을 상황별, 대상자별로 세분화하여 각 세분서비스의 이용자 집단을 하나의 시장으로 정의할 수 있다. 반면, 아동보호 서비스도 결손가정, 저소득가정, 다문화가정 등의 여러 경우들을 모두 하나로 묶어, 각 집합을 하나의 시장으로 정의할 수 있다.

영리적인 사업 영역의 경우도 마찬가지이다. 앞서 언급된 바와 같이 제품 유형에 따라 SUV 시장, 소프트아이스크림 시장, 스마트 TV 시장과 같이 시장정의가 이루어질 수 있다. 이 경우 SUV를 구매하는 사람들은 모두 SUV 시장에 소속된다. 또한 더 자세한 제품 특징에 맞추어 SUV 시장보다는 사륜구동 SUV 시장, 소프트아이스크림 시장보다는 바닐라 소프트아이스크림 시장, 스마트 TV 시장보다는 60인치 이상 대형 스마트 TV 시장과 같이 시장을 정의할 수도 있다. 반대로 제품 유형을 더 넓게 잡아 SUV 시장보다는 승용차 시장, 소프트아이스크림 시장보다는 아이스크림 시장, 스마트 TV 시장보다는 TV 시장으로 시장을 정의할 수도 있다. 또는 산악 이동용 차량 시장, 디저트용 식품 시장, 가족 오락용 기기 시장과 같이 제품의 사용 상황이나 목적에 따라 시장을 정의할 수 있다.

사용 목적에 따라 시장을 정의하는 것은 드물지 않다. 디저트 시장이라고 하면 디저트로 무언가 먹고 마시는 것을 구매하는 사람들의 집합이다. 디저트에는 사과나

귤과 같은 과일에서부터 커피나 콜라와 같은 음료수나 아이스크림까지 무척 다양한 제품들이 있다. 구매하는 제품이 달라도 디저트로 먹고 마실 제품을 구매하는 사람들은 모두가 디저트 시장에 소속된다.

효용에 따라서도 시장을 정의할 수 있다. 가령, 자아실현의 효용을 충족하고자 제품을 구매하는 사람들을 모두 하나로 보아 시장으로 정의할 수도 있다. 그들 중에는 패러글라이딩을 통해 자아실현을 느끼는 사람들도 있고, 그림을 그리면서 그렇게 느끼는 사람들도 있을 것이다. 자아실현을 위해 패러글라이딩 장비와 서비스를 구매하는 사람들이나 그림의 도구와 서비스를 구매하는 사람들이나 모두 자아실현을 추구하기는 마찬가지이다.

동일한 맥락에서 같은 레크리에이션 프로그램에 참여하는 노인들이라도 그 참여 목적이 다를 수 있다. 어떤 참여자에게는 건강 증진이 주목적인 반면 다른 어떤 참여자에게는 집에서 혼자 있는 시간을 줄이려는 것이 주목적일 수도 있다. 이 경우 각 목적에 따라 시장이 하나씩 정의될 수 있다. 같은 레크리에이션에 참여하는 노인들이라도 어떤 참여자는 재미를 추구하고 다른 어떤 참여자는 사회적 연대감을 추구할 수 있다. 이 경우도 마찬가지로 효용에 따라 시장이 하나씩 정의될 수 있다.

시장으로 정의된 하나의 복지소비자 집단을 특정 기준에 따라 2개 이상의 하위집단으로 나누는 것을 **시장세분화**라고 한다. 그리고 각 하위집단을 세분시장이라고 칭한다. 급식 서비스 시장을 하나 규정했다면 이 시장은 이용빈도 수에 따라 여러 하위시장으로 나누어질 수 있다. 매우 자주 이용하는 사람들로 구성된 하위시장, 보통 정도 이용하는 사람으로 구성된 하위시장 그리고 가끔 어쩌다 이용하는 사람들로 구성된 하위시장 식으로 나뉘어질 수 있다. 또는 노숙자인지 아닌지에 따라, 직업활동을 하는지 아닌지에 따라, 병약자인지 아닌지에 따라 나누어 볼 수도 있다. 영리사업의 경우에도 가령, 라면 시장이라고 규정해 놓으면, 이 시장은 소비량에 따라 다량 소비하는 시장, 보통 정도로 소비하는 시장, 소량 소비하는 시장으로 나뉘어질 수 있다. 아니면 라면을 먹는 상황적 특징(야참용, 야외식사용 등)이나 라면을 먹으면서 중요하게 여기는 라면의 특징(면발의 쫄깃함, 수프의 감칠맛 등)에 따라 시장을 여러 개의 하위시장으로 나누어볼 수 있다.

시장세분화를 수행하는 하나의 주요 이유는 선택과 집중에 있다. 많은 경우 복지기관은 제한된 자원을 갖고 있어서 시장 전체를 대상으로 교환을 수행할 수 없다. 이 경우에, 시장을 여러 개의 하위시장으로 나누어 보고 성과를 제일 잘 낼 수 있는 하위시장을 표적으로 선택하여 여기에 자원을 집중하는 것이 바람직하다. 시장세분화의 가장 중요한 목적은 복지기관의 자원을 집중하여 교환의 효율성을 극대화하는 것이다.

표적시장 선택이란 위에서 서술한 바와 같이 복지기관의 자원을 집중하여 교환을 수행할 상대방을 선택하는 것이다. 시장 전체를 표적시장으로 삼을 수도 있고 아니면 여러 세분시장들 중 한 개 또는 그 이상을 표적시장으로 삼을 수도 있다. 표적시장의 결정은 복지기관의 핵심 역량, 복지기관이 처한 내·외부적 환경, 복지소비자와 경쟁자의 특징 등과 같이 무수히 많은 요인들에 의해 좌우된다. 가령, 복지기관이 확보하고 있는 서비스 유통경로가 시장에 넓게 뻗쳐 있으면, 이를 통해 쉽게 다양한 복지소비자들과 접촉할 수 있으므로 여러 개의 세분시장들을 표적시장으로 삼아도 큰 어려움이 없을 것이다. 또는, 복지기관의 차별적인 브랜드 명성도를 지켜야 한다면, 이 명성도에 부합하는 행태를 보이는 복지소비자들로 구성된 매우 한정된 세분시장을 표적시장으로 삼아 자원을 집중할 수 있다.

포지셔닝(positioning) 수립이란 제공할 복지서비스나 효용 면에서 경쟁자 대비 차별적 특징을 확보하고 이를 표적시장의 소비자들에 인식시켜 주는 것이다. 이 차별적 특징으로 해당 복지기관은 표적시장에서 경쟁적 우위를 확보한다. 경쟁자는 타 복지기관이 될 수도 있고 아니면 복지기관이 아닌 타 공공기관이나 영리적인 사업주체가 될 수도 있다. 가령, 어떤 한 복지기관에서 인근 지역의 빈민 청소년을 대상으로 공부방을 운영하겠다는 계획을 갖고 있다고 하자. 이때 그 복지기관의 경쟁자는 공부방 서비스를 대체할 수 있는 다양한 영리적, 비영리적인 사업주체들이다. 빈민 청소년에게 예체능 활동의 기회를 제공하는 인근 타 복지기관이나 공공시설들도 경쟁자가 될 수 있고, 아니면 인터넷 게임을 할 수 있는 인근의 PC방들이나 청소년들이 자기들끼리 모여 시간을 보낼 수 있는 공원시설도 경쟁자가 될 수 있다. 요컨대, 표적으로 선정된 빈민 청소년들이 해당 복지기관 대신 교환의 상대방으로 고려하는 모든 영리적, 비영리적인 사업주체들은 그 복지기관의 경쟁자가 된다.

　차별적 특징은 복지서비스에 관한 것일 수도 있고, 아니면 복지서비스가 창출하는 효용에 관한 것일 수도 있다. 원하는 시간에 편리하게 상담을 받을 수 있다는 것을 강조했다면 서비스의 편의성을 차별적 특징으로 내세운 것이다. 원하는 시간에 상담을 편리하게 받을 수 있다면, 생계 활동에 지장을 받지 않고도 상담을 받을 수 있다. 그리하여 상담 치료와 생계 활동을 병행하여 자존감 있는 생활이라는 행복을 누릴 수 있다. 이런 행복을 누리게 해 주는 것은 곧 편리한 상담 서비스가 창출하는 효용이다. 효용에 따라 차별점을 내세운다면, 자존감의 확보를 포지셔닝의 차별점으로 삼을 수 있다.

　영리적인 경우도 한번 생각해 보자. 가령, 제품적 측면에서 어떤 은행은 타 은행보다 낮은 대출금리를 차별적 특징으로 내세울 수 있다. 아니면 낮은 대출금리의 성과적 측면에서 고객의 재정적 안정을 지켜 준다는 것을 차별적 특징으로 내세울 수도 있다. 또는 고객을 존중하며 고객과 함께한다는 자존감적 효용을 차별적 특징으로 내세울 수도 있다. 또 다른 예로서, 디자인의 차별적 우위로 자아 이미지 표출과 같은 상징적 효용을 잘 창출하는 스마트폰 브랜드가 있다고 하자. 여기서 포지셔닝이란 디자인과 자아 이미지 표출의 차별적 우위를 표적시장의 구매자에게 인식시켜 주는 것이다.

　지금까지 목표를 결정하고, 시장을 정의하고, 시장세분화를 하고, 세분시장들 중 표적시장을 선택하여 표적시장에 맞게 포지셔닝을 하는 순서로 전략적 내용을 서술했다. 그러나 실제 현장에서는 이런 순서대로 전략이 전개되지 않는다. 기존에 정의된 시장이 있다면 시장세분화의 결과를 보면서 다시 시장을 재정의하는 경우도 있다. 또는 시장을 나누어 보았지만 복지기관에 맞는 표적시장이 발견되지 않거나 목표 달성이 어려워져 다른 기준으로 시장을 다시 나누어 볼 수도 있다. 복지기관에 맞는 표적시장이 선택되더라도 여기에 맞추어 포지셔닝을 하기가 어렵거나 목표 달성이 어려우면 표적시장을 수정할 수도 있다.

2 2 교환의 집행

　교환의 집행이란 교환 상대방으로 선택한 복지소비자로부터 대가를 받고 그가 원하는 효용을 창출해 주는 것이다. 일반적으로 교환의 집행은 **4P 믹스(mix)** 활동이라고 지칭한다. 4P란 제품(product), 가격(price), 촉진(promotion), 유통(place)의 약자를 의미한다. 그리고 믹스(mix)란 그 4가지 요소들을 잘 통합하여 운영하는 것을 말한다.

　복지 영역에서 제품(product)은 복지소비자의 효용을 창출하기 위한 수단으로, 복지서비스가 바로 그것이다. 가격(price)은 복지서비스에 대한 대가로 복지소비자가 복지기관에게 제공하는 금전이나 유·무형의 모든 재화나 서비스이다. 촉진(promotion)은 소비자에게 복지서비스에 대한 정보를 제공하고 교환에 응할 것을 설득하는 활동이다. 유통(place)은 소비자가 복지서비스를 용이하게 구매, 획득하여 사용할 수 있게 만드는 활동이다. 포지셔닝에 맞추어 4P 믹스(mix) 활동이 이루어지면 궁극적으로 표적시장의 소비자는 자신이 원하는 효용을 얻게 된다.

　소비자는 복지기관으로부터 재화와 서비스를 제공받고 경험하여 그 결과로 효용을 느끼게 된다. 1장에서 서술되었듯이 복지기관은 소비자에게 무형의 서비스와 유·무형의 재화를 제공한다. 가령, 노인층을 대상으로 어떤 취미 교실을 열었다면 강습 서비스와 함께 교재, 학습도구와 같은 유형의 재화와 복지기관의 컴퓨터 시설 이용 권리와 같은 무형의 재화가 제공될 수 있다. 그러나 흔히들 복지기관에서 제공하는 재화와 서비스를 통칭하여 복지서비스라고 한다. 복지기관이 제공하는 것에서 서비스가 차지하는 부분이 크기 때문이다.

　4P 믹스 활동이 어떻게 효용을 창출해 주는지에 대해 예를 들어 보자. 라면이 창출해 주는 효용의 하나로 배고픔을 면하게 해 주는 것이 있다. 라면회사는 대가를 받고 라면이라는 재화를 구매자에게 전달한다. 그러면 구매자는 봉지에 써 있는 조리법을 보고 라면을 끓여 먹은 다음 배고픔을 면하게 된다. 이 경우에, 라면회사는 배를 채워 주는 생리적 성과의 창출 수단인 라면과 그 조리법만을 전달했을 뿐, 직

접적으로 효용을 충족시켜 주지 못했다. 여기서 구매자는 자신이 직접 라면을 끓여 배를 채우는 생리적 성과를 얻고, 이 성과에 따라 배고픔을 면했다는 심리적 상태, 즉, 효용을 느끼게 된다. 재화 → 성과 → 효용이라는 이어짐에서 라면회사의 역할은 재화만 제공하는 데 그치게 된다. 효용을 느끼게 할 생리적 성과를 만드는 일은 구매자의 몫이 된다. 하지만 라면회사는 라면을 조리하는 방법을 포장이나 광고를 통해 알려줌으로써 구매자가 성과를 만들고 효용을 창출하는 데 일조할 수 있다.

또 다른 예로서, 멀리 있는 친구에게 돈을 전하기 위해 은행을 찾은 사람이 하나 있다. 이 경우에 그 사람이 은행으로부터 얻고자 하는 주요 효용 중 하나는 편의성이다. 친구에게 직접 가서 돈을 전달하지 않음으로써 시간적, 장소적 편의성을 얻고자 한다. 은행원이 전자송금시스템이라는 재화를 작동하여 돈의 전달이라는 성과를 만들어 주면(즉, 송금을 해 주면) 그 사람은 돈이 전달되었다는 성과를 확인하여 편의성이라는 효용을 느끼게 된다. 이 경우, 재화 → 성과 → 효용의 이어짐에서 은행은 성과를 만들어 주는 것까지 담당하였다. 물론 그 사람이 ATM이라는 수단을 직접 작동하여 송금을 할 수도 있다. 이때 그 사람은 자신이 직접 ATM이라는 전자송금시스템을 작동하여 돈의 전달이라는 성과를 만들고, 이를 확인하여 편의성이라는 효용을 느끼게 된다. 여기서 그 사람은 일시적인 ATM 사용권이라는 무형의 재화를 구매하고 그것을 사용해 송금이라는 성과를 만들어 냈다고 볼 수 있다.

경미한 발달장애를 겪는 청소년을 대상으로 직업교육 프로그램을 개설한 복지기관이 있다고 하자. 이 프로그램으로부터 참여 청소년이 얻는 효용은 사회적 일원으로서 자존감을 확보하는 것이라고 하자. 또한, 이런 효용을 창출해 주는 것이 그 프로그램의 목표라고 하자. 그 프로그램의 성과는 발달장애 청소년이 직업교육을 통해 일반인들과 소통하고 금전적 소득을 얻는 것이고, 궁극적으로 자존감의 확보라는 효용을 느끼는 것이다.

이 경우에, 복지기관은 발달장애 청소년들에게 다양한 재화와 서비스를 제공할 것이다. 직업교육 수강에 필요한 교재나 도구 또는 장비들을 제공할 것이다. 아울러 육체적, 심리적 튼튼함을 지향한 여러 훈련의 기회도 제공할 것이다. 개인 상담의 기회와 사회성 증진을 위한 협업의 기회도 제공할 것이다. 이렇게 다양하게 많은 재화와 서비스가 한데 어우러져 그 직업교육 프로그램이 만들어진다. 이렇게 보면 복지서비스는 관련된 여러 다양한 재화와 서비스로 구성된 하나의 솔루션(solution)이라고 판단될 수 있다. 이 솔루션은 결국 의도된 효용의 창출에 그 초점을 맞춘다.

영리적인 기업의 경우도 마찬가지이다. 기업은 라면의 예와 같이 유형의 재화를 제공하거나 ATM의 이용권리와 같이 무형의 재화를 제공하여 구매자가 원하는 효용을 창출하도록 도와준다. 또는 은행원이 수행한 송금처리 서비스의 예와 같이 재화를 움직여 효용을 느끼게 할 성과를 직접 만들어 주는 경우도 있다. 그러나 많은 경우에 기업은 재화를 전달하면서 동시에 효용을 느끼게 하는 여러 성과를 만들어 주기도 한다. 가전회사는 구매자에게 세탁이라는 성과를 창출하는 세탁기를 팔지만 아울러 세탁기를 사용하는 데 필요한 점검 보수를 해 주기도 한다. 구매자는 가전회사로부터 연장과 설명서를 전달받아 이것을 이용해 스스로 점검 보수라는 성과를 만들어 낼 수도 있다. 그러나 통상적으로는 가전회사의 서비스 요원이 연장과 설명서를 이용해 구매자에게 점검 보수라는 성과를 만들어 준다.

가격하면 보통 금전만을 생각하는 경향이 있다. 그러나 가격은 금전 이상의 것들을 포괄한다. 앞에서도 언급했지만 소비자는 금전 말고도 다른 재화나 서비스(신상 정보나 사용 후기 등)를 기업에 제공하고 기업으로부터 재화와 서비스를 제공받는다. 복지서비스를 제공받고 금전을 지불하지 않더라도 다양한 행태적 급부를 제공한다. 이런 행태적 급부에는 후원, 기부, 자원봉사, 홍보행사 참가, 복지기관의 모금활동에 도움이 되는 소극적, 적극적 충성도의 표현과 행동 등 매우 다양한 것들이 포함된다. 복지소비자는 위와 같은 다양한 금전적, 비금전적 반대급부를 복지기관에 가격으로 지불한다.

물론 영리 영역에서 가격 활동의 핵심 부분은 금전적인 결제이다. 그러나 위에서 언급된 바와 같이 사회복지 영역의 가격은 다양한 요소와 형태로 구성된다. 가격과 관련하여 복지기관이 직면하는 가장 큰 난제는 복지서비스를 제공받은 소비자로부터 무엇을, 어떤 형태로, 어느 수준의 양으로, 얼마 동안의 기간에, 몇 번 제공받을 것인지 결정하는 것이다. 가령, 가격으로서 자원봉사의 노력을 복지소비자에게 제공받는다면, 아무리 어렵다 해도 위와 같은 방식으로 그 노력을 계량화해야 한다.

복지소비자로부터 행태적 급부로 받은 것을 계량적으로 평가하는 것에는 금전적 환산도 포함된다. 금전적 환산을 통해 행태적 급부로 받은 것을 표준화할 수 있다. 그리하여 공정하고 정확하게 가격을 관리할 수 있다. 더 나아가 그렇게 금전적으로 환산된 가치는 복지기관의 자산규모 산정에도 반영될 수 있다. 필요하다면 복지기관은 행태적 급부로 받은 것을 다른 외부기관에 제공하고 그 기관으로부터 금전적, 비금전적 대가를 받을 수 있다. 이 경우에도 행태적 급부로 받은 것이 금전적으로 환산되어 있다면, 그 외부기관과의 교환을 용이하게 수행할 수 있다.

한마디로 복지기관의 가격 활동이란 서비스를 받은 복지소비자로부터 무엇을 어떻게 받을 것인지 설계하고 집행하는 일이다. 이 설계와 집행은 복잡하고 정교한 조율을 요구한다. 과학적 사고와 정교한 계량적 분석 방법들도 그 설계와 집행에 필요하다. 실무적으로는 많은 관리회계적 기법들이 활용될 것이다. 4P 중 가격 활동은 그동안 복지마케팅에서 가장 소극적이었던 부분이다. 복지서비스가 배급되는 경우 가격이라는 개념은 의미가 없기 때문이다. 그러나 가격이라는 개념 없이 교환은 존재할 수 없다. 가격 활동이 적극적으로 수행되어야 진정한 의미의 교환이 복지 영역에서 수행될 것이다.

촉진은 정보를 전달하고 교환을 설득하는 커뮤니케이션 활동이다. 복지기관은 소비자에게 자 기관의 서비스를 알리고, 원하는 효용을 얻을 수 있다고 소비자를 설득해야 한다. 복지기관이 알리고 설득하지 않으면 소비자는 몰라서 서비스를 이용하지 못하거나, 서비스를 사용하더라도 그 서비스의 품질을 제대로 평가하지 못할 수 있다. 그리고 서비스에 대한 대가가 너무 크다고 생각하거나, 서비스 품질에 대해 지나치게 높은 기대감을 가질 수도 있다. 이 경우에, 복지기관은 그 기대감을 충족시키기 어렵게 된다. 복지기관이 상당히 높은 품질의 서비스를 제공하더라도 복지소비자는 만족하지 못하고, 결국 다시 그 복지기관을 찾지 않을지도 모른다. 대신 유사한 서비스를 제공하는 다른 복지기관이나 영리 기업으로 발길을 돌릴 수도 있다. 따라서 효용창출에 있어서 자 기관의 복지서비스가 경쟁자의 것보다 우위에 있음을 복지소비자에게 이해시키고 교환에 응하도록 설득하는 일은 복지서비스를 만드는 일만큼이나 중요하다.

촉진의 가장 큰 전제는 복지서비스가 소비자의 효용을 잘 창출해 줄 수 있다는 것이다. 효용창출에 문제가 있는 질 낮은 서비스를 갖고 촉진활동을 해서는 안 된다. 촉진활동을 아무리 잘해도 나쁜 복지서비스를 좋게 만들 수는 없다. 좋은 복지서비스를 잘 알리고 교환에 응하게 설득하는 것이 촉진활동이다. 나쁜 복지서비스를 받아들일 수 있게 복지소비자의 생각이나 행동을 조작하는 것은 촉진활동이 아니다. 교환의 개념이 결여된 광고홍보나 행사 활동 중에는 그런 조작적 성향을 내포하고 있는 것들이 많이 있다. 그런 조작적 성향의 것들은 효용을 제대로 창출하지 못하는 재화를 상대방에 주고 가장 효율적으로 자기가 원하는 재화를 얻고자 활용된다. 그런 조작적 광고홍보나 행사는 상대방을 착취(exploit)하는 도구에 지나지 않는다. 마케팅을 하는 주체는 그런 조작적 광고홍보, 행사를 정상적인 마케팅의 일부로 이해하는 오류를 범하지 말아야 할 것이다.

유통은 복지소비자가 교환을 체결하여 복지서비스를 확보하고 사용할 수 있게 도와주는 것이다. 이렇게 도와주는 것을 일반적으로 경로서비스(channel service)라고 지칭한다. 여기서 경로는 유통경로를 의미한다. 좀 더 구체적으로, 경로서비스는 복지소비자가 원하는 시간과 장소에서 원하는 방법으로 복지기관과 교환을 체결하고, 이에 따라 원하는 장소와 시간에서 원하는 종류, 품질, 양으로 복지서비스를 획득할 수 있게 해 주는 것이다.

복지기관은 복지서비스와 함께 경로서비스도 창출해야만 한다. 예를 들어 재가복지 서비스는 소비자의 거주지에서 제공된다. 이런 점에서 소비자가 원하는 장소에서 복지서비스가 전달되었다고 볼 수 있다. 이렇게 원하는 장소에서 복지서비스를 얻게 해 주는 활동을 유통이라고 한다. 반면, 소비자가 원하지 않는 장소에서 원하지 않는 종류의 복지서비스가 제공될 수도 있다. 그러면 장소와 종류 측면에서 복지소비자가 원하는 경로서비스는 제공되지 않은 것이다. 다른 예를 들어 보자. 은행이 제공하는 상품 중 저축 서비스가 있다. 저축한 돈을 예금자가 원하는 시간에, 원하는 장소에서, 원하는 방법과 금액으로 찾을 수 있게 해 주는 것은 은행이 저축상품 소비자에게 제공하는 경로서비스이다. 언젠가 중국에서 다 죽어 가는 노인이 저축한 돈을 찾으려고 손수레로 은행에 실려 오는 일이 있었다. 장소적인 측면에서 그 노인이 원하는 대로 경로서비스를 제공하지 않았기 때문이다. 비용적인 이유이든 아니면 다른 이유이든지 간에 복지 영역에서도 그런 노인의 예와 같은 경우가 있는지 늘 살펴보아야 한다. 자 기관의 복지서비스가 우수하다는 것만 믿어 경로서비스의 제공에 등한시하면, 복지소비자가 경쟁 복지기관이나 타 영리기관에 가서 복지서비스를 받는 일이 초래될 수 있다.

같은 복지서비스를 놓고 복지기관들 간에 경쟁하는 일은 앞으로 더욱 잦아질 것이다. 이런 경쟁 속에서 복지기관이 찾아볼 수 있는 탈출구들 중의 하나는 경로서비스에서 우위를 점하는 것이다. 복지소비자는 같은 복지서비스라도 얻기 쉽게 그것을 제공하는 복지기관을 선호할 것이다. 이런 면에서 복지서비스를 제공하는 것만큼이나 경로서비스를 제공하는 것도 중요할 때가 많이 있다.

4P를 믹스(mix)한다는 것은 그 4가지 요소를 통합하여 운영함으로써 시너지(synergy)를 창출함을 뜻한다. 이 통합적 운영과 시너지를 쉽게 이해하기 위하여 먼저 영리적 예를 하나 들어 보자. 어떤 기업에서 고급 여성용 가방을 비싼 가격에 출시했다. 그러면 고가격 고품질 포지셔닝에 맞추어 가격할인도 자제하고 광고를 통해 고급 이미지를 창출해야 할 것이다. 또한 고급 백화점에도 입점을 하여 이미지에 맞게 판매해야 할 것이다. 이런 것들이 4P 믹스의 통합적 운영에 해당된다. 그러나 높은 품질의 제품과 고가정책을 고수하면서도 매출을 올리기 위해 가격할인을 빈발한다면, 또한 판매를 하는 점포들이 많을수록 매출이 높아진다는 생각에서 고급 백화점뿐만 아니라 중저가 백화점이나 할인점까지 제품을 뿌린다면, 그 결과는 참담해질 수 있다. 고급 이미지는 깨지고 할인을 하지 않으면 팔리지 않아서 사실상 낮은 가격에 제품을 파는 셈이 되며 고급 백화점에서는 더 이상 그 제품을 받으려고 하지 않을 것이다. 가격과 제품이라는 요소와 촉진과 유통이라는 요소가 통합적으로 일치하지 않고 서로 상충하여 생기는 결과이다.

유사한 예를 복지 영역에서도 찾아볼 수 있다. 새로운 서비스를 개발한 복지기관이 촉진활동을 통해 그 서비스의 우수성을 지나치게 강조하면, 그 서비스에 대해 소비자가 갖는 기대감은 매우 높아질 것이다. 그러나 복지소비자가 그 서비스를 경험했을 때, 매우 높은 기대감은 매우 큰 실망감으로 이어질 수 있다. 경험한 서비스가 기대한 서비스에 크게 못 미칠 수 있기 때문이다. 또한, 높은 품질의 복지서비스를 낮은 대가로 제공하면 소비자가 크게 반길 것이라고 생각하는 복지기관도 있을 것이다. 그러나 여기에는 큰 함정이 있을 수도 있다. 품질이 높더라도 낮은 대가로 쉽게 얻을 수 있는 서비스이기에, 복지소비자는 그 서비스의 높은 품질을 인정하지 않을 수 있다. 그리하여 그 낮은 대가마저도 복지기관에 지불하기를 주저할 수 있다.

2 3 성과평가

성과평가는 마케팅의 목표가 최소의 비용으로 달성되었는지 살펴보고, 그 결과를 다음 기의 마케팅에 반영하는 것이다. 가령, 일정 기간의 마케팅 목표를 (복지서비스의 총 이용 횟수)×(1회 이용 가격)과 같은 평가수식에 따라 정해 볼 수 있다. 이 평가수식은 편의상 '총 서비스 수익'이라고 지칭할 수 있다. 앞서 서술한 바와 같이, 가격은 복지소비자로부터 받는 다양한 내용과 형태의 재화를 계량적 지표로 산정한 것이다. 성과평가란 총 서비스 수익의 실적치가 목표치에 도달했는지 살펴보는 것이다.

만약 목표치에 도달하였다면, 그 목표치 도달이 효율적으로 이루어졌는지도 살펴본다. 지나치게 많은 촉진활동으로 그런 목표치가 도달되었는지, 1회 이용 가격이 지나치게 높아 서비스 이용에 복지소비자가 부정적이었는지 살펴볼 수 있다. 또한 이용자들 중 표적시장에 속한 사람들은 얼마나 되는지도 살펴볼 수 있다.

총 서비스 수익의 목표가 달성되더라도 비용이 너무 많이 든다면 복지기관에 어려움을 줄 수 있다. 마케팅의 효율성이 떨어진 것이다. 이런 점을 고려해 영업이익률의 개념을 원용하여 성과평가를 수행해 볼 수 있다.[2] 복지기관의 경우에, 매출액은 위

---

2) 영업이익률=[(매출액−매출원가−판매관리비)÷매출액]×100

에서 예시된 총 서비스 수익에 상응할 수 있고, 매출원가와 판매관리비는 복지서비스의 생산과 마케팅을 위한 비용에 상응할 수 있다. 매출액이 높더라도 매출원가나 판매관리비가 너무 높으면, 영업이익률이 떨어져 바람직하지 못하다. 따라서 목표 수립과 성과평가는 복지서비스의 공급 규모뿐만 아니라, 그 공급에 소요되는 비용 규모도 고려해야 한다.

그러나 목표 수립과 성과평가에서, 효율성보다 공급량의 극대화를 우선적으로 고려할 수도 있다. 때로는 복지기관의 존립을 좌우하는 이해 관계로 묶인 당사자들이 복지서비스 공급의 양적 규모를 크게 중요시할 수 있다. 반면 비용에는 별 신경을 쓰지 않을 수 있다. 그러면, 복지기관은 얼마나 많은 복지소비자들이, 얼마나 자주, 얼마나 많이 서비스를 이용했는지 보여 주는 데 치중해야 한다. 이런 현실은 대체로 복지서비스를 교환하지 않고 배급하는 상황에서 더 잘 발생할 수 있다.

수익과 비용 말고도, 고객자산이나 브랜드자산으로 성과평가를 수행할 수 있다. 복지서비스에 대해 긍정적으로 판단하고, 복지기관에 대해 충성적인 소비자를 확보하는 것은 미래의 효율적 교환을 위해 매우 필요하다. 특히 충성적인 복지소비자를 많이 확보했다면, 같은 서비스로도 타 복지기관이나 영리적 주체와 경쟁을 하는 경우에도 좋은 성과를 낼 수 있다. 충성적인 복지소비자는 스스로 알아서 서비스를 잘 이용하며, 또한 입소문도 내주고 추천도 해 주기 때문이다. 그리하여 당장의 실적보다 중장기적 자산 축적과 경쟁력 제고를 위해서, 브랜드자산과 고객자산의 확보를 마케팅 목표로 삼을 수 있다. 그리고 성과평가를 통해 그 목표가 얼마나 달성되었는지 가늠해 볼 수 있다.

당장의 실적도 중요하고 동시에 미래를 위한 자산 축적이나 경쟁력 제고도 중요한 것이 현실이다. 그러므로 복지서비스 이용수준의 증가만을 목표로 두지 않고 복지서비스 제공의 효율성도 동시에 목표로 두어야 한다. 더 나아가 고객만족이나 브랜드자산의 상승도 목표로 두어야 한다. 이 경우에, 성과평가는 복지서비스의 이용수준, 복지서비스 공급의 효율성, 브랜드자산 그리고 고객자산이라는 여러 마리의 토끼를 동시에 어떻게 잡았는지 분석하는 다소 복잡한 일이 된다.

2 4 정보의 수집

전략의 수립과 집행 그리고 성과평가를 수행하기 위해서는 정보가 필요하다. 가령, 전략 수립의 한 부분인 시장세분화를 복지서비스의 이용목적에 따라 수행하려면, 그 이용목적에는 어떤 것들이 있는지 그리고 각 이용목적마다 그것을 중요하게 여기는 이용자들은 누구인지에 대한 정보가 있어야 한다. 또는, 특정 세분시장이 표적시장으로 적합한지 판단하려면 그 세분시장이 앞으로 얼마나 성장할 것인지, 그 세분시장의 경쟁자는 누구인지에 대한 정보가 있어야 한다. 성과평가를 하려면 마케팅 활동에 대한 표적시장 소비자들의 반응을 알아보아야 한다. 새로운 복지서비스를 시장에 도입하려면 잠재적 수요자의 생활 환경과 양식을 알고 수요를 예측해야 한다. 또한 새로운 복지서비스의 이용을 촉진하거나 방해하는 사회경제적, 법제도적 요인들에 대해서도 알아두어야 한다.

위의 예와 같은 모든 종류의 정보를 획득하고 축적, 관리하는 활동을 **마케팅조사**(marketing research)라고 지칭한다. 마케팅조사의 첫 번째 단계로, 의사결정문제를 정의한다. 즉, 당면한 의사결정 내용이 무엇인지 파악한다. 예를 들어 어떤 복지프로그램의 이용자가 점차 줄어들고 있다고 하자. 그러면 해당 복지기관은 그 프로그램의 폐지나 변경 또는 존속을 대안으로 고려할 것이다. 이 경우에 의사결정문제는 그렇게 고려한 대안들 중 하나를 선택하는 것이다.

두 번째 단계로, 조사문제를 결정한다. 즉, 의사결정문제를 해결하기 위해서, 조사를 통해 얻어야 할 정보가 무엇인지 파악한다. 위의 예에서, 기존 복지프로그램의 폐지, 변경, 존속 중 하나를 선택하려면 여러 내용의 구체적 정보가 필요하다. 예를 들어, 그 프로그램에 대한 소비자의 인지도나 태도 또는 만족도와 같은 정보가 필요하다. 또는 그 프로그램에 대한 소비자의 개선요구가 무엇인지에 대해서도 알아야 한다. 이런 정보들은 그 프로그램을 존속할지, 아니면 변경하거나 폐지할지 결정하는 데 도움이 된다. 여기서 조사문제의 결정이란 그렇게 도움이 되는 정보가 무엇인지 파악하는 것이다.

세 번째 단계로, 조사설계를 수립한다. 조사설계란 정보를 얻기 위해 분석할 자료를 어떻게 수집할지 결정하는 것이다. 예를 들어, 복지서비스에 대한 소비자의 평가 자료를 수집하기 위해, 서베이(survey) 방식이나 현장실험 방식의 조사설계를 채택할 수 있다. 네 번째 단계로, 조사대상을 선택하고 자료수집 방식을 결정하여, 조사를 수행한다. 가령, 모집단으로 규정된 특정 복지소비자 계층에서 표본을 무작위로 추출하고, 그 표본을 대상으로 설문방법에 따라 복지프로그램 만족도의 자료를 수집할 수 있다. 다섯 번째 단계로, 수집된 자료를 통계적으로 처리, 분석하여 원하는 정보를 얻어 낸다. 마지막으로, 얻어 낸 정보를 정리하고 해석하여 보고서를 작성한다.

마케팅조사에서 얻은 정보는 당면한 의사결정에 사용할 뿐만 아니라, 정보시스템에 남겨 축적, 관리해야 한다. 축적한 정보를 활용하면, 매 현안마다 많은 비용을 들여 가며 새롭게 마케팅조사를 수행하지 않아도 된다. 유사한 사안이 발생할 때마다 축적한 정보로 쉽고도 신속하게 의사결정을 하면 된다. 특별한 사안이 발생하면 그 부분에 대해서만 조사를 시행해 정보를 얻고 나머지에 대해서는 축적한 정보를 활용할 수 있다.

축적한 정보는 의사결정에 필요한 잣대를 제공해 준다. 예를 들어 복지서비스를 새롭게 개발할 때마다 그 서비스의 이용의도를 사전적으로 조사했다고 하자. 여기서 사전적 조사라 함은 새로운 서비스를 실제로 복지소비자들에게 제공하기 전에, 그 제공이 얼마나 바람직한지 결정하기 위한 조사를 의미한다. 그리고 이렇게 매번 조사한 자료의 분석결과를 축적했다고 하자. 이 축적된 분석결과에 따르면, 10점 만점에 6.5점 이상의 이용의도 점수를 받은 새로운 서비스는 실제 출시 후에 모두 성공하였다. 따라서 사전적 조사에서 이용의도 점수가 6.5점을 넘었다면, 해당 서비스의 출시는 고무적일 것이다. 이렇게 축적한 분석결과를 활용하면, 사전적 조사를 통해 새로운 서비스의 이용의도를 측정하고, 출시 결정이 바람직한지 결정할 수 있다.

마케팅조사를 수행하려면 조사기법이나 통계분석기법에 관한 전문적 지식과 식견을 갖추어야 한다. 그러나 모든 복지기관이 이런 식견을 갖춘 인력이나 조직을 운용할 수는 없다. 비용부담이 만만치 않기 때문이다. 그리하여 마케팅조사 업무의 상당 부분은 외부 조사전문기관에 위탁되기 마련이다. 그럼에도 복지기관이 꼭 스스로 수행해야 할 조사업무가 있다. 그것은 바로 마케팅조사의 첫 번째와 두 번째 단계인 의사결정문제와 조사문제의 결정이다. 복지기관의 내부사정을 잘 알 수 없는 외부 조사전문기관은 의사결정문제와 그에 따라 필요한 정보를 파악하는 데 어려움을 겪기 때문이다. 만약 복지기관이 의사결정문제와 조사문제를 잘 파악하여 외부 조사전문기관에 전달한다면, 그 외부기관은 조사설계에서부터 보고서 작성에 이르는 나머지 조사활동을 매우 용이하게 수행할 수 있다.

전략적
과정

CHAPTER 03
시장
정의

시장은 관점에 따라 다양하게 정의될 수 있다. 급식 서비스 이용자 집단이나 일상생활지원 서비스 이용자 집단을 각각 하나의 시장으로 정의될 수 있다. 이 경우 동일한 서비스 프로그램을 이용하는 사람들은 모두 하나의 시장을 구성한다. 이런 정의는 서비스 유형에 기초한 것이다. 또는 서비스 이용의 목적에 따라 시장을 정의할 수도 있다.

교환을 하려면 먼저 교환 상대방을 선택해야 한다. 이 선택을 위해 필요한 일이 시장정의와 시장세분화이다. 일반적으로, 시장이란 구매자 집단을 의미한다. 복지의 영역에서, **시장정의**란 교환을 통해 특정 복지서비스를 얻고자 하는 사람들의 집단을 결정하는 것이다. **시장세분화**란 어떤 하나의 시장을 특정 기준에 따라 다시 두 개 이상의 하위집단으로 나누는 것이다. 하위집단들은 세분화의 기준에 대하여 서로 이질적이어야 한다. 복지기관은 선택과 집중의 관점에서 어떤 세분시장의 복지소비자와 교환을 해야 효율적으로 목적을 달성할 수 있는지 판단하고, 이에 따라 하나 또는 그 이상의 세분시장을 표적시장으로 삼는다. 이하에서는 시장정의에 대해 서술된다. 시장세분화에 대한 서술은 4장에서 이루어진다.

3 1 시장정의의 개념과 원리

시장은 관점에 따라 다양하게 정의될 수 있다. 급식 서비스 이용자 집단이나 일상생활지원 서비스 이용자 집단을 각각 하나의 시장으로 정의될 수 있다. 이 경우 동일한 서비스 프로그램을 이용하는 사람들은 모두 하나의 시장을 구성한다. 이런 정의는 서비스 유형에 기초한 것이다. 또는 서비스 이용의 목적에 따라 시장을 정의할 수도 있다. 예를 들어, 정서적 안정을 위해 복지기관을 찾는 사람들은 모두 하나의 시장에 있는 것으로 정의될 수 있다. 그러면 멘토링(mentoring), 생활체육, 영화관람, 문화체험, 나들이 등과 같은 프로그램들을 이용하여 정서적 안정을 추구하는 사람들은 모두 하나의 시장에 소속된다. 이용하는 복지기관의 프로그램은 다르지만 모두 정서적 안정이라는 동일한 이용목적을 갖고 있기 때문이다. 물론 이 정서적 안정을 추구하는 시장은 이용 프로그램에 따라 여러 하위시장으로 나뉘어질 수 있다. 가령, 문화체험을 통해 정서적 안정을 꾀하는 시장이나 멘토링(mentoring)을 통해 정서적 안정을 얻으려는 시장이 그런 하위시장의 예이다.

참고로 영리적 영역의 경우를 생각해 보자. 가령, 디저트에 필요한 제품을 구매하는 사람의 집단은 디저트 시장이라고 정의된다. 이 시장에는 디저트용으로 아이스크림을 구매하는 사람도 포함되고 과일이나 커피를 구매하는 사람도 포함된다. 그러나 어떤 목적으로 아이스크림을 구매하는지 상관하지 않고 아이스크림을 구매하는 사람이면 모두 하나의 시장으로 정의될 수도 있다. 남보다 우월하게 보이게 하는 제품을 구매하는 사람들의 집단은 신분과시용 제품시장이라고 정의될 수 있다. 그러면 여기에는 명품 가방을 사는 사람도 포함되고, 고급 외제차를 구매하는 사람도 포함되며, 비싼 스포츠센터 회원권을 구매하는 사람도 포함된다. 물론, 세분화하여 신분과시용으로 명품 가방을 구매하는 사람들만을 하나의 시장으로 정의할 수도 있다.

따라서 시장정의에서 제일 중요한 것은 누가 시장에 포함될 것인지 그 기준을 결정하는 일이다. 디저트용 아이스크림 시장은 아이스크림을 구매하는지의 여부와 구매한 아이스크림을 디저트용으로 사용하는지의 여부의 두 가지 기준에 따라 정의된다. 그러나 아이스크림을 얼마나 자주 그리고 얼마나 많이 구매해야 아이스크림 구매자로 볼 것인지는 판단하기 쉽지 않다. 더 나아가, 아이스크림을 구매하여도 얼마나 자주 그리고 얼마나 많이 디저트용으로 사용해야 디저트용 아이스크림 구매자로 볼 것인지도 판단하기 쉽지 않다. 마찬가지로 노인 문화체험 교실의 시장은 노인인지 아닌지의 여부와 문화체험에 대한 욕구가 있는지 없는지의 여부에 따라 정의될 수 있다. 그러나 이때 노인인지 아닌지를 구분하는 것과 문화체험에 대한 욕구가 있는지 없는지를 판단하는 것은 생각보다 쉽지 않다. 이렇게 시장정의에 사용될 기준을 구체적으로 결정하는 것은 매우 어려운 문제이다. 다만 어떤 기준에 따라 시장이 정의되더라도 그 시장은 복지기관의 역량이 최대한 잘 발휘되어 최고의 성과가 날 수 있는 곳이어야 한다.

교환의 궁극적 목적이 효용의 증진이라는 점을 생각한다면, 구매자가 추구하는 효용은 시장정의에 있어서 가장 중요한 기준이다. 이 기준에 따르면, 시장이란 동일한 내용의 효용을 추구하는 사람들의 집단이라고 정의할 수 있다. 효용 중에는 재미(fun)을 느끼는 것이 있다. 그리하여 문화체험 교실에 참여하는 노년층 중에서도 재미를 느끼기 위해 참여하는 사람들만을 하나의 시장으로 정의할 수 있다. 공부방을 이용하는 청소년층 중에서도 공부보다는 남과의 소통을 위해 공부방에 오는 아이들이 있다. 그러면 이 아이들만 묶어 하나의 시장으로 정의할 수 있다. 영리적 영역에서도 마찬가지이다. 가령, 남보다 우월한 느낌을 효용으로 얻고자 하는 사람들은 모두 하나의 시장에 속한다. 이 경우 승용차를 사서 그런 효용을 얻는 사람이나, 명품 가방을 사서 그런 효용을 얻는 사람이나 모두 하나의 시장에 속하게 된다.

물론 효용 충족의 수단인 서비스를 시장정의의 기준으로 삼을 수 있다. 그리하여 특정 구성요소나 특징을 갖는 서비스의 구매자들을 하나의 시장으로 정의할 수 있다. 가령, 특정 생활편의 혜택의 제공을 하나의 서비스로 묶어, 이 서비스의 이용자들을 하나의 시장으로 정의할 수 있다. 또는 생활편의 혜택들 중 노년층에 필요한 것과 결손가정에 필요한 것을 나누고, 각각을 하나의 서비스로 개발해, 각 서비스의 이용자들을 하나의 시장으로 정의할 수도 있다.

3 2 시장정의의 접근법

시장정의는 크게 세 가지 접근법으로 정리될 수 있다. 이해를 돕기 위해서 먼저 영리적 경우를 예시로 살펴보고자 한다. 첫 번째 접근법으로서, 어떤 특징이나 구성요소를 갖는 제품의 구매자들을 하나의 시장으로 정의할 수 있다. 가령, 음료수는 보통의 물과 대비되는 여러 특징들을 갖고 있다. 탄산이나 당분 등의 첨가물이 그것이다. 이런 특징들을 지닌 음료수 구매자들을 하나의 집단으로 묶어서, 이 집단을 음료수 시장이라고 정의할 수 있다. 또는 음료수 중에서도 이온 음료수는 다른 유형의 음료수에 없는 특징을 갖고 있다. 이온 음료수를 구매하는 사람들만을 하나의 집단으로 묶어 이 집단을 이온 음료수 시장으로 정의할 수 있다.

두 번째 접근법으로서, 제품이 만들어 내는 성과에 기준을 두어 시장을 정의하기도 한다. 앞서 1장에서 서술한 바와 같이, 제품의 성과란 구매자가 제품이라는 실체를 사용하여 만들어 내는 결과이다. 특정 제과점의 식빵이 만들어 내는 성과는 다양하다. 특별한 반죽으로 부드러운 식감을 만들어 내거나, 어떤 영양 성분이 있는 재료를 넣어 몸의 활력에 기여할 수 있다. 또 다른 예로 한 여성이 어떤 명품 브랜드의 가방을 들고 나가서, 남으로부터 멋있게 보인다고 이야기를 들었다고 하자. 이 이야기를 듣게 만들어 주는 것은 그 명품 가방이 만들어 낸 성과이다. 시장은 이러한 성과에 따라 정의될 수도 있다. 위에서 서술된 식빵의 예에서, 씹을 때 부드러운 식감을 주는 제품의 구매자들을 하나의 시장으로 정의할 수 있다. 또는 몸에 활력을 제공하는 제품의 구매자들을 하나의 시장으로 정의할 수도 있다. 남으로부터 멋있게 보인다는 말을 듣게 해 주는 제품의 구매자들을 하나의 시장으로 정의할 수도 있다.

　　세 번째 접근법으로서, 구매자가 추구하는 효용에 기준을 두어 시장을 정의하기도 한다. 앞서 1장에서 서술하였듯이, 효용은 구매자의 문제가 해결되는 것을 의미한다. 문제해결에 따른 심리적 편안함이나 만족감으로도 이해될 수 있다. 효용의 일종으로 생리적 문제해결에 따른 심리적 편안함을 들 수 있다. 이런 생리적 편안함이 누구에게나 중요하겠지만, 그래도 특히 남보다 더 중요한 사람도 있고 덜 중요한 사람도 있을 것이다. 이 경우에 생리적 편안함을 더 중요하게 여기는 사람들을 하나의 시장으로 정의할 수 있다. 이 시장에 속한 사람들은 무엇을 구매하든지 제품으로부터 생리적 편안함을 얻겠다는 생각이 강하기 마련이다. 가령, 이들은 옷을 사더라도 입어서 편안한 느낌을 드는 것이 무엇보다도 더 중요하며, 식품을 구매하더라도 소화되기 쉬운 것을 더 선호한다.

　　누구나 남보다 앞선 느낌이 들면 행복해지겠지만, 특히 이런 행복감을 더 강하게 추구하는 사람들이 있다. **매슬로우(Maslow)**에 따르면,[1] 이들은 특히 신분적 (status) 효용을 더 추구하는 사람들로서, 무엇을 사더라도 신분적 효용의 경험이 구매의사결정에 중요하게 반영된다. 그리하여 식품이나 의류를 구매할 때도 그것을

---

1)　Maslow, Abraham H. (1943), "A Theory of Human Motivation," *Psychological Review*, Vol. 50, No. 4, pp. 370-396.

소비하며 신분적 효용을 얻기 위해 더 비싼 것이나 더 특별한 것을 선호하게 된다.

같은 제품이라도 여러 성과를 만들어 낼 수 있다. 어떤 비싼 유럽 명품 가방을 들고 다니는 사람은 남으로부터 비싼 가방을 들고 다닌다는 부러움을 살 수 있다. 동시에 자신은 그 명품 가방이 구현하는 지중해풍의 디자인과 색상을 느낄 수 있다. 이렇게 디자인과 색상을 느끼게 하는 것은 그 명품 가방이 만들어 내는 하나의 성과이다. 그렇게 남으로부터 부러움을 사게 하는 것도 그 명품 가방이 만들어 내는 또 다른 성과이다. 따라서 그 명품 가방을 구매하는 사람들을 모두 하나의 시장으로 묶었다 하더라도, 이 시장에는 남의 부러움을 얻는 성과를 원하는 사람들과 지중해풍의 디자인과 색상을 느끼는 성과를 원하는 사람들이 섞여 있다.

더 나아가서, 하나의 제품 성과도 여러 다른 효용을 만들어 줄 수 있다. 위의 예에서, 명품 가방이 주는 지중해풍의 디자인과 색상을 느끼고자 하는 이유는 내적인 미적 쾌락에 있을 수도 있고, 아니면 지중해풍의 정취를 추구하는 사회문화적 집단의 일원이 되고자 하는 데 있을 수도 있다. 즉, 그 하나의 제품 성과를 놓고도 두 가지 다른 효용이 존재할 수 있다.

같은 효용을 추구하는 집단의 사람들을 보더라도, 효용을 느끼기 위해 얻고자 하는 제품 성과는 각기 다를 수 있다. 예를 들어 미적 쾌락을 추구하더라도 어떤 사람은 명품에서 구현되는 디자인과 색상을 통해 미적 쾌락을 얻을 수 있고 또 다른 어떤 사람은 발레리나의 춤추는 자태나 움직임을 통해 그럴 수 있다. 아니면 특정 요리에서 우러나오는 오묘한 맛이나 향취를 통해 그럴 수도 있다. 마찬가지로 어떤 하나의 제품 성과를 얻고자 하는 사람들을 보더라도 그것을 얻기 위해 구매하고자 하는 제품은 각기 다를 수 있다. 몸에 수분과 영양분의 보충이라는 제품 성과를 얻기 위해 어떤 사람은 오렌지 주스와 비타민 음료를 겸용하지만 다른 어떤 사람은 생수와 약간의 샐러드 그리고 정제 형태의 비타민을 먹을 수도 있다. 고수익이라는 제품 성과를 위해 어떤 사람은 선물옵션 제품을 구매할 수 있지만, 다른 어떤 사람은 카지노에 가서 고수익을 노려 보기도 한다.

요약하건대 영리적 영역에서 시장을 정의하는 데 사용되는 기준은 크게 보아 제품 유형, 제품 성과 그리고 효용이다. 이 세 가지 중 하나 또는 두 가지 이상을 기준으로 삼아 시장을 정의하게 된다. 그러면 이하에서 복지 영역의 시장정의는 실제로 어떻게 수행되는지 두 가지 예를 들어 살펴보기로 한다. 하나는 복지서비스의 유형을 기준으로 시장을 정의해 보는 것이고, 다른 하나는 복지서비스의 유사성이라는 기준으로 시장을 정의해 보는 것이다. 이 예들은 실제에서 유용하게 활용될 수 있는 것들이다.

3 3   복지서비스의 유형과 시장정의

사회복지 영역에서도 위에서 서술된 세 가지 접근법을 사용하여 시장을 정의할 수 있다. 먼저, 시장은 복지서비스의 유형에 맞추어 정의될 수 있다. 특정 유형의 복지서비스를 원하는 사람들을 하나의 시장으로 정의할 수 있다. 가령, 노인 여가에 관한 복지프로그램을 생각해 보자. 〈도표 3-1〉은 노인 여가 프로그램이 어떻게 분류되고 있는지 보여 주고 있다. 이 도표의 내용은 노인층 복지소비자들에게 여가 프로그램을 이용하려고 할 때 어떤 것들을 고려하는지 물어본 응답에 기초한 것이다.

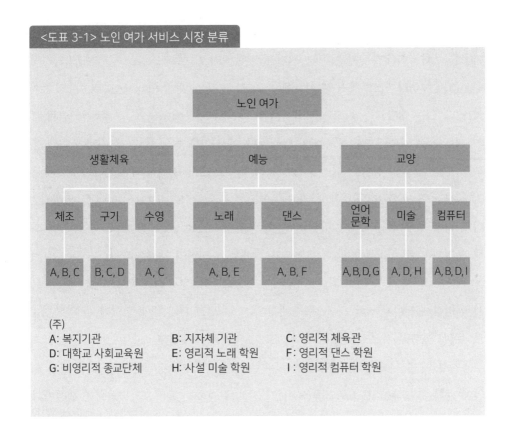

〈도표 3-1〉 노인 여가 서비스 시장 분류

```
                          노인 여가
          ┌──────────────────┼──────────────────┐
       생활체육                예능                 교양
      ┌───┼───┐           ┌────┴────┐      ┌───────┼───────┐
    체조  구기  수영        노래      댄스    언어     미술   컴퓨터
                                             문학
   A,B,C B,C,D A,C        A,B,E    A,B,F   A,B,D,G  A,D,H  A,B,D,I
```

(주)
A: 복지기관   B: 지자체 기관   C: 영리적 체육관
D: 대학교 사회교육원   E: 영리적 노래 학원   F: 영리적 댄스 학원
G: 비영리적 종교단체   H: 사설 미술 학원   I : 영리적 컴퓨터 학원

〈도표 3-1〉에서, 노인 여가 프로그램은 먼저 생활체육 부문, 예능 부문, 교양 부문으로 나뉜다. 노인들의 응답에 따르면, 여가 프로그램을 이용하려는 경우, 먼저 생활체육, 예능 그리고 교양의 세 가지 부문 중 어느 하나를 선택하게 된다. 〈도표 3-1〉에서, 생활체육 부문은 다시 체조, 구기, 수영의 세 가지 종목으로 나뉜다. 예능은 노래와 댄스(dance)의 종목으로 나뉜다. 그리고 교양 부문은 언어·문학, 미술, 컴퓨터의 세 가지 종목으로 나뉜다. 따라서 만약 응답자가 생활체육 부문을 선택한다면, 그다음으로 응답자는 체조, 구기, 수영의 세 가지 중 하나를 선택하게 된다. 〈도표 3-1〉에서, 노인 여가 프로그램을 이용하고자 하는 노인들은 모두 하나의 시장을 형성한다. 이 시장은 다시 생활체육, 예능, 교양의 세 가지 시장으로 나뉘어질 수 있다. 더 나아가, 생활체육 시장은 체조, 구기, 수영의 세 가지 하위시장으로 나뉘어질 수 있다.

그다음으로, 체조 종목의 시장에는 A, B, C 세 주체에 의해 운영되는 프로그램들이 있다. A는 복지기관이고, B는 지자체 기관이며, C는 체육관을 운영하는 영리적인 사업주체이다. 구기 종목의 시장에는 B, C, D 세 주체에 의해 운영되는 프로그램이 있다. D는 대학교 사회교육원이다. 수영 종목의 시장에는 A, C 두 주체에 의해 운영되는 프로그램이 있다. 예능에서 노래 종목의 시장에는 A, B, E 세 주체에 의해 운영되는 프로그램이 있다. 여기서 E는 노래 학원으로서 영리적 주체이다. 댄스 종목의 시장에는 A, B, F 세 주체에 의해 운영되는 프로그램이 있다. F는 댄스 학원으로서 영리적 주체이다. 교양에서 언어·문학 종목의 시장에는 A, B, D, G 네 주체에 의해 운영되는 프로그램이 있다. G는 종교단체로서 비영리 주체이다. 미술 종목의 시장에는 A, D, H 세 주체에 의해 운영되는 프로그램이 있다. H는 사설 미술 학원으로서 영리적 주체이다. 컴퓨터 종목의 시장에는 A, B, D, I 네 주체에 의해 운영되는 프로그램이 있다. I는 사설 컴퓨터 학원으로서 영리적 주체이다.

생활체육, 예능, 교양의 세 부문들은 서로 대체관계, 즉, 경쟁관계에 있다. 어떤 노인이 생활체육 부문의 프로그램을 이용하기로 결정하는 순간 그 노인에게 예능이나 교양 부문의 프로그램을 제공하는 주체들은 그 기회를 상실하게 된다. 반대로 어떤 노인이 예능 부문의 프로그램을 이용하기로 결정하는 순간 그 노인에게 생활체육이나 교양 부문의 프로그램을 제공하는 주체들에게는 그럴 기회가 없어지게 된다. 마찬가지로 어떤 노인이 교양 프로그램을 이용하려고 결정하는 순간 생활체육이나 예능 부문의 프로그램을 제공하는 주체들에게는 그럴 기회가 없어지게 된다.

더 나아가서, 생활체육 부문을 선택한 노인이 생활체육의 종목인 체조, 구기, 수영 중에서 체조를 선택하면, 구기와 수영의 종목에서 노인에게 프로그램을 제공하려는 주체들은 그럴 기회를 상실한다. 마찬가지로 노인이 체조의 종목 대신에 구기의 종목을 선택하였다면 나머지 두 가지의 종목에서 프로그램을 제공하려는 주체들은 그럴 기회를 놓치게 된다. 생활체육 내에서도 각 종목들 간에는 대체관계, 즉, 경쟁관계가 존재한다. 마찬가지로 이러한 관계는 예능 부문이나 교양 부문의 종목들 간에서도 존재한다. 만약 노인이 생활체육 부문에서 체조의 종목을 선택하였다면, 노인은 복지기관 A, 지자체 B, 영리적 사설체육관 C의 세 군데서 제공하는 프로그램들 중 하나를 선택하게 된다. 이때, A, B, C 간에는 대체관계, 즉, 경쟁관계가 존재한다.

노인들이 〈도표 3-1〉과 같이 생각하고 움직여 준다면, 노인 여가 프로그램의 시장이란 생활체조, 예능, 교양의 프로그램들을 이용하려는 노인들 모두로 구성된 하나의 집단이라고 정의할 수 있다. 이렇게 정의된 노인 여가 프로그램 시장의 신규 진입자에게 경쟁자들이란 생활체육, 예능, 교양의 프로그램을 운영하는 모든 영리적, 비영리적 사업자들이다. 그러나 노인 여가 프로그램 중에서 생활체육 부문의 시장에 진입하려는 사업자에게 경쟁자들이란 생활체육의 체조, 구기, 수영의 프로그램을 제공하는 사업자들에 한정된다.

이런 점을 고려하여, 시장에 신규로 진입하려는 사업자는 자신이 진입하려는 시장을 넓게 또는 협소하게 정의할 수 있다. 만약 협소하게 시장을 정의하면 시장의 크기는 줄어들지만 그만큼 경쟁자도 줄어든다. 그러면, 한정된 자원을 집중하여 제한된 숫자의 경쟁자들과 시장경쟁을 효과적으로 이어 갈 수 있다. 가령, 어떤 사업자가 생활체육을 이용하고자 하는 노인들만을 하나로 묶어 자신이 진입할 시장으로 정의하였다고 하자. 생활체육 시장은 전체 노인 여가 프로그램 시장보다는 협소하지만, 그 사업자는 오로지 생활체육 사업자들과 경쟁하는 데 노력을 집중할 수 있다. 생활체육 프로그램을 이용하기로 결정한 노인들이 경쟁 사업자에게 가지 않고 자신에게 오도록 노력을 집중하면 된다. 이때, 예능이나 교양 프로그램을 선택한 노인들을 자신의 생활체육 프로그램으로 유인하는 데 자원을 소모할 필요가 없다.

물론, 어떤 신규 사업자는 시장을 더 협소하게 정의할 수도 있다. 가령, 생활체육을 선택한 노인들 중에서도 체조의 종목을 선택한 노인들만 하나의 시장으로 정의할 수 있다. 그러면, 그 신규 사업자는 체조 종목을 선택한 노인들이 A, B, C를 선택하지 않고 자신을 선택하도록 만드는 데 노력을 기울이면 된다. 이때, 구기나 수영의 종목을 선택한 노인들을 자신의 체조 프로그램으로 유인하는 데 자원을 소모할 필요가 없다. 한마디로, 시장을 얼마나 넓게 어떻게 정의하는지에 따라 누가 주요 경쟁자가 될 것인지도 달라지고, 궁극적으로 마케팅의 내용과 방식도 달라진다.

3 4 시장정의의 예 - 대체성과 유사성

위의 노인 여가 프로그램 시장의 예에서, 이용자들은 생활체육, 예능, 교양의 프로그램들을 머릿속에 명확히 구분해 놓고 이 구분에 맞추어 자신들이 원하는 프로그램을 선택한다. 이 경우에, 노인 여가사업을 하고자 원하는 복지기관은 조사를 통해 그 구분을 알아내고, 이에 따라 시장의 일부나 전부를 자신이 진입할 시장으로 정의하면 된다. 이러한 시장정의 방법 이외에도 여러 다양한 방법들이 시장정의에 사용된다. 이들 중에 일반적으로 많이 이용되는 두 가지 방법을 살펴보기로 한다.

먼저, 효용과 대체성에 따라 시장정의를 하는 방법에 대해 알아보기로 한다. 예로서, 사회적 연대감이라는 효용을 생각해 보기로 하자. 사회적 연대감을 체험하기 위하여 복지소비자는 생활체육 프로그램이나 예능 프로그램을 이용할 수 있고, 아니면 교양 프로그램을 찾을 수 있다. 이 세 가지의 것들은 모두 복지소비자에게 타인과의 접촉과 소통을 통해 사회적 연대감이라는 효용을 창출시켜 줄 수 있다. 이 경우에, 그 세 가지의 것들 중 하나를 선택하려는 복지소비자들은 하나의 시장을 이루고 있다. 그리고 그 세 가지의 것들은 서로 대체관계를 갖고 하나의 시장에서 경쟁하고 있다. 이를 염두에 둘 때, 시장은 사업주체 간의 대체관계에 따라 정의될 수 있다. 먼저 대체관계가 있을 것 같은 사업주체들을 선택해, 실제로 그들 간에 대체관계가 얼마나 있는지를 분석하고, 이 분석에 따라 대체관계가 높은 것들만이 하나의 시장에서 서로 경쟁하고 있는 것으로 판단한다. 그러면 이 경쟁자들 간에 어느 하나를 선택하고자 하는 복지소비자들을 하나의 시장으로 정의한다.

그러면 대체관계는 어떻게 분석하는가? 이론적으로는 **교차탄력성**을 산정해 대체관계를 파악하게 된다. 교차탄력성은 재화 X의 수요변화율을 재화 Y의 가격변화율로 나눈 것이다. 가령, 예능 프로그램의 월 이용 가격이 10,000원에서 20,000원으로 높아졌다고 가정해 보자. 그리고 월 이용자 숫자로 파악한 생활체육 프로그램의 수요량은 1,000명에서 1,500명으로 증가했다고 가정해 보자. 이 경우에 예능 프로그램의 가격변화율은 +100%[10,000원÷(20,000원−10,000원)]이고, 생활체육 프로그램의 수요변화율은 +50%(500명÷1,000명)이다. 따라서 예능 프로그램과 생활체육 프로그램 간의 교차탄력성은 0.5(50%÷100%)이다. 이 교차탄력성 0.5는 예능 프로그램의 가격이 1% 오르면 생활체육 프로그램의 수요량은 0.5% 오른다는 것을 말해 주고 있다. 예능 프로그램의 가격이 오르니 복지소비자들은 예능 프로그램 대신 상대적으로 가격이 내려간 생활체육 프로그램을 더 이용하게 되는데, 그 0.5는 이 대체의 수준을 말해 준다. 일반적으로, 두 개의 복지프로그램들 간에 교차탄력성의 값이 높을수록, 그들 간의 대체성은 그만큼 높고, 같은 시장에서 경쟁할 확률도 높게 된다.

교차탄력성에 따라 시장정의를 하기 위해서는 먼저 대체관계가 높을 것 같은 복지프로그램들과 기타 영리적, 비영리적 프로그램들을 선택한다. 다음으로 각 프로그램의 가격과 수요량을 파악해야 한다. 그러나 현실에서 복지프로그램의 가격과 수요량을 산정하는 일은 쉬운 일이 아니다. 특히, 복지소비자가 금전적으로 매겨진 가격을 명시적으로 지불하지 않는 경우에, 복지프로그램의 가격을 결정하는 것은 쉬운 일이 아니다. 수요량도 쉽게 간단히 파악되지 않을 수 있다. 수요량의 파악을 위해서는 복지프로그램의 가입자 숫자, 성별, 이용 횟수, 이용 기간 등의 여러 요인들을 상황에 따라 적절히 고려해야 하기 때문이다. 가격과 수요량이 파악되었다 하더라도, 교차탄력성을 바로 산정할 수는 없다. 가령, 가격과 수요의 변화를 살펴볼 시간적 단위를 얼마나 길게 잡아야 하는지 고민해야 한다. 이 시간적 단위에 따라 교차탄력성의 값은 변화할 수 있기 때문이다.

그리하여 교차탄력성보다 쉽게 측정할 수 있는 기준들을 사용하여 제품들(즉, 복지프로그램들과 영리, 비영리 프로그램들) 간의 대체성을 파악하고 이들 중에 서로 대체성이 큰 제품들을 하나로 묶어 시장을 정의하기도 한다. 그런 기준들 중의 하나로, 제품들 간의 전반적인 **유사성(similarity)**을 들 수 있다. 예를 들어, 생활체육, 예능, 교양의 세 가지 프로그램들 간의 전반적인 유사성은 다음과 같이 노인 복지소비자에게 물어보아 쉽게 측정할 수 있다. 생활체육과 예능 프로그램 간의, 생활체육과 교양 프로그램 간의 그리고 예능 프로그램과 교양 프로그램 간의 전반적인 유사성을 7점 척도로(1점: 매우 유사함, 7점: 매우 다름) 노인 복지소비자들에게 물어보았을 때, 생활체육과 예능 간의 평균 응답 점수는 2점이고, 생활체육과 교양 간의 평균 응답 점수는 6점이며 예능과 교양 간의 평균 응답 점수는 5점인 것으로 나왔다고 하자. 그러면 생활체육과 예능 프로그램은 유사하게 인식된 반면, 교양 프로그램은 생활체육과 예능의 두 가지 프로그램과는 다르게 인식된 것으로 판단할 수 있다. 서로 유사할수록 대체성이 높은 것으로 생각할 수 있다. 따라서 생활체육과 예능 프로그램 간의 대체성은 높은 것으로 생각할 수 있다. 그리하여 생활체육이나 예능 프로그램을 선택하고자 하는 노인 복지소비자들은 하나의 시장을 형성한다고 파악할 수 있다.

참고로, 제품들 간의 전반적인 유사성은 좀 더 쉽게 측정될 수도 있다. 가령, 생활체육 프로그램을 기준으로 놓고 예능과 교양의 두 가지 프로그램들이 생활체육 프로그램과 얼마나 유사한지 노인 복지소비자들에게 물어볼 수 있다. 만약 예능 프로그램이 교양 프로그램보다 훨씬 유사한 것으로 응답된다면, 생활체육 프로그램과 예능 프로그램은 서로 경쟁하고 있는 것이고, 따라서 이 두 가지 중에서 하나를 선택하는 노인 복지소비자들은 하나의 시장으로 정의된다.

전반적 유사성을 파악하려는 복지프로그램들이 많아지면, 설문응답을 통해 그 프로그램들 간의 전반적 유사성을 측정하는 것도 번거롭지만, 측정된 유사성 점수들을 기초로 그 프로그램들 중에 어떤 것들이 서로 더 유사한지 판별해 내는 것도 어렵다. 이런 유사성 판별의 어려움을 해결하고자 그 판별을 객관적이고, 체계적으로 수행하는 분석기법이 개발되었다. 이 분석기법은 **다차원척도법**(Multi-Dimensional Scaling)이라는 것인데,[2] 이에 대한 것은 다음의 4장에서 서술된다.

---

2) Borg, Ingwer and Patrick J. F. Groenen (2005), *Modern Multidimensional Scaling: Theory and Applications*, (2nd ed.), New York: Springer-Verlag.

CHAPTER 04
시장세분화와
표적시장 선택

이상에서 서술된 두 가지 방법 이외에도 다양한 방법으로 사후적 시장세분화를 수행할 수 있다. 그러나 어떤 방법으로 사후적 시장세분화를 하더라도 가장 중요한 것은 마케팅적으로 의미가 있는 세분기준을 선택하는 일이다. 세분기준을 잘못 세우면 아무리 복잡한 기법을 사용해 시장을 세분하더라도 마케팅적으로 아무런 의미가 없기 때문이다. 그리고 세분기준을 잘 선택하려면, 소비자가 왜 복지서비스를 구매하는지 그리고 어떻게 구매하는지를 잘 분석해야 한다.

복지서비스의 유형이나 사용 상황과 같은 특정 기준에 따라 시장을 정의할 경우, 시장의 소비자들은 당연히 그 기준에 따라 동질적인 모습을 보인다. 그러나 다른 기준에 따라서는 얼마든지 이질적인 모습을 보일 수 있다. 일반적으로 **시장세분화**란 그 다른 기준에 따라 하나의 시장을 복수의 하위시장으로 나누는 작업이다. 나누어진 하위시장을 **세분시장**이라고 지칭한다. 시장을 나누는 데 사용한 기준에 따라, 한 세분시장을 구성하는 복지소비자들은 서로 동질적이다. 그러나 한 세분시장은 다른 세분시장과 이질적인 모습을 보인다. 본 장에서는 시장세분화의 내용과 방법이 소개된다. 표적시장과 포지셔닝에 대해서는 다음 장에서 논의된다.

4 1 시장세분화의 두 가지 기준

시장세분화를 하려면 먼저 두 가지 기준을 결정해야 한다. 하나는 세분의 기준을 결정하는 것이고(**세분기준**), 다른 하나는 세분시장에 속한 복지소비자가 누구인지를 서술해 주는 기준을 결정하는 것이다(**서술기준**).[1]

궁극적인 세분기준은 복지소비자가 충족하고자 하는 효용이다. 마케팅의 핵심 내용인 교환은 복지소비자에게 효용을 창출해 주고 대가를 받는 활동이기 때문이다. 복지소비자에게 어떤 효용을 어느 정도 창출해 주어야 하는지에 따라 교환의 성격과 방법이 달라지고, 이에 따라서 교환을 위해 복지기관이 갖고 있어야 할 자원의 특징과 규모도 달라진다. 즉, 마케팅의 내용과 방법은 복지소비자에게 어떤 효용을 전달해 주는지에 따라 달라진다. 그러므로 효용을 세분기준으로 삼는 것이 원칙적으로 마케팅의 목표와 내용에 부합한다.

---

1) Myers, James H. (1996), *Segmentation and Positioning for Strategic Marketing Decisions*, American Marketing Association.

가령, 성인기능교실 프로그램의 시장에는 자존감이라는 효용을 무엇보다도 중요하게 여기는 소비자들이 있을 수 있다. 이러한 소비자들은 그 프로그램에 참여하면서 자신이 대우받는 존재라는 느낌을 얻으려 한다. 반면, 자존감보다는 사회적 연대감이라는 효용을 중요시 여기는 사람들도 있을 수 있다. 다른 사람들과 교감을 통해 마음의 안정을 찾으려는 사람들을 말한다. 이때, 성인기능교실 프로그램의 시장은 그 프로그램이 가져다주는 효용에 따라 자존감을 추구하는 세분시장과 사회적 연대감을 추구하는 세분시장으로 나누어 볼 수 있다. 물론, 효용 이외에 다른 것을 세분기준으로 삼을 수 있다. 이 경우에, 효용을 가져다주는 복지서비스의 속성을 세분기준으로 삼을 수 있다. 성인기능교실의 속성 중 하나는 쾌적한 수업 환경이다. 또 다른 속성의 하나로 강사와의 소통을 들 수 있다. 그리하여 성인기능교실의 시장은 강사와의 소통보다 쾌적한 수업 환경을 더 중요하게 여기는 세분시장과 쾌적한 수업 환경보다는 강사와의 소통을 더 중요하게 여기는 세분시장이 존재할 수 있다. 또는, 그 두 가지 속성을 모두 중요하게 여기는 세분시장이 존재할 수 있다.

만약 쾌적한 수업 환경과 강사와의 소통이 자존감적 효용을 창출하는 데 중요한 요소이면 성인기능교실 프로그램의 시장에서 쾌적한 수업 환경과 강사와의 소통을 통해 자존감을 느끼려는 세분시장이 존재할 수 있다. 동시에, 쾌적한 환경은 중요하지 않지만 강사와의 소통을 통해 사회적 연대감을 느끼려는 세분시장도 존재할 수 있다. 이상의 두 세분시장은 추구하는 효용이나 쾌적한 수업 환경이라는 서비스 속성 면에서 이질적이다. 그러나 강사와의 소통을 추구하는 면에서 그 두 세분시장은 동질적이다.

효용과 복지서비스의 속성 이외에도, 자 기관이나 경쟁자에 대한 충성도(loyalty)를 세분기준으로 삼을 수 있다. 자 기관에 충성적인 복지소비자의 이탈 방지에 마케팅 노력을 집중할 때 그런 세분기준은 필요하다. 아니면 경쟁자에 충성적인 복지소비자의 유인에 마케팅 노력을 집중할 때도 그럴 수 있다. 복지기관이나 복지기관이 운영하는 프로그램의 인지도나 태도를 세분기준으로 삼을 수도 있다. 인지도가 높거나 태도가 긍정적인 복지소비자에 마케팅 노력을 집중하는 것이 바람직할 수도 있기 때문이다. 높은 인지도를 갖거나 긍정적 태도를 가진 복지소비자는 적은 마케팅 노력에도 쉽게 충성적인 성향을 보일 수 있다.

복지기관이나 복지프로그램에 대한 인지도나 태도 또는 충성도가 높은 복지소비자는 그렇지 않은 복지소비자와 다른 효용을 가질 수 있다. 원하는 효용이 다르면 원하는 복지서비스도 다르기 마련이고, 그에 따라서 경쟁 복지기관들에 대한 경험이나(그리하여 인지도나 태도나) 충성도가 달라질 수도 있다. 충성도, 인지도, 태도 이외에도 복지서비스 프로그램의 이용목적이나 그 이용을 통해 얻고자 하는 편익(benefits), 이용상황, 이용수준 등과 같은 것도 세분기준으로 사용할 수 있다.

세분기준들 중에는 내용이 서로 관련되어 있거나 중복되어 있는 것들도 있다. 예를 들어, 편익이라는 개념은 효용이라는 개념과 상당히 관련되어 있다. 편익이란 복지소비자가 서비스를 이용하며 경험한 어떤 긍정적 결과이다. 성인기능교실에서 강사가 다소 고급 수준의 내용을 많이 전달한다고 하자. 어떤 한 수강생은 그 어려운 강의 내용에 대해 긍정적인 느낌을 가질 수 있다. 잘 모르지만 어려운 것을 배운다는 생각이 수강생에게 자존감을 높여 줄 수 있기 때문이다. 반면, 어떤 다른 수강생은 그 어려운 강의 내용에 대해 부정적인 느낌을 가질 수 있다. 자기 수준에 맞는 내용을 쉽고 빠르게 습득하기 원하나 그럴 수 없기 때문이다. 즉, 학습의 효율성이 떨어졌다고 생각할 수 있기 때문이다. 정리하면, 자존감적 효용을 추구하면 그 어려운 강의 내용이 편익으로 느껴지고, 학습의 효율성이라는 효용을 추구하면 그것은 편익이 되지 못한다. 이렇듯이, 편익과 효용은 서로 밀접하게 관련되어 있다.

일반적으로 편익은 제품이나 서비스가 주는 그 무엇에 강조점이 있는 반면 효용은 본원적 욕구(need)라는 복지소비자의 주관적 심리에 그 강조점이 있다. 가령, 애플 스마트폰의 디자인이 예쁘다고 생각하는 사람을 생각해 보자. 이 경우 애플은 그 사람에게 미적 느낌이라는 편익을 주었다. 만약 이런 미적 느낌을 얻고 엄청 행복해졌다면, 그 사람은 효용을 크게 얻은 것이다. 그러나 어떤 다른 사람은 그런 미적 느낌에도 별로 행복한 마음을 갖지 못할 수 있다. 미적인 것에 관심이 없기 때문이다. 그러면 효용을 얻지 못한 것이다. 일반적으로, 미적 느낌을 얻으면 행복해지기 마련이지만, 꼭 그렇지 않을 수도 있다. 마찬가지로 노인여가 프로그램이나 기능교육교실 프로그램은 지식함양이나 건강증진 또는 정서적 자극을 제공해 준다. 이것들은 편익에 해당되며, 어떤 이용자의 기능적 또는 심리적 문제를 해결해 줄 수 있다. 그러나 다른 어떤 이용자에게는 그렇지 않을 수 있다. 즉, 편익을 제공받아도, 효용을 얻는 사람도 있고 그렇지 않은 사람도 있다.

하나의 복지서비스 프로그램 내에서도 다양한 편익과 효용을 생각해 볼 수 있다. 장애인 문화체험 프로그램은 문화적 학습이라는 편익을 제공한다. 즉, 프로그램 참가자의 지적, 문화적 능력을 함양시켜 준다. 이 능력이란 어떤 예술적 작품이나 공연을 쉽게 이해하고 즐기는 능력을 의미한다. 이렇게 이해하고 즐길 수 있는 능력이 함양될 때, 해당 장애인은 자아실현이라는 효용을 얻을 수 있다. 또는 다른 사람들과 쉽게 어울려 예술 작품이나 공연을 즐김으로써 사회적 연대라는 효용을 얻을 수 있다. 문화적 능력의 함양이라는 편익으로부터 자아실현이나 사회적 연대라는 효용이 창출되는 것이다.

시장의 특징이나 복지기관이 추구하는 전략에 따라, 다양한 세분기준들 중 하나 또는 그 이상이 시장세분화에 사용된다. 그런데, 어떤 세분기준을 사용하더라도 복지소비자가 원하는 효용이나 편익, 또는 제품속성은 세분시장에 따라 분명히 달라져야 한다. 이를 염두에 두면서 편익을 세분기준으로 한 시장세분화의 예를 한번 살펴보기로 하자.

편익이란 소비자가 복지서비스를 사용해 얻는 긍정적 결과로서, 기능적인 것도 있고 심리적인 것도 있다. 가족문제해결치료 사업 중 아동학대·방임해결 프로그램에 대해 생각해 보자. 이 복지서비스 프로그램이 제공하는 주요 편익으로 일시보호, 심리치료, 가족기능 강화, 고소고발 지원, 사후관리 상담 등을 들 수 있다. 같은 아동학대·방임해결 프로그램을 이용하더라도 이용자들마다 추구하는 편익이 다를 수 있다. 여기서 이용자란 대상 아동과 그 아동 편에 선 가족 구성원이나 지킴이를 포함한 하나의 집단이 된다. 그러면 어떤 이용자는 일시보호라는 편익을 더 원하는 반면 다른 어떤 이용자는 가족기능 강화라는 편익을 더 원할 수 있다. 만약 이용자가 가족 간의 연대감이라는 효용을 중요시 여기면 당장의 효율적 문제해결보다는 가족회복을 통한 중장기적 문제해결을 더 우선시할지도 모른다. 반면, 가족회복이 불가능하다고 판단된 이용자는 당장의 학대에서 아동을 효율적으로 격리하는 것이 더 중요하다고 생각할지 모른다. 즉, 즉각적 문제해결의 효율성이라는 효용을 더 우선시할 것이다. 그러면 일시보호의 편익을 더 강조할 수 있다.

서술기준을 설명하기 위해 세분기준에 따라 이루어진 시장세분화의 예를 하나 생각해 보자. 노인심리상담 프로그램이 이용자에게 제공하는 편익으로서 당면한 심리적 압박의 해소를 들 수 있다. 여기서 당면한 심리적 압박의 이유들은 많을 것이다. 설명의 편의상 그 이유들 중 사회경제적 문제와 개인심리적 문제의 두 가지만 고려해 보자. 이에 따라 편익도 사회경제적 압박 해소와 개인심리적 압박 해소라는 두 가지를 생각해 볼 수 있다. 그리하여 시장조사 결과 노인심리상담 이용자들은 다음의 4가지 집단으로 나뉘어질 수 있다: (1) 사회경제적 압박 해소와 개인심리적 압박 해소라는 두 가지 편익을 모두 높게 추구하는 집단, (2) 사회경제적 압박 해소라는 편익은 높게 추구하지만, 개인심리적 압박 해소라는 편익은 낮게 추구하는 집단, (3) 사회경제적 압박 해소라는 편익은 낮게 추구하지만, 개인심리적 압박 해소라는 편익은 높게 추구하는 집단, (4) 두 편익 모두 낮게 추구하는 집단. 두 편익 모두 낮게 추구하는 네 번째 집단은 아마도 그 두 가지 편익 이외의 어떤 다른 유형의 편익을 얻고자 그 상담 프로그램을 이용할지도 모른다.

더 나아가, 해당 복지기관에 얼마나 충성적인지를 또 하나의 세분기준으로 삼았다고 생각해 보자. 충성적인지의 여부는 과거에 해당 복지기관이 제공한 다른 프로그램을 이용했는지와 이용했다면 얼마나 자주 이용했는지에 따라 결정된다고 생각해 볼 수 있다. 아니면 이용을 하면서 보여 준 호의적 태도나 행동에 따라 결정될 수도 있다. 편익에 따른 4개의 세분시장 각각을 다시 충성적인 이용자들과 그렇지 않은 이용자들로 나누었다면, 세분시장은 모두 8개(편익에 따른 4집단×충성도에 따른 2집단)가 될 것이다.

서술기준은 그 8개 집단 각각이 누구인지를 서술하는 데 사용된다. 예를 들어, 나이를 서술기준으로 삼는다면, 사회경제적 압박 해소라는 편익과 개인심리적 압박해소라는 두 가지 편익을 모두 추구하고 동시에 자 기관에 충성도가 높은 집단은 주로 60대로 구성되어 있고, 그 두 가지 편익 모두 추구하지만 자 기관에 충성도가 낮은 집단은 주로 70대 이상으로 구성되고 있다는 식으로 서술할 수 있다. 또는 성별이나 학력 그리고 거주 지역과 같은 것으로도 그 8개 집단을 서술할 수 있다. 아니면, 신문이나 방송의 어떤 기사나 프로그램을 보거나 듣는지에 따라 그 8개 집단을 서술할 수도 있다.

이렇게 세분시장을 서술하는 이유는 표적이 되는 세분시장의 복지소비자들이 누구인지 알아야 그들을 대상으로 마케팅을 전개할 수 있기 때문이다. 예를 들어, 표적으로 삼은 세분시장의 복지소비자들이 특정 지역신문의 건강정보 지면을 즐겨 본다면, 해당 노인심리상담 프로그램의 소개 및 이용정보를 그 지면에 넣어 효율적으로 전달할 수 있다. 또는 그 프로그램의 표적 복지소비자들이 주로 60대층으로서 특정 지역의 외곽에 있는 일반가옥 밀집지역에서 거주한다면, 그 지역을 중심으로 셔틀버스를 운영하여 효율적으로 이용자들의 편의성을 제고할 수 있다. 또는 그런 서술 정보를 이용해 소식지나 홍보물을 효율적으로 배포할 수 있다.

각 세분시장이 누구인지 확인해 줄 수 있는 것은 모두가 서술기준이 될 수 있다. 가장 원론적인 서술기준은 나이, 소득, 성별, 직업, 거주 지역 및 형태 등과 같은 소위 인구통계학적 변수들이다. 이것과 함께 서술기준으로 많이 사용되는 것은 바깥으로 드러나 있거나 드러날 수 있어 쉽게 객관적으로 확인할 수 있는 사람들의 활동, 관심, 의견 등이다. 바깥으로 드러날 수 있는 활동 중의 한 예가 취미나 여가활동이다. 이런 활동은 실내나 집안에서 하는 활동과 야외에서 하는 활동으로 나누어 볼 수도 있고, 아니면 더 구체적으로 둘레길 걷기 활동, 등산 활동 등과 같이 나누어 볼 수 있다. 그리하여 각 세분시장에 소속된 사람들이 주로 어떤 유형의 활동을 하는지 살펴볼 수 있다.

문화적, 사회적, 정치적 문제에 대한 관심이나 의견에 따라서도 각 세분시장의 구성원들이 누구인지 확인해 볼 수 있다. 가령, 한 세분시장의 구성원은 보수적인 정치적 성향을 가졌고, 다른 세분시장의 구성원은 진보적인 정치적 성향을 지녔다는 식으로 각 세분시장을 서술해 볼 수 있다. 이와 연장 선상에서, 투표 행태나 영화나 연극의 관람 행태도 서술기준이 될 수 있다. 언론이나 라디오, TV 매체나 인터넷, 모바일 매체에 대한 접촉이 어떠한지에 따라서도 세분시장을 서술해 볼 수도 있다. 매체 접촉에 따라 각 세분시장의 특징을 확인하면, 표적 세분시장에 대해 광고나 판매촉진과 같은 활동을 효율적으로 수행할 수 있다. 가령, 특정 세분시장의 사람들이 지역TV 방송사의 교양물을 즐겨 본다면, 이 교양물에 홍보물을 넣어 표적 복지소비자들에게 복지프로그램을 효율적으로 알릴 수 있다.

4 2 시장세분화의 두 가지 형태

세분기준과 서술기준을 놓고 시장세분화를 수행하는 방법은 크게 두 가지로 나누어 볼 수 있다: (1) 사후적 시장세분화, (2) 사전적 시장세분화.[2] **사후적 시장세분화**란 위의 노인심리상담 프로그램의 예와 같이 세분기준에 따라 시장을 나누어 놓고 그다음에 서술기준에 따라 각 세분시장의 구성원이 누구인지 확인해 보는 방법이다. '사후적'이라고 지칭하는 것은, 세분기준에 대해 구매자들이 어떻게 분포되어 있는지 조사한 연후에, 이 분포에 따라 구매자들을 두 개 또는 그 이상의 집단으로 분류하기 때문이다.

가령, 주민복지증진 사업 중의 한 유형인 주민사랑방 운영을 생각해 보자. 그리고, 주민사랑방을 이용할 해당 지역의 주민들을 하나의 시장으로 보고, 이 시장을 하나의 편익에 따라 세분화한다고 생각해 보자. 이 편익은 이용자들이 안 쓰는 물품을 서로 교환할 수 있다는 것이다. 그러면 주민사랑방의 이용자 200명을 대표 표본으로 추출하여 그들에게 물품 교환을 얼마나 원하는지 5점 척도로 물어볼 수 있다. 가령, 이 설문에서 응답자의 30%는 '아주 많이 원함'에 답하였고, 40%는 '많이 원함'에 답하였으며, 30%는 '보통 정도 원함'에 답하였다고 하자. 그러면 주민사랑방 시장은 물품 교환을 아주 많이 원하는 세분시장(구매자의 30%), 많이 원하는 세분시장(구매

---

2) Wedel, Michel and Wagner Kamakura (2000), *Market Segmentation: Conceptual and Methodological Foundations*, 2nd ed., Springer Science & Business Media, New York.

자의 40%) 그리고 보통 정도 원하는 세분시장으로(구매자의 30%) 나뉜다고 판단할 수 있다. 또는 물품 교환을 아주 많이 원하는 이용자와 많이 원하는 이용자를 하나로 묶어 물품 교환에 대한 욕구가 상대적으로 높은 세분시장과(이용자의 70%) 상대적으로 낮은 세분시장으로(이용자의 30%) 나뉜다고 판단할 수도 있다. 이렇게 집단화하는 방법에 대해서는 다음 단원에서 예를 들어 더욱 자세하게 설명할 것이다.

사전적 시장세분화는 사전적으로 선택된 서술기준에 따라 구매자들을 여러 집단들로 나눈 후에, 특정 세분기준에 따라 그 집단들이 차이를 보이는지 살펴보는 방법이다. 사전적 시장세분화를 설명하기 위해, 위의 주민사랑방 시장을 대상으로 나이와 소득을 서술기준으로 그리고 물품 교환에 대한 욕구를 세분기준으로 고려해 보자. 그리고 주민사랑방 이용자의 대표 표본에 대해 시장조사를 하여 그 서술기준과 세분기준에 관한 자료를 얻었다고 하자.

이때, 주민사랑방 시장의 사전적 시장세분화는 먼저 나이와 소득이라는 서술기준에 따라 구매자들을 나누어 보는 데서 시작된다. 가령, 수집된 자료에 따라 소득이라는 서술기준을 놓고 주민사랑방 이용자들을 다음의 3가지 계층으로 나누어 볼 수 있다: (1) 연 소득 4,000만 원 미만의 중하위층, (2) 연 소득 4,000만 원에서 6,000만 원 미만의 중상위층, (3) 연 소득 6,000만 원 이상의 상위층. 그리고 나이에 따라서도 주민사랑방 이용자들을 다음의 3가지 계층으로 나누어 볼 수 있다: (1) 40세 미만의 성년층, (2) 40세 이상에서 55세 미만의 중년층, (3) 55세 이상의 장·노년층. 이런 모든 구분들은 과거의 경험이나 기타 마케팅적 목적이나 상황 판단에 따라 사전에 이루어진다. 그리하여 주민사랑방 시장의 이용자들은 모두 9개(소득에 따른 3집단×연령에 따른 3집단)의 집단으로 나뉘어질 수 있다. 실제의 경우 이 9개의 집단들 중 어떤 집단에 소속되는 구매자들의 숫자는 매우 적을 수도 있다. 이 경우 그에 해당되는 집단은 무시될 수도 있다. 그러나 설명의 편의상 여기서는 그러한 집단이 없다고 가정한다.

그렇게 9개의 집단들이 사전적으로 설정되면, 다음으로 세분기준인 물품 교환에 대한 욕구에 따라 그 9개의 집단들이 서로 얼마나 다른지 비교해 본다. 예를 들어, 40세 미만의 비교적 젊고 소득이 상위층인 집단은 물품 교환을 중히 여기지 않으나,

중년이면서 소득이 중상위층인 집단은 물품 교환을 어느 정도 중히 여기고, 장·노년 이면서 소득이 중상위층인 집단은 물품 교환을 아주 중히 여긴다는 식으로 그 9개 의 집단들이 물품 교환의 중요성에 대해 의미 있게 차이를 보인다면, 주민사랑방 시 장은 세분기준인 물품 교환의 욕구에 따라 9개의 집단으로 세분화되는 것으로 볼 수 있다. 그리고 각 집단에 소속된 구매자가 누구인지는 나이와 소득이라는 서술기 준으로 알 수 있다. 그리하여 하나의 사전적 시장세분화가 완결된다.

그러나 만약 물품 교환의 욕구에 대해 위 9개의 집단들이 서로 의미 있는 차이를 보이지 않는다면, 마케팅적 고려에 따라 물품 교환 이외의 다른 세분기준을 놓고(예 를 들어, 취미의 공유나 생활정보의 공유와 같은 세분기준) 그 9개의 집단들을 비교 해 볼 수 있다. 아니면 나이, 소득 대신에 교육수준이나 주거형태 또는 라이프스타일 (life style)과 같은 다른 서술기준을 사용하여 주민사랑방 시장의 이용자들을 여러 집단으로 나누고, 이렇게 나뉜 집단들이 물품 교환의 욕구에서 어떻게 차이가 나는 지 다시 비교해 볼 수 있다. 복지기관은 이런 식의 비교 분석을 계속 반복적으로 진 행하여 자 기관에게 도움이 되는 최적의 시장세분화를 도출할 수 있다.

사전적 시장세분화의 한 유형으로, 세분기준과 서술기준을 한꺼번에 놓고 시장세 분화를 진행하기도 한다. 가령, 위의 주민사랑방 시장의 예를 다시 한번 생각해 보 자. 이 시장의 세분기준으로는 물품 교환에 대한 욕구를, 서술기준으로는 소득을 놓 아 이 두 가지를 동시에 고려해 사전적 시장세분화를 행할 수 있다. 이 경우에, 사전 적인 판단에 따라 물품 교환에 대한 욕구를 높고, 낮음의 두 수준으로 설정하고, 소 득을 상위층, 중상위층, 중하위층의 세 수준으로 설정했다고 하자. 그러면 논리적으 로 6개(물품 교환 욕구에 따른 2집단×소득에 따른 3집단)의 집단들이 설정된다. 다 음으로, 시장조사를 통해 주민사랑방 이용자들의 소득과 물품 교환의 욕구를 파악 하고 이 결과에 따라 시장조사에 응한 이용자들을 그 6개의 집단에 따라 분류한다.

그런데 이러한 분류가 마케팅의 수행에 별로 도움이 되지 않을 수도 있다. 하나 의 예로, 그렇게 분류해 보니, 소득 상위층, 중상위층, 중하위층 모두 물품 교환을 원 할 수 있다. 즉, 물품 교환의 욕구가 소득수준에 따라 별 차이가 없는 것이다. 그러 면, 소득 대신에 연령이나 교육수준과 같은 다른 서술기준을 고려해 그 서술기준과 물품 교환의 욕구로 시장을 다시 나누어 볼 수 있다. 아니면 물품 교환의 욕구 대신에 다른 세분기준을 선택해(가령, 취미나 생활정보의 공유와 같은 세분기준) 소득수준과 함께 고려하여 시장을 다시 나누어 볼 수 있다. 이런 식으로 변수들을 바꾸어 가며 계속 세분화 작업을 반복하여 궁극적으로 마케팅에 도움이 되는 시장세분화를 도출할 수 있다.

시장세분화를 잘하려면, 사전에 세분기준과 서술기준을 잘 알고 있어야 한다. 그렇지 못하면, 시장세분화는 고기가 잡힐 때까지 감 잡히는 대로 아무 데나 낚싯대를 드리우는 것과 같이 수행된다. 시장경험이 많은 복지기관은 어떤 서술기준과 세분기준으로 시장세분화를 하면 바라는 결과를 쉽고도 신속히 얻을 수 있는지 사전적으로 짐작할 수 있다. 마치 낚시를 오래 하면 낚싯대를 어디에 드리워야 하는지 아는 것과 같다. 그러나 그런 경험이 결여된 복지기관은 많은 시간과 노력을 들여 가며 여기저기 낚싯대를 드리워도 고기 한 마리 잡지 못할 수 있다. 즉, 제대로 된 시장세분화의 결과물을 얻을 수 없다.

4 3 사후적 시장세분화의 예와 문제점

사후적 시장세분화를 실제로 수행하는 방법은 마케팅 상황에 따라 매우 다양하다. 이하에서는 하나의 가상적 예를 갖고 사후적 시장세분화의 대표적 방법들 중 하나를 서술해 보기로 한다. 먼저 이 서술을 위해, 어떤 한 도시에서 운용되는 교통수단을 생각해 보기로 하자. 교통수단을 이용하는 그 도시 시민들의 집합이 곧 교통서비스 시장이 된다. 그 도시의 교통수단은 도보, 자전거, 자가용, 택시, 버스, 지하철의 6가지라고 상정한다. 예를 들어, 사람들은 걸어 다닐 수도 있고(도보), 아니면 걸어 다니는 대신 택시나 버스와 같은 것들을 탈 수도 있다. 이용자들이 선택할 수 있는 교통 서비스 제품은 6가지인 셈이다.

이러한 교통 서비스 시장을 사후적으로 세분화하기 위해 가장 흔히 사용하는 방법은 먼저 세분기준을 선정하는 것이다. 많은 사전조사를 통해 2개의 세분기준이 선택되었다고 가정한다. 하나는 효율성에 대한 욕구이고, 다른 하나는 안락감에 대한 욕구이다. 여기서 효율성은 구체적으로 두 가지를 의미한다고 하자. 하나는 교통수단을 이용하는 데 드는 금전적 비용이 높은지의 여부이고 다른 하나는 원할 때 쉽고 빠르게 교통수단을 이용할 수 있는지의 여부이다. 안락감도 구체적으로 두 가지를 의미한다고 하자. 하나는 교통수단의 이용 시 다른 사람들과 불쾌한 접촉이 있는지의 여부이다. 다른 하나는 교통수단의 이용 중에 시끄러운 소음을 느끼는지의 여부이다. 따라서 2개의 세분기준은 다시 4개의 좀 더 구체적인 세분기준으로 나뉘어진다.

다음으로, 교통 서비스 시장의 구매자에게 교통수단을 선택함에 있어서 그 4가지 구체적 세분기준들이 얼마나 중요한지 물어본다. 가령, 구매자에게 "6개의 교통수단 중 하나를 선택함에 있어서, 금전적 비용을 얼마나 중요하게 생각하십니까?"라는 질문을 주고 5점 척도에 따라 응답을 하게 한다. 그러면 가령, 어떤 구매자는 금전적 비용이 매우 중요하다고 생각하여 5점이라고 답을 하게 된다.

구매자가 교통수단을 선택함에 있어서 효율성을 얼마나 중요하게 생각하는지는 '금전적 비용의 중요성'에 대한 응답과 '원할 때 쉽고 빠르게 이용할 수 있는 것의 중요성'에 대한 응답을 평균한 것으로 측정된다. 가령, '금전적 비용의 중요성'에 대해서는 3점이라고, '원할 때 쉽고 빠르게 이용하는 것의 중요성'에 대해서는 5점이라고 응답되었다고 하자. 그리고 이 두 개의 응답을 산술평균했다고 하자. 그러면, 교통수단을 선택하는 경우 구매자가 효율성을 얼마나 중요하게 생각하는지는 4점[(3점+5점)÷2]이라고 산정된다. 이렇게 산술평균을 한다는 것은 구매자가 효율성의 중요성을 결정하는 데 있어서 '금전적 비용의 중요성'과 '원할 때 쉽고 빠르게 이용하는 것의 중요성'을 각각 50%씩 동등하게 반영함을 의미한다.

만약 구매자가 효율성의 중요성을 고려함에 있어서 '금전적 비용의 중요성'을 30%로, '원할 때 쉽고 빠르게 이용하는 것의 중요성'을 70%로 반영한다면, 구매자가 효율성을 얼마나 중요하게 생각하는지는 4.4점(3점×0.3+5점×0.7)이 된다. 이런 식으로 '금전적 비용의 중요성'과 '원할 때 쉽고 빠르게 이용한 것의 중요성'이라는 두 가지 항목이 효율성의 중요성을 각각 얼마나 반영하는지 살펴보고, 그 두 가지 항목의 값을 합산하는 데 사용하는 방법으로 **요인분석(Factor Analysis)**이라는 것이 있다.[3] 효율성의 중요성은 요인이라고 지칭하며, '금전적 비용의 중요성'과 '원할 때 쉽고 빠르게 이용하는 것의 중요성'은 요인을 구성하는 항목들이다. 그리고 이 두 가지 항목의 합산 값을 요인점수라고 지칭한다.

시장의 구매자 모두에게 위와 같은 질문을 할 수 없으므로, 시장의 구매자를 대표하는 사람들을 선택한다. 이렇게 선택된 사람들의 집합을 소위 대표 표본이라고 지칭한다. 가령, 시장의 구매자가 1,000만 명인데, 대표 표본으로 그들 중 1,000명을 선택했다고 하자. 그러면 설문조사를 통해 1,000명 각각마다, 효율성의 중요성에 대한 점수와 안락감의 중요성에 대한 점수가 구해진다. 1,000명 각 개인의 두 점수들은 효율성의 중요성과 안락감의 중요성이라는 두 차원으로 구성된 평면상의 좌표를 결정한다. 즉, 1,000명 각각의 두 점수들에 따라 그 평면에 1,000명의 위치를 잡아 볼 수 있다. 가령, 그렇게 하여 1,000명의 위치가 〈도표 4-1〉과 같이 나왔다고 상정해 보자. 〈도표 4-1〉을 보면, 효율성 중요도 2점, 안락감 중요도 4점을 중심으로 400명이 밀집하여 있고(세분시장 1), 효율성 중요도 3점, 안락감 중요도 3점을 중심으로 300명이 밀집하여 있으며(세분시장 2), 효율성 중요도 4점, 안락감 중요도 2점을 중심으로 300명이 밀집하여 있다(세분시장 3). 결국, 각 요인의 중요성에 따라 교통수단의 시장은 크게 3개의 세분시장으로 나뉜다. 효율성 추구 집단, 안락감 추구 집단 그리고 중간성향 집단이 그것이다.

---

3) McDonald, R. P. (1985), *Factor Analysis and Related Methods*, Hillsdale, NJ: Erlbaum.

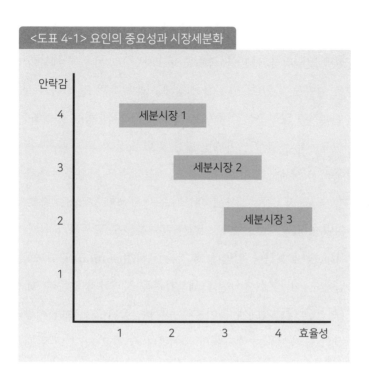

<도표 4-1> 요인의 중요성과 시장세분화

세분시장이 정해지면, 서술기준을 이용하여, 각 세분시장의 구성원이 누구인지 밝히는 분석을 한다. 각 세분시장의 구성원이 언제 어디서 무엇을 하는 누구인지 알아보기 위한 서술기준으로서, 소득, 나이, 직업, 교육, 거주 지역, 가구의 크기 그리고 매체접촉행태나 라이프스타일(life style) 등을 선택할 수 있다. 그리하여 이러한 서술기준에 따라 3개의 세분시장을 비교한다.

사후적 시장세분화가 갖고 있는 가장 치명적인 약점은 세분화 전에 미리 세분기준을 정해야 한다는 것이다. 그리고 사전에 세분기준을 어떻게 정하는지에 따라 당연히 사후적 시장세분화의 결과물도 달라진다. 교통수단 시장의 예에서, 만약 사람들이 효율성과 안락감 못지않게 안전성도 중요하게 생각한다고 가정하자. 사람들이 안락한 것과 안전한 것은 다르다고 생각할 수 있다. 그리하여 효율성과 안락감 그리고 안전성의 세 가지 세분기준을 사용하여 사후적 시장세분화를 하면 그 결과는 효율성과 안락감의 두 가지 세분기준을 사용한 경우와 달라질 수 있다. 물론 그 세 가지 세분기준들 중 두 가지의 세분기준을 사용하더라도, 어떤 두 가지를 사용했는지에 따라 사후적 시장세분화의 결과는 달라질 수 있다. 가령, 효율성과 안전성을 사용한 경우와 효율성과 안락감을 사용한 경우를 비교하면, 그 사후적 세분화의 결과가 달라질 가능성은 얼마든지 있다. 사후적 시장세분화가 갖는 또 하나의 문제점은 구매자가 중요하게 여기지 않는 세분기준으로 사후적 시장세분화를 수행하는 것이다. 당연히 이런 시장세분화의 결과는 마케팅 활동에 별 도움이 되지 못할 수 있다.

요컨대, 사후적 시장세분화의 결과는 어떤 세분기준을 사용했는지에 따라 달라질 수 있다. 또는 중요하지 않은 잘못된 세분기준을 사용함으로써 세분화의 결과가 마케팅적으로 의미가 없을 수도 있다. 이러한 문제점들을 극복하기 위해 제안된 사후적 시장세분화의 방법이 하나 있는데, 그것은 **유사성**(similarity)에 의한 사후적 시장세분화 방법이다. 이 방법은 사전에 세분기준을 설정하지 않는다. 대신, 경쟁제품들 간의 유사성만을 구매자에게 물어본다. 앞서 언급된 교통수단 시장의 경우, 6개 교통수단들 간의 유사성을 구매자에게 물어본다. 그리고 나서 이 유사성을 분석하여, 그 결과에 따라 세분기준을 선택하고, 시장세분화를 완결한다.

유사성 분석에 의한 사후적 시장세분화는 〈도표 4-2〉와 같은 조사결과를 얻는 데에서 시작된다. 이 도표는 위의 교통수단 시장의 예에서 상정한 1,000명의 대표 표본에게 교통수단 간의 유사성을 7점 척도로 물어서(1점=아주 유사함, 7점=아주 다름), 그 답을 정리한 것이다. 교통수단이 도보, 자전거, 자가용, 택시, 버스, 지하철의 6가지이므로, 1,000명의 표본으로 하여금 그 6가지 중 2가지씩 유사성을 비교하게 하면, 〈도표 4-2〉와 같이 모두 15개의 비교결과를 얻을 수 있다. 가령, 〈도표 4-2〉에서 d_{35}는 자가용과 버스 간의 유사성이 얼마나 되는지 1,000명의 표본에게 물어보고 얻은 값들을 평균한 수치이다. d_{56}은 버스와 지하철 간의 유사성 평균값이 된다. 만약 $d_{35}=5$, $d_{56}=3$이라면, 1,000명의 표본은 2만큼 버스와 지하철이 버스와 자가용보다 더 유사하다고 인식하는 것이다.

<도표 4-2> 유사성 자료 매트릭스

	도보	자전거	자가용	택시	버스	지하철
도보	d11	d12	d13	d14	d15	d16
자전거		d22	d23	d24	d25	d26
자가용			d33	d34	d35	d36
택시				d44	d45	d46
버스					d55	d56
지하철						d66

〈도표4-3〉은 〈도표4-2〉의 유사성 점수들을 이용해 만든 지도이다. 거리의 개념을 도입한다면, 두 교통수단이 유사하지 않다는 것은 곧 그 지도상에서 멀리 떨어져 있음을 의미한다. 그리하여 〈도표 4-3〉에서, 유사성 척도의 점수가 높은 교통수단들 간에는 그만큼 거리가 멀고, 그 점수가 낮은 교통수단들 간에는 그만큼 거리가 가깝다. 〈도표 4-2〉에서 나타난 두 교통수단 간의 점수는 〈도표 4-3〉에서 나타난 두 교통수단 간의 거리와 일치해야 한다. 예를 들어, 〈도표 4-3〉에서 제시된 버스와 지하철 간의 거리와 자가용과 버스 간의 거리는 〈도표 4-2〉에서 제시된 버스와 지하철 간의 3점과 자가용과 버스 간의 5점과 일치해야 한다. 물론 실제로 〈도표 4-3〉을 〈도표 4-2〉에 완전히 부합하게 그릴 수는 없다. 어느 정도의 허용 오차는 있기 마련이다. 〈도표 4-2〉에 근거하여 〈도표 4-3〉의 지도를 그리는 기법을 소위 **다차원척도법 (Multi-Dimensional Scaling)**이라고 칭한다.[4]

---

4) Kruskal, J. B., and M. Wish (1978), *Multidimensional Scaling*, Sage University Paper series on Quantitative Application in the Social Sciences, 07-011. Beverly Hills and London: Sage Publications.

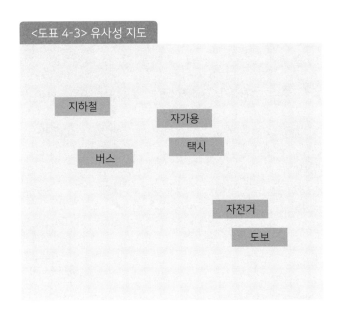
<도표 4-3> 유사성 지도

　다음으로, 〈도표 4-3〉의 평면을 구성하는 1개 또는 2개의 차원을 결정한다. 가령, 〈도표 4-3〉의 평면에 2개의 차원을 그려 보기로 하자. 〈도표 4-4a〉는 2개의 차원이 그려질 수 있는 하나의 예를 보여 준다. 또는 〈도표 4-4b〉와 같이 1개의 차원이 그려질 수도 있다. 〈도표 4-4b〉에서 제시된 1개의 차원은 회전되어 수평으로 놓여질 수 있다.

　평면을 구성하는 차원은 〈도표 4-4a〉와 〈도표 4-4b〉 이외의 다른 어떤 것으로 그려질 수도 있다. 그렇게 1개 또는 그 이상의 차원들을 〈도표 4-3〉의 평면 위에 그릴 수 있는 경우의 수는 이론적으로 무한하다. 실제에서 그 차원을 어떻게 그릴 것인지는 마케팅 상황을 고려한 여러 조사와 판단에 의존하게 된다. 때로 이러한 판단은 매우 주관적일 수도 있다.

　설명의 편의상, 〈도표 4-4a〉와 같이 2개의 차원이 서로 직각으로 놓여, 하나는 수평적으로, 하나는 수직적으로 차원이 결정되었다고 생각해 보자. 이때 각 차원이 무엇을 의미하는지는 알 수 없다. 다만 그렇게 그려 놓은 것을 갖고 추정만 할 수 있을 뿐이다. 〈도표 4-4a〉를 잘 보면 수직 차원은 안락감, 수평 차원은 효율성을 의미할지도 모른다. 왜냐하면, 수직 차원에서 위로 갈수록 안락한 교통수단이 놓여져 있고,

수평 차원에서 오른쪽으로 갈수록 효율적인 교통수단이 놓여져 있기 때문이다. 만약 그렇다면, 구매자들은 각 교통수단이 얼마나 효율적이고 얼마나 안락한지를 따져 유사성 질문에 응답했다는 추론을 할 수 있다.

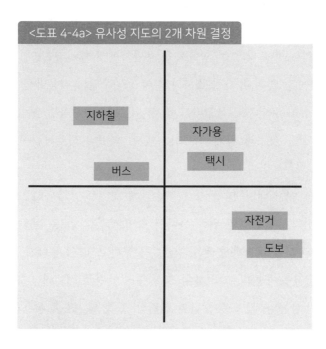

<도표 4-4a> 유사성 지도의 2개 차원 결정

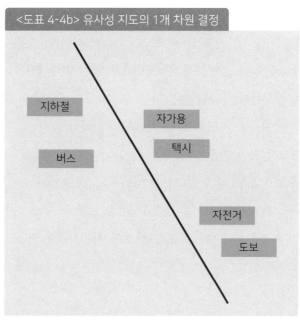

<도표 4-4b> 유사성 지도의 1개 차원 결정

이런 추론을 확정하기 위해, 추가적인 조사를 할 수도 있다. 이 조사에서, 먼저 교통수단의 효율성과 안락감을 측정하는 설문 항목들을 만든다. 가령, 각 교통수단의 금전적 비용은 얼마나 저렴한 편인지 그리고 원할 때 얼마나 쉽고 빠르게 이용할 수 있는지를 설문 항목으로 설정한다. 그리고 안락감에 대해서도, 각 교통수단 이용 시 불쾌한 접촉은 얼마나 없는지와 시끄러운 소음은 얼마나 없는지를 설문 항목으로 설정한다. 그리하여 총 4개의 설문 항목을 응답자에게 제시하고 5점 척도나 7점 척도로 응답을 얻는다. 앞의 유사성 조사와 같이 교통수단의 이용자를 대표하는 1,000명을 표본으로 뽑아 응답자로 삼았다고 하자. 이 조사에서, 응답자는 효율성, 안락감에 대한 4개의 설문 항목과 함께, 각 교통수단을 얼마나 선호하는지에 대해 5점 척도나 7점 척도로 답을 한다.

이상의 응답을 얻어 내면, 먼저 각 교통수단에 대해 응답자들이 느끼는 효율성과 안락감을 산정한다. 이 산정을 위한 하나의 방법으로, 각 교통수단에 대하여, 응답자마다 효율성 측정 항목 2개에 대한 평균값을 구하고, 다시 응답자 전체에 대해, 그 평균값들의 평균값을 구한다. 그리하여 그 최종적인 평균값을 해당 교통수단의 효율성 충족 점수로 삼는다. 각 교통수단의 안락감 충족 점수도 같은 방법으로 산출한다. 각 교통수단마다 효율성 충족과 안락감 충족의 점수들이 산정되면, 효율성 충족과 안락감 충족이라는 2개 차원이 서로 직각으로 놓여져 이루어진 평면을 설정하고, 이 평면 위에 효율성 충족과 안락감 충족의 점수들에 따라 각 교통수단을 위치시켜 본다. 그리고 이 위치들이 앞의 다차원척도법으로 만든 평면에서 각 교통수단이 자리잡은 위치와 부합되는지를 판단한다. 만약 부합된다고 판단되면, 교통수단들 간의 유사성에 관한 이용자들의 판단은 효율성 충족과 안락감 충족이라는 2개의 차원에 따라 이루어졌다고 결론을 지을 수 있다.

〈도표 4-4a〉와 같이, 효율성과 안락감에 따라 각 교통수단의 위치가 결정되면, 다음으로 응답을 한 1,000명의 사람들이 효율성과 안락감 중 어느 쪽을 얼마나 더 중요하게 생각하는지 분석한다. 이를 위해, **선호도 회귀분석**(preference regression analysis)이라고 지칭되는 통계기법이 활용될 수 있다.[5] 이 통계기법은 각 응답자마다 효율성과 안락감이 제품 선호도에 얼마나 영향을 미치는지 분석하는 방법이다. 이 통계기법에 따라, 가령, 어떤 한 응답자의 경우, 교통수단 선호도를 결정하는 데 효율성이 60%, 안락감이 40% 정도 영향을 미치는 것으로 나타났다고 하자. 이 경우에, 교통수단 선호도 결정에서 효율성은 안락감보다 1.5배(60÷40) 더 크게 영향을 미치는 것이다.

반면, 다른 어떤 응답자의 경우에는 반대로 안락감이 효율성보다 1.5배 더 크게 교통수단 선호도 결정에 영향을 미칠 수 있다. 응답자 1,000명들 중에는 그 영향도의 수치가 서로 다른 사람들도 있을 수 있고, 아니면 아주 유사한 사람들도 있을 수 있다. 응답자 1,000명 중, 그 영향도의 수치가 아주 유사한 사람들을 동일한 집단으로 묶으면, 효율성과 안락감이라는 세분기준에 따른 시장세분화가 이루어진다. 그다음으로, 앞의 예와 같이 서술기준을 선택해 각 세분시장의 주요 구성원이 누구인지 파악하면 최종적으로 유사성에 의한 사후적 시장세분화가 완결된다.

이상에서 서술된 두 가지 방법 이외에도 다양한 방법으로 사후적 시장세분화를 수행할 수 있다. 그러나 어떤 방법으로 사후적 시장세분화를 하더라도 가장 중요한 것은 마케팅적으로 의미가 있는 세분기준을 선택하는 일이다. 세분기준을 잘못 세우면 아무리 복잡한 기법을 사용해 시장을 세분하더라도 마케팅적으로 아무런 의미가 없기 때문이다. 그리고 세분기준을 잘 선택하려면, 소비자가 왜 복지서비스를 구매하는지 그리고 어떻게 구매하는지를 잘 분석해야 한다.

---

5) Urban, Glen L. and John R. Hauser (1993), *Design and Marketing of New Products*, NJ: Prentice Hall.

CHAPTER 05
표적시장과
포지셔닝

대체적으로, 수동적 포지셔닝은 이미 복지소비자들이 밝힌 욕구에 맞추어 수행된다. 그리하여 자 기관도 경쟁자도 수동적 포지셔닝을 통해 쉽게 경쟁적 우위를 확보할 수 없다. 반면, 선제적 포지셔닝은 복지소비자가 밝히지 않거나, 밝힐 수 없는 욕구에 맞추어 수행된다. 그리하여 어떤 경쟁자도 쉽게 선제적 포지셔닝을 구현하기 어렵다. 그러나 일단 그것을 구현한 경쟁자는 큰 경쟁적 우위를 오랫동안 유지할 수 있다.

복지기관은 정의된 시장 전체를 표적시장으로 삼을 수 있지만, 대체적으로 시장세분화에 따라 도출된 세분시장들 중 하나 또는 그 이상을 **표적시장**으로 삼게 된다. **포지셔닝**(positioning)이란 표적시장에 경쟁자 대비 차별점을 인식시켜 주는 활동이다. 또는 그 인식된 차별점을 포지셔닝이라고 지칭한다. 차별점을 인식함으로써 표적시장의 복지소비자는 해당 복지기관이 경쟁자보다 얼마나 효용을 더 잘 충족시켜 줄 수 있는지 이해하게 된다. 이하에서는 표적시장과 포지셔닝이 무엇이고, 그것들은 어떻게 결정, 집행되는지 살펴본다.

5 1 표적시장

복지기관은 정의된 시장 전체를 표적시장으로 삼을 수도 있다. 그러나 한정된 자원을 갖고 있는 복지기관은 선택과 집중의 원칙에 따라 시장의 일부를 표적시장으로 선택하게 된다. 시장세분화가 이미 이루어졌다면, 표적시장의 선택은 크게 네 가지 요인들을 살펴보며 이루어질 수 있다. 이 네 가지 요인이란 시장세분화에 사용된 세분기준과 서술기준, 복지기관의 자원과 경쟁력 그리고 시장성장성을 말한다.

예를 들어, 어느 한 복지기관이 치매노인가족지원 프로그램의 이용자들을 하나의 시장으로 정의하고, 이 시장을 경제적 편익을 중히 여기는 세분시장과 심리적 편익을 중히 여기는 세분시장으로 나누었다고 상정한다. 그러면 그 복지기관은 자 기관의 보유 자원이 경제적 편익을 제공하는 데 적합한지 아니면 심리적 편익을 제공해 주는 데 더 적합한지 판단해 볼 수 있다. 아울러 경제적 편익을 중히 여기는 세분시장은 주로 65-75세의 노년층으로 구성되어 있고 심리적 편익을 중히 여기는 세분시장은 주로 75세 이상의 노년층으로 구성되어 있다고 상정한다. 이때, 그 복지기관은 인력이나 시설 그리고 축적된 경험을 고려하여 65-75세의 노년층과 75세 이상의 노년층 중에서 어느 쪽과 교환을 하는 것이 더 효율적인지 판단해 볼 수 있다. 이런 식의 여러 판단을 통해 그 복지기관은 그 2개의 세분시장 중 어느 쪽이 더 표적시장으로 적합한지 결정하게 된다.

따라서 시장세분화를 위해 세분기준과 서술기준을 선택할 때, 그 기준들이 표적시장을 결정하는 데 얼마나 의미가 있는지 깊이 숙고해 보아야 한다. 위의 예에서, 그 해당 복지기관은 경제적 편익과 심리적 편익 모두를 경쟁자보다 더 잘 제공할 수 없다고 생각해 보자. 그렇다면, 경제적, 심리적 편익으로 세분화된 시장은 그 복지기관이 표적시장을 선택하는 데 별 도움이 되지 못한다. 그 2개의 세분시장 중 어느 쪽에서도 경쟁의 우위를 차지할 수 없고 그리하여 어느 쪽에 진입해도 어려움을 겪기 때문이다. 반면, 만약 그 복지기관이 경제적 편익의 제공에서 경쟁의 우위를 갖고 있으나 심리적 편익의 제공에서는 그렇지 못하다면, 그 2개의 세분시장 중 경제적 편익을 중히 여기는 세분시장을 표적시장으로 삼을 수 있다. 이 경우에 시장세분화에 사용된 세분기준과 서술기준은 전략상 의미를 갖게 된다. 요컨대, 시장세분화의 세분기준과 서술기준은 복지기관에게 세분시장들 중 어느 하나가 다른 하나보다 왜 표적시장으로서 더 적합한지 말해 줄 수 있어야 한다.

이와 같이 시장세분화가 의미 있게 이루어졌다면, 각 세분시장이 표적시장으로 얼마나 적합한지 판단하고, 이 판단에 따라 세분시장들 중 하나 또는 그 이상을 표적시장으로 선택한다. 특정 세분시장이 표적시장으로서 적합한지를 판단하는 데에는, 세분시장이 얼마나 성장할 수 있는지 그리고 세분시장에서 자사가 얼마나 큰 경쟁력를 얻을 수 있는지 고려된다.

세분시장의 성장성이란 그 시장의 크기가 앞으로 얼마나 증가할 수 있는지를 의미한다. 충분한 수익을 낼 정도로 크게 성장할 수 있는 세분시장이 표적시장으로 고려되는 것은 당연하지만, 그렇다고 성장이 너무 빠른 세분시장은 오히려 표적시장으로서 바람직하지 않을 수 있다. 시장이 성장하는 만큼 복지기관도 투자를 해야 하기 때문이다. 가령, 서비스 생산 능력도 확충하고, 마케팅 규모도 늘려야 하며, 복지기관의 인력이나 관리시스템도 늘려야 한다. 이렇게 투자를 하지 않으면, 확대되는 시장에서 자신의 점유율은 낮아지고, 결국 자연스럽게 경쟁력을 상실하게 된다. 따라서 시장이 너무 빨리 성장하게 되면, 그만큼 투자를 늘려야 하고, 이는 복지기관에게 재무적 압박뿐만 아니라 미래에 대한 불확실성을 가중시킨다. 여기서 불확실성이란, 빠른 성장을 예측하여 투자를 했으나 예측이 빗나가 투자를 회수하지 못하여 어려움에 빠지는 것을 말한다. 한편, 성장이 낮으면 시장의 크기가 충분하지 않아, 시장조업을 효율적으로 할 수 없거나 또는 정체된 시장을 놓고, 기존 경쟁자들과 치열하게 파이 나누기 싸움을 해야 한다. 결국 복지기관은 상황에 맞추어 성장이 너무 빠르거나 너무 늦은 세분시장을 피하며 표적시장을 골라야 한다.

한 복지기관의 경쟁력 수준은 경쟁자에 비해 그 복지기관의 능력과 자원이 표적시장에 얼마나 적합한지에 달려 있다. 예를 들어, 표적시장의 복지소비자가 브랜드 지향적이라면 당연히 브랜드자산을 많이 갖고 있는 기업이 그렇지 않은 기업보다 그 시장에서 조업하기 유리할 것이다. 즉, 더 큰 경쟁력을 얻을 수 있을 것이다. 기술이나 생산 능력이 표적시장에 맞는 복지서비스를 출시하기에 더 적합할수록 그만큼 경쟁력을 더 확보할 수 있을 것이다. 유통경로를 경쟁자보다 더 많이 확보한다면, 더 다양한 방법으로 더 많은 복지서비스를 제공할 수 있다. 그만큼 더 경쟁력을 확보할 수 있는 것이다. 이렇듯, 표적시장의 조업에 더 적합한 능력과 자원을 얼마나 배타적으로 확보하거나, 할 수 있는지를 고려하는 것도 표적시장을 선택하는 데 매우 중요하다. 〈도표 5-1〉은 참고적으로 표적시장을 선택하는 데 고려되는 중요한 사항들을 정리하여 제시하고 있다.

<도표 5-1> 표적시장 선택의 고려사항

⊙ **시장의 매력도(attractiveness)**
  ✓ 잠재력: 시장의 크기와 성장률
  ✓ 경쟁자의 숫자와 경쟁의 강도
  ✓ 환경적 요인의 가변성

⊙ **경쟁력(strength) 확보 가능성**
  ✓ 경쟁 우위의 차별적 능력과 자원 보유
  ✓ 시장성과 축적을 통한 학습 능력

5 2 포지셔닝(Positioning)

포지셔닝이란 표적시장의(넓게는 전체 시장의) 복지소비자에게 자 기관의 서비스가 갖고 있는 경쟁적 차별점을 인식시켜 주는 일이다. 또는 그 인식된 차별점을 지칭하기도 한다. 포지셔닝을 쉽게 이해하기 위한 하나의 방법으로 마음속에 〈도표 5-2〉와 같은 지도를 하나 그려 보기로 한다. 이 지도에서 수평축은 어떤 장애인재활훈련 프로그램에서 이용자가 느끼는 훈련의 전문성 수준, 수직축은 훈련 종목의 다양성 수준을 나타낸다. 그리고 같은 지역권 내에 그 프로그램을 제공하는 곳이 두 군데 있다고 상정한다. 한 곳은 복지기관으로, 편의상 A로 지칭한다. 다른 곳은 병원으로 B로 지칭한다. 그리고, A 또는 B, 아니면 두 군데 모두에서 그 프로그램을 이용해 본 경험자들 200명에게 각 곳의 프로그램에서 느끼는 난이도와 다양성 수준을 7점 척도로 설문해 보았다고 하자(1=낮음, 7=높음). 이 설문조사의 결과로, 전문성에서 복지기관 A는 평균 2점을, 병원 B는 평균 6점을 받았고, 다양성에서 복지기관 A는 평균 5점을, 병원 B는 평균 2점을 받았다고 하자. 그러면 지도상에서 복지기관 A의 좌표는 (2, 5)이고, 병원 B의 좌표는 (6, 2)이다. 결론적으로 이용경험자들은 복지기관 A가 병원 B보다 전문성에서 4점 낮고, 다양성에서 3점 높다고 인식한다. 그리고 〈도표 5-2〉의 공간상에서 복지기관 A와 병원 B 간의 거리는 5가 된다. 이렇게 마음속에 있는 지도에서의 위치를 포지셔닝이라고 칭한다. 여기서 위치란 곧 각 재활 프로그램의 특성에 대해 이용자가 인식한 결과를 의미한다.

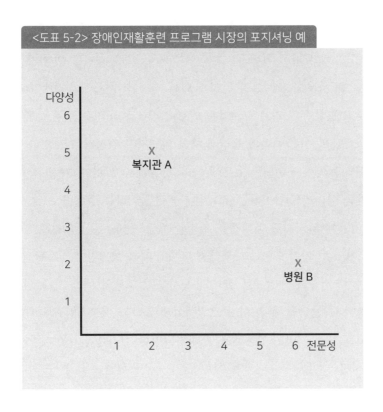

<도표 5-2> 장애인재활훈련 프로그램 시장의 포지셔닝 예

표적시장을 대상으로 포지셔닝을 결정함에 있어서 가장 중요한 것은 마케팅의 목표를 실현시키는 데 기여하는 경쟁 우위의 차별점을 찾는 것이다. 만약 매출증대가 마케팅 목표라고 한다면, 낮은 가격과 서비스의 편의성과 같이 매출증대를 이끌 요소들이 차별점으로 강조될 수 있다. 매출보다 이익의 증대가 마케팅 목표로서 더 중요하다면, 품질이나 브랜드와 같이 가격을 지지할 수 있는 요소들이 차별점으로 내세워질 수 있다.

〈도표 5-2〉에서 차별점은 전문성과 다양성의 수준에 의해 좌우된다. 이 도표에서 복지기관 A의 차별점은 전문성보다 다양성이 높은 것이고 병원 B의 차별점은 전문성이 다양성보다 높은 것이다. 따라서 복지기관 A는 전문성보다 다양성을 더 추구하는 이용자들을 표적으로 삼아야 하고, 병원 B는 다양성보다 전문성을 더 추구하는 이용자들을 표적으로 삼아야 한다. 그러나 이용자들이 전문성과 다양성의 수준에 따라 제품을 선택하지 않는다면, 〈도표 5-2〉와 같이 전문성과 다양성에 따라 차

별점을 내세우는 것은 두 곳 모두에게 아무 의미도 없게 된다.

〈도표 5-2〉의 예와 같이 차별점은 편익의 특징에 따라 결정될 수 있다. 또는 편익을 창출하는 데 사용되는 재화의 특징에 의해 결정될 수도 있다. 가령, 어떤 일상생활지원 프로그램의 경우, 경제적 편익을 위해서 식료품, 이미용 도구, 의류 등의 재화를 사용할 수 있고, 이런 재화의 특징에 따라 차별점이 결정될 수도 있다. 더 나아가, 차별점은 편익에 의해 구현되는 효용에 따라 결정될 수도 있다. 가령, 경제적 편익을 얻으면 그만큼 삶의 안전감이라는 효용이나 자존감이라는 효용을 느낄 수 있다. 그러면 이런 효용에 따라서도 차별점을 결정할 수도 있다. 아니면 재화, 편익, 효용의 세 가지 중 어느 두 가지 또는 그 세 가지 모두에 따라 차별점이 결정될 수도 있다.

저소득 독거노인층을 대상으로 한 미용봉사 프로그램의 예를 하나 생각해 보자. 머리를 단정히 해 준다는 것은 이 프로그램이 창출하는 기본적인 편익이다. 이런 편익 이외에도 그 프로그램은 이용자에게 여러 다양한 심리적 편익을 제공해 줄 수 있다. 미용봉사자는 이용자와 대화를 하며 즐거움이나 편안함을 줄 수 있다. 이와 관련해 40대의 여성 미용봉사자의 옷차림을 생각해 보자. 그리고 이 옷차림은 미용 서비스를 받는 80대의 독거노인이 40대 때 즐겨 입던 옷차림과 유사하고, 그리하여 그 독거노인으로 하여금 40대 때의 행복한 시간을 기억하게 한다고 하자. 그러면 옷차림은 하나의 재화로서 행복한 추억이라는 편익을 제공하는 수단이 된다. 한편, 40대의 추억을 통해 그 노인은 여러 효용을 느낄 수 있는데 그중 하나로 자신이 누구인지 생각하고 자기 정체성을 찾는 것이다.

이상의 예에서, 미용봉사자의 옷차림이라는 재화, 40대의 행복한 추억이라는 편익 그리고 자기 정체성이라는 효용은 서로 인과관계로 연결된 하나의 스토리(story)가 된다. '재화 → 편익 → 효용'으로 이어지는 스토리 중 재화에서 차별점을 찾아 포지셔닝을 구현할 수도 있다. 미용봉사자의 옷차림, 미용도구나 재료, 미용시설 및 환경 등과 같은 재화에서 다른 복지기관과 다르다는 것을 강조할 수 있다. 편익이나 효용에서 그렇게 할 수도 있다. 40대의 행복한 추억과 같은 어떤 심리적 편익을 제공하는 점에서 차별적 우위를 강조할 수 있다. 또는 맵시 있게 커트와 파마를 잘한다는 기능적 편익을 차별점으로 내세울 수 있다. 자기 정체성이나 사회적 연대감과 같은 효용을 잘 느끼게 해 주는 데에서 차별적 우위를 강조할 수도 있다. 더 나아가, '재화 → 편익', '편익 → 효용', '재화 → 효용' 중 어느 하나의 인과관계를 포지셔닝의 차별점으로 내세울 수도 있다. 가령, 차별점으로서 미용봉사자의 옷차림에서부터 미용도구나 재료에 이르기까지 정성스럽게 준비되어 맵시 있고 정갈한 머리 모습을 만들어 준다는 이야기를 강조할 수 있다. 물론 '재화 → 편익 → 효용'으로 이어지는 전체 스토리를 포지셔닝의 차별점으로 내세울 수도 있다.

위에서 제시된 포지셔닝의 차별점들 중 어떤 것을 선택할 것인지는 당면한 상황과 목적에 달려 있을 것이다. 다만, 이하에서는 경쟁이라는 것을 염두에 두면서 그 선택의 한 가지 원칙을 제시하고자 한다. 복지서비스를 창출하는 데 사용하는 재화에서 차별적 우위를 삼는 것은 쉬운 일이나 위험스러운 일이 될 수 있다. 쉽다는 것은 재화를 획득할 자원만 있으면 언제나 누구라도 가능하다는 의미이다. 가령, 예산이 있으면 언제든지 더 좋은 미용도구나 시설을 갖추어 미용봉사에 임할 수 있다. 위험스러운 일이라 함은 미용봉사를 하는 그 어떤 주체라도 능력만 되면 쉽게 그런 재화를 갖출 수 있다는 의미이다. 따라서 재화의 측면에서 확보한 차별적 우위는 경쟁 속에서 쉽게 사라질 수 있다.

이런 관점에서 재화에 기초한 차별적 우위는 매우 취약하기 마련이다. 반면, 기능적 편익에 따라 차별적 우위를 강조하는 것은 재화에 따른 것보다 더 어렵지만 덜 위험스럽다. 재화의 특징과 품질에 비해 기능적 편익의 특징과 수준은 객관적으로 쉽게 평가하기 더 어렵기 때문이다. 용모 단정하게 해 준다고 인정을 받기는 쉽지 않다. 오랫동안 노력하여 미용의 품질을 유지할 때 그런 인정을 받을 수 있기 때문이다. 즉, 용모 단정이라는 기능적 편익을 차별점으로 삼아 포지셔닝을 구축하기는 그만큼 어려운 일이다. 그러나 일단 포지셔닝을 구축하면 오랫동안 그 포지셔닝을 유지, 강화시킬 수 있다. 오랫동안 지켜보고 경험해 얻은 생각은 쉽게 바뀌지 않기 때문이다. 다른 한편으로, 미용봉사에 임하는 타 경쟁 기관이 그런 포지셔닝을 따라가기도 어렵다. 자 기관과 마찬가지로 오랫동안 노력을 해야 하기 때문이다.

같은 맥락에서, 심리적 편익에 따라 차별적 우위를 강조하는 것은 기능적 편익에 따른 것보다 더 어렵지만 덜 위험스럽다. 위의 미용봉사의 예에서, 행복한 추억을 느끼게 해 주는 것은 하나의 심리적 편익이다. 심리적 편익의 성격이나 수준을 객관적으로 판단하는 것은 기능적인 편익에 비해 훨씬 더 어렵다. 그리하여 심리적 편익에 따른 차별점으로 포지셔닝을 구축하는 것은 기능적 편익에 따른 것보다 훨씬 더 어렵지만, 그만큼 훨씬 덜 위험스럽다. 오래 지키고 강화시킬 수 있기 때문이다. 더 나아가, 효용에 따라 차별적 우위를 강조하는 것은 심리적 편익에 따른 것보다 더 어렵지만 덜 위험스럽다. 효용이 심리적 편익보다 그 성격이나 수준을 판단하기에 훨씬 더 어렵기 때문이다. 이상에서 서술된 내용과 연관하여 이하에서는, 영리적 부문의 편익세분화와 포지셔닝에 대해 살펴보기로 한다. 재화의 특성이나 품질보다 편익에 따라 포지셔닝을 하면 무엇이 좋은지 더 넓은 시각에서 이해하여 보기로 한다.

시장이 성숙하면, 경쟁자들 간의 재화가 사실상 동일해지는 경우가 많다. 이 경우, 재화의 구성요소를 차별점으로 삼아 포지셔닝을 하기는 매우 어려워진다. 이렇게 차별점을 찾지 못하는 경우, 경쟁자들은 가격으로 싸움을 하는 수밖에 없다. 그러나 재화의 구성요소 대신 그 구성요소에 의해 만들어지는 편익을 차별점으로 삼는 경쟁자는 가격경쟁도 피하며 일정 부분의 시장을 안정되게 점유할 수 있다. 가령, 치약 시장에 갑과 을이라는 두 경쟁자가 있고, 이들은 똑같은 죽염치약을 출시하고 있다고 상정하자. 이때 그 두 경쟁자는 죽염이라는 구성요소가 만들어 내는 기능적 편익인 충치 예방과 치아 미백에 따라 차별점을 내세울 수 있다. 경쟁자 갑은 자사의 죽염치약이 충치 예방에 탁월하다고 강조하는 반면, 치아 미백에 대해서는 그렇게 강조하지 않을 수 있다. 한편, 경쟁자 을은 자사의 죽염치약이 치아 미백에 탁월하다고 강조하는 반면 충치 예방에 대해서는 그렇게 강조하지 않을 수 있다. 그리하여 구매자들의 마음속에 경쟁자 갑의 치약은 충치 예방에 탁월한 효과가 있는 것으로 인식되고, 경쟁자 을의 치약은 치아 미백에 탁월한 효과가 있는 것으로 인식될 수 있다. 그렇게 되면, 충치 예방을 위해 죽염치약을 사고자 하는 구매자들은 경쟁자 갑의 제품을 구매하고자 할 것이고, 치아 미백을 위해 죽염치약을 사고자 하는 구매자들은 경쟁자 을의 제품을 구매할 것이다. 그리하여 두 경쟁자 갑과 을은 각자 다른 구매자들을 표적시장으로 삼아 가격경쟁을 피할 수 있다.

죽염이 치아 미백에 효과적일 수도 있겠지만, 죽염 이외에도 치아 미백 효과를 가져다주는 치약의 성분은 얼마든지 있을 것이다. 가령, 불소 성분도 치아 미백에 효과가 있다고 가정하자. 이 경우 만약 치아 미백으로 차별점을 삼으면, 죽염치약 이외에도 불소치약을 출시하여 치아 미백이라는 차별점을 유지, 강화시킬 수 있다. 즉, 치아 미백과 관련해 다양한 성분의 다양한 치약을 출시하여 치아 미백이라는 차별점을 장기적으로 변화시키지 않고 유지, 강화할 수 있다. 그러나 죽염으로 차별점을 내세우면 그리고 곧 경쟁자들이 다 죽염치약을 출시하면, 다른 치약의 구성요소를 찾아 다시 새로운 차별점을 내세워야만 한다. 이렇게 재화의 구성요소에 따라 차별점을 내세우면 일관된 차별점을 오래 유지할 수 없다.

같은 맥락에서 치아 미백이라는 기능적 편익은 자아 이미지의 제고라는 효용을 창출해 준다고 생각해 보자. 자아 이미지 제고라는 효용은 치아 미백이라는 편익뿐만 아니라 충치 예방이라는 편익에 의해서도 제고될 수 있다. 건강한 치아를 유지하는 것이 자아 이미지를 제고하는 데 도움이 될 수 있기 때문이다. 이렇듯, 하나의 재화 내에서 어떤 특정의 편익에 의해 창출되는 어떤 특정의 효용은 그 편익 이외에 다른 편익에 의해서도 창출될 수 있다. 더 나아가, 자아 이미지 제고라는 효용은 치약 이외에 다른 제품에 의해서도 만들어질 수 있다. 가까이는 비누, 샴푸, 면도기 등에 의해서, 멀게는 의류, 자동차, 가전 등에 의해서도 자아 이미지 제고라는 효용이 창출될 수 있다. 가령, 특정 성분의 세수비누는 얼굴의 먼지와 기름을 효과적으로 제거해 주어 깨끗한 얼굴을 가져다주는 편익을 만들어 낼 수 있다. 그리고 이 편익은 자아 이미지 제고라는 효용을 가져다줄 수 있다. 즉, 어떤 특정의 제품에 의해 창출되는 어떤 특정의 효용은 그 제품 이외의 다른 제품에 의해서도 창출될 수 있다. 따라서 어떤 특정의 효용을 차별점으로 삼으면, 그 효용을 창출해 낼 수 있는 제품들을 다양하게 출시하여 장기적으로 그 차별점을 일관되게 유지, 강화시킬 수 있다.

요컨대, 재화의 구성요소에 의해 만들어진 편익에 따라 차별점을 선택하면, 경쟁자와 똑같은 재화를 갖고도 다른 포지셔닝을 구축할 수 있다. 더 나아가, 경쟁자와 똑같은 재화를 갖고도 다른 포지셔닝을 구축할 수 있는 여지는 편익에 따라 차별점을 선택하는 경우보다 효용에 따라 차별점을 선택하는 경우에 훨씬 더 커지게 된다. 그리고 재화의 구성요소보다는 이 요소에 의해 만들어지는 편익에 따라 그리고 편익보다는 편익에 의해 창출되는 효용에 따라 차별점을 내세워야 그 차별점을 더 오랫동안 유지, 강화할 수 있다.

5 3 경쟁과 포지셔닝

차별점에 따라 경쟁자와 달라져야 한다면, 과연 어떻게 얼마나 많이 달라져야 하는가? 이 문제는 포지셔닝을 결정할 때 당연히 대두되는 것으로, 그에 대한 답에 따라 마케팅의 성과도 달라지기 마련이다.[1] 〈도표 5-3〉은 특정 지역권에서 운영되고 있는 노숙자 쉼터와 그 이용자를 상정하여 작성한 것이다. 노숙자 쉼터에서 제공되는 하나의 편익으로서 일자리 알선이나 기타 문제로 인한 상담을 고려해 보기로 한다. 그리고 해당 지역권의 노숙자들을 대표하는 표본을 하나 뽑아, 7점 척도의 설문을 통해 노숙자 쉼터 이용자들이 원하는 상담 수준을 조사하였다고 하자(1=상담을 거의 원하지 않음, 7=상담을 아주 많이 원함). 조사결과로, 1점 수준의 상담을 선호하는 (즉, 1점을 이상점으로 삼는) 이용자는 전체 이용자의 5%인 것으로 추정되었다고 하자. 이런 이용자들은 상담을 부담스러운 것이나 귀찮은 것으로 생각할 수 있다. 아니면 일에 대한 의욕도 별로 없고, 단지 간섭받지 않고 혼자서 쉬고 싶은 사람들인지도 모른다. 1, 2, 3, 4, 5, 6, 7을 이상점으로 삼는 이용자의 비율은 각각 5%, 30%, 10%, 5%, 10%, 30%, 10%라고 하자. 그리고 A라는 그 지역권의 한 노숙자 쉼터를 상정한다. A는 2점을 이상점으로 삼는 이용자에 부합하는 수준의 상담을 제공한다고(즉, 그 2점에 해당하는 포지셔닝을 한다고) 상정한다.

이때, B라고 지칭되는 또 다른 노숙자 쉼터가 〈도표 5-3〉과 같이 5점에 해당하는

---

1) Dickson, Peter R. and James L. Ginter (1987), "Market Segmentation, Product Differentiation, and Marketing Strategy," *Journal of Marketing*, Vol. 51, No. 2, pp. 1-10.

수준의 상담을 제공하는 포지셔닝을 한다고 상정해 본다. 해당 지역권에 A와 B 이외의 다른 노숙자 쉼터는 없으며, 다른 모든 조건이 동일하다면, A는 상담 수준 1, 2, 3을 이상점으로 삼는 이용자들을 끌어들여 45%의 점유율을 차지한다. 한편 B는 상담 수준 4, 5, 6, 7을 이상점으로 삼는 이용자들을 끌어들여 55%의 점유율을 차지한다. 상담 수준 1, 2, 3을 이상점으로 삼는 이용자들에게 A는 B보다 더 만족감을 주고(즉, A의 포지셔닝 위치가 B의 것보다 이용자들의 이상점에서 더 가깝고), 상담 수준 4, 5, 6, 7을 이상점으로 삼는 이용자들에게 B는 A보다 더 만족감을 준다.

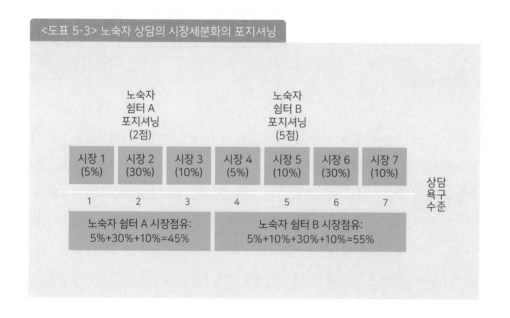

<도표 5-3> 노숙자 상담의 시장세분화의 포지셔닝

그러나 〈도표 5-4〉와 같이 B가 상담 수준 6으로 포지셔닝한다면, A는 상담 수준 1, 2, 3을 이상점으로 삼는 소비자들을 유인하여 45%의 시장점유율을 확보하는 동시에 상담 수준 4를 이상점으로 삼는 이용자들의 반을 차지한다. 상담 수준 4를 이상점으로 삼는 이용자들은 A를 선택하나 B를 선택하나 만족감에서 동일하여 A 또는 B를 무작위적으로 선택할 것이기 때문이다. A와 B에 대한 무작위적 선택 확률은 각각 1/2이 된다. 따라서, A의 시장점유율은 45%에 2.5%(5%의 1/2)를 더한 47.5%가 된다. 한편, 같은 원리로 B의 시장점유율은 52.5%가 된다.

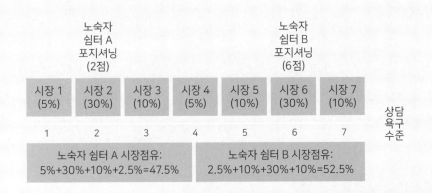

<도표 5-4> 포지셔닝의 변화와 시장점유

노숙자 쉼터 A 포지셔닝 (2점)		노숙자 쉼터 B 포지셔닝 (6점)	

시장 1 (5%)	시장 2 (30%)	시장 3 (10%)	시장 4 (5%)	시장 5 (10%)	시장 6 (30%)	시장 7 (10%)
1	2	3	4	5	6	7

노숙자 쉼터 A 시장점유: 5%+30%+10%+2.5%=47.5%

노숙자 쉼터 B 시장점유: 2.5%+10%+30%+10%=52.5%

상담 욕구 수준

B는 〈도표 5-4〉와 같이 상담 수준 6보다 〈도표 5-3〉과 같이 상담 수준 5로 하여 A에 더 가깝게 포지셔닝을 할 때, 2.5%만큼 더 점유를 얻게 된다. 그러나 〈도표 5-3〉과 같이 포지셔닝하는 경우, B의 고객 중 가장 큰 부분을 차지하는 상담 수준 6과 7을 선호하는 고객층의 만족도는 〈도표 5-4〉에 비해 떨어지게 된다. 왜냐하면, 이 고객층이 선호하는 상담 수준과 B가 포지셔닝한 상담 수준 간의 차이는 〈도표 5-4〉보다 〈도표 5-3〉에서 더 커지기 때문이다. 한마디로, 더 많은 이용자들을 끌어들이는 포지셔닝은 이용자 만족도를 떨어뜨리는 포지셔닝이 된다. 이용자 숫자를 올릴지, 이용자 만족도를 올릴지는 노숙자 쉼터가 여러 상황을 고려해 결정할 문제이다. 여기서는 다만 포지셔닝에서 경쟁자와의 거리에 따라 이용자의 숫자나(또는 매출이나) 고객만족과 같은 마케팅의 성과들이 달라질 수 있음을 강조하고자 한다.

이상에서 서술한 바 같이, 경쟁자와 차별화를 많이 한다고 꼭 포지셔닝에 성공하는 것은 아니다. 마케팅의 성과를 내기 위해서는 더 차별화할 수도 있고 아니면 덜 차별화할 수도 있다. 그럼에도, 포지셔닝을 성공적으로 이끌려면 가능한 경쟁자와 크게 차별화해야 한다는 생각에 사로잡혀 있는 사람들이 적지 않다. 특히, 시장에서 선도적이지 못한 복지기관들은 종종 선도적인 복지기관과 매우 차별화된 포지셔닝으로 시장을 확보하려고 한다. 그러나 그렇게 차별화하면 오히려 위의 예와 같이 시장확보에 역효과를 낼 수 있다. 물론, 위의 예에서 언급된 이유 말고도 그런 역효과에는 여러 가지 이유들이 있다. 이들 이유 중의 하나로서, 복지소비자가 선도적 복지기관의 포지셔닝에 익숙하다는 점을 들 수 있다. 이렇게 익숙할 경우, 복지소비자들은 그 선도적 복지기관의 서비스를 시장에 나와 있는 여러 복지기관들의 서비스들 중 대표적인 것으로 삼을 수 있다. 그리고 대표적인 복지서비스와 너무 차별화되어 있는 것은 아예 다른 부류이거나 불확실한 품질의 것이라고 판단하여 선택을 고려하는 후보군에서 배제할 수 있다.

5 4 선호와 포지셔닝

포지셔닝이란 세분시장들 중에서 표적시장을 선택하고, 표적시장의 선호(preference)에 경쟁자보다 더 잘 맞추도록 복지프로그램을 차별화하는 것이라고 생각할 수 있다. 또는, 이미 차별점이 확보되어 있다면, 그 차별점을 선호하는 세분시장을 표적으로 삼는 것이 표적시장 선택이고 포지셔닝이라고 생각할 수 있다. 포지셔닝에 대한 이런 생각들에서, 시장세분화는 포지셔닝의 전제가 된다. 즉, 세분시장들 중에서 표적을 결정해야 포지셔닝도 수행할 수 있다.

그러나 시장세분화가 언제나 의미 있고 가능한 것은 아니다. 시장세분화가 의미 있고 가능하려면 두 가지 조건이 충족되어야 한다. 먼저, 시장세분화를 통해 만들어진 각 세분시장이 일정한 규모 이상이 되어야 한다. 복지프로그램에 대한 선호가 개별 소비자마다 매우 다르면, 시장세분화에 따른 세분시장의 숫자는 많아지는 반면 각 세분시장을 구성하는 소비자의 숫자는 적어진다. 이런 경우에 시장세분화는 사실상 의미가 없어진다. 시장세분화를 통해 선택한 표적시장이 작아서 경제성이 없기 때문이다. 다음으로, 시간이 상당히 지나도 개별 소비자의 복지프로그램에 대한 선호가 변화하지 않아야 한다. 이 선호가 시간에 따라 역동적으로 변화할 경우에, 매 시점마다 시장세분화의 결과도 바뀔 수 있기 때문이다.

위에서 서술한 바와 같이 시장세분화가 의미 없고 가능하지 않은 경우에 세분시장을 표적시장으로 삼은 포지셔닝은 가능하지 않게 된다. 그러나, 현실에서는 시장세분화가 가능하지 않고 의미 없는 경우가 많이 있다. 이런 경우에도 포지셔닝을 수행해야 한다. 이하에서는, 그 경우에 추구할 수 있는 포지셔닝의 한 예를 제시해 보기로 한다.

예를 들어, 어느 지역의 노숙자들에게 노숙자 쉼터로부터 무엇을 제일 원하는지 물어보았다고 하자. 그랬더니 모두 편안한 잠자리와 좋은 일자리를 원한다고 답하면서 그 이외의 다른 것은 원하지 않는다고 답을 하였다고 하자. 이 경우에, 노숙자 쉼터에 대한 이용자들의 선호는 동일하다. 이 선호에 따라 이용자들 모두는 하나의 시장에 속해 있고 따라서 시장세분화는 가능하지 않다. 반면, 이용자들 각자마다 노숙자 쉼터로부터 원하는 것이 다르다면, 이용자들의 숫자만큼 세분시장들이 존재하게 된다. 이 경우에도 시장세분화는 의미도 없고 따라서 가능하지 않다.

또 다른 예로, 가족복지사업의 일환인 청소년 대상 방과후교실을 한번 생각해 보자. 그리고 어느 한 시점에서 이용자들에게 방과후교실로부터 얻고 싶은 것이 무엇인지 물어보았다고 하자. 그랬더니 응답자의 반은 특기교육을 원하고 나머지 반은 일반 보충학습을 원했다고 하자. 즉, 시장은 크게 두 개의 세분시장으로 나뉘어졌다. 이때, 방과후교실로부터 특기교육을 받기 원하는 이용자들을 표적시장으로 삼으려면, 이들 이용자들이 상당 기간 동안에 지속적으로 그런 특기교육을 선호해야만 한다. 그래야 특기교육에 맞추어 방과후교실에 대한 노력과 투자를 집중적으로 할 수 있다. 그렇지 않고, 시간이 흐름에 따라 특기교육에서 일반 보충학습 등의 다른 교육으로 이용자의 선호가 변화하면 그런 집중적 노력과 투자는 의미가 없다.

이상의 예와 같이, 시장세분화가 의미 없고, 불가능한 경우에 하나의 대안으로 고려해 볼 수 있는 포지셔닝은 표적의 개념을 복지소비자보다 복지서비스에 맞추는 것이다. 즉, 특정 시점에, 특정 차별점을 선호하는 복지소비자라면 누구에게나 그 차별점을 제공하는 포지셔닝을 실행하는 것이다. 그리하여 이용자가 늘 다른 사람으로 바뀌어도 동일한 차별점의 복지서비스를 유지하는 것이다. 가령, 위의 예에서 방과후 교실로부터 받고자 원하는 교육은 이용자 개인마다 각 시점에 따라 변화할 수 있다. 만약 그렇다 하더라도, 이용자가 누구인지는 상관이 없이, 방과후교실로부터 특기교육을 받기 원하는 이용자들이 늘 일정한 규모로 있다면, 특기교육 위주의 방과후교실을 지속적으로 유지할 수 있다. 이 경우에, 마케팅은 고객 확보보다 매출 확보에 더 주안점을 둔다.

복지소비자들의 선호가 다 각기 다르고, 또한 시간의 흐름에 따라 변화하는 시장에서, 복지기관이 택할 수 있는 또 하나의 대안은 가격경쟁이다. 특정 복지프로그램에 대해서, 이용자마다, 시점마다 선호가 다르면, 복지기관은 그만큼 많은 숫자의 차별화된 프로그램들을 운용해야 하지만, 이는 사실상 불가능하다. 그리하여 가격을 무기로 경쟁에 임하는 것이다. 여기서 물론 가격이라는 것은 꼭 금전적인 것에 한정되지는 않는다. 이용자가 복지기관에게 제공하는 유·무형의 모든 재화와 서비스를 의미한다. 다른 시각에서 말한다면, 이용자가 프로그램을 이용하기 위해 지불하는 금전적, 비금전적 비용을 줄여 줌으로써 이용자를 경쟁자보다 더 많이 유치하려는 것이 곧 가격경쟁이다.

마지막으로 생각해 볼 수는 있는 포지셔닝의 대안은 복지소비자들 중 상당수를 하나의 특정 선호로 결집시키고, 그 선호를 안정적으로 갖게 유도하는 것이다. 복지기관은 이러한 유도를 통해 특정 선호를 안정적으로 추구하는 상당 규모의 세분시장을 만든다. 그리고 이 세분시장을 표적시장으로 삼아 포지셔닝을 수립하고 효율적으로 교환활동을 수행한다.

위와 같은 대안에서, 포지셔닝은 복지소비자의 선호를 따라가기보다, 선제적으로 그 선호를 유도, 진화시킨다. 이를 통해, 복지기관은 교환의 대상으로 삼고 싶은 특정 소비자층을 창출한다. 즉, 특정 세분시장을 창출하고 표적으로 삼는다. 이런 창출은 복지기관이 원하는 포지셔닝을 일방적으로 소비자에게 강요하는 것과 다르다. 가령, 복지기관은 프로그램 개발이나 전달 능력에 맞추어 포지셔닝을 결정하고, 이에 따라 만든 프로그램을 복지소비자에게 강요할 수 있다. 그러나 이렇게 강요가 되지 않으려면, 사전에 복지소비자들의 선호를 깊이 분석하여, 복지소비자들의 마음속에 잠재해 있는 욕구를 찾고, 그 욕구에 맞추어 복지소비자들의 선호를 유도, 진화시켜야 한다. 세분시장의 창출을 통한 선제적 포지셔닝을 수행하기 위해서는 복지소비자들이 명확히 밝힌 선호에 수동적으로 적응하기보다 훨씬 큰 노력을 들여 복지소비자들의 마음을 읽어야 한다.

그렇지만 아무리 노력을 들여도 복지소비자들의 마음을 완벽하게 읽어 그들의 잠재적 선호를 정확하게 파악하기 어려울 때가 많다. 이때는, 여러 포지셔닝들을 동시에 집행해 세분시장의 창출을 도모해 볼 수도 있다. 가령, 특정 특기교육을 강조한 방과후교실 프로그램을 운영하면서, 동시에 다른 교육을 강조한 프로그램도 운영해 본다. 그리고 이용자들이 이 두 가지 프로그램에 어떻게 반응하는지 살펴본다. 이 반응에 따라 특기교육의 포지셔닝을 남겨 둘지 아니면 그 다른 교육의 포지셔닝을 남길지 결정하여 세분시장을 창출해 볼 수 있다. 극단적으로, 이와 같은 시장창출 접근법은 나무 위의 참새 떼를 향해 조준하지 않고 샷건(Shotgun)을 쏘는 것에 비유될 수 있다. 즉, 복지서비스 시장에 주요 종류별로 이 프로그램, 저 프로그램을 출시해서, 반응이 좋은 것만을 선택하고, 그것을 통해 복지소비자들의 선호를 특정 방향으로 몰아갈 수 있다.

한마디로, 포지셔닝은 시장세분화를 통해 설정된 표적시장에 맞추어 수동적으로 수립될 수도 있고, 아니면 특정 세분시장을 창출하기 위해 선제적으로 수립될 수도 있다. 대체적으로, 수동적 포지셔닝은 이미 복지소비자들이 밝힌 욕구에 맞추어 수행된다. 그리하여 자 기관도 경쟁자도 수동적 포지셔닝을 통해 쉽게 경쟁적 우위를 확보할 수 없다. 반면, 선제적 포지셔닝은 복지소비자가 밝히지 않거나, 밝힐 수 없는 욕구에 맞추어 수행된다. 그리하여 어떤 경쟁자도 쉽게 선제적 포지셔닝을 구현하기 어렵다. 그러나 일단 그것을 구현한 경쟁자는 큰 경쟁적 우위를 오랫동안 유지할 수 있다.

5│5 포지셔닝의 전략적 문제

포지셔닝을 실천하다 보면 여러 전략적 문제에 직면하게 된다. 먼저, 시간이 지나면서 포지셔닝을 어떻게 유지, 강화할 것인지에 대해 전략을 세워야 한다. 아니면 기존의 포지셔닝을 바꾸어야만 하는 상황에 부딪힐 수도 있다. 포지셔닝의 유지, 강화란 기존 차별점을 더욱 강하게 부각시키는 것을 말한다. 그러기 위해서 가장 많이 채택하는 전략은 기존 차별점을 여러 다양한 방법으로 전달하는 것이다. 다른 말로, 포지셔닝을 바꾸지는 않지만 시간이 지나면서 포지셔닝의 집행을 바꾸는 것이다.

이에 대해 하나의 예를 살펴보자. 가족복지사업은 가족관계증진과 가족기능보완의 두 가지 내용으로 나누어 볼 수 있다. 2011년 조사에 의하면, 서울시 강서구권에서 두 개의 복지기관은 가족기능보완보다 가족관계증진에 특히 힘을 쏟고 있었다. 즉, 가족복지 서비스 시장에서 그 두 복지기관의 포지셔닝은 가족기능보완보다는 가족관계증진이라고 판단할 수 있다.

이 경우에 그 두 복지기관은 교육, 훈련, 상담, 검사의 모든 영역에서 가족기능보완보다는 가족관계증진에 초점이 맞추어진 새롭고 다양한 서비스들을 지속적으로 개발하여 전달해야 한다. 그렇게 하면 가족관계증진 지향적 포지셔닝을 유지, 강화할 수 있기 때문이다. 서비스의 개발과 전달에 있어서 이런 집행의 노력은 차별점을 이용자들에게 확신시키는 데 매우 효과적이다. 반면, 같은 포지셔닝이라도 상황에 맞추어 새롭고 다양한 서비스들이 지속적으로 개발, 전달되지 않으면, 포지셔닝에 대한 소비자의 학습이 떨어지고, 결과적으로 포지셔닝이 소비자에게 무의미해진다.

때로는 시간이 지남에 따라 포지셔닝을 변화시켜야만 할 때가 있다.[2] 이 경우에 기존 포지셔닝이 너무 강하면 그런 변화를 만들어 내기 무척 힘들게 된다. 기존의 차별점이 복지소비자들의 마음속에 깊이 자리 잡고 있기 때문이다. 청소년 중심적으로 널리 그리고 깊이 인식되어 있는 복지프로그램이 하루아침에 노년층 중심적 프로

---

2) Keller, Kevin Lane (2013), *Strategic Brand Management*, Pearson Education International 4th ed.

그램으로 인식되기는 어려울 것이다. 설령 프로그램의 내용과 품질이 좋다 하더라도 그런 인식의 변화가 빨리 이루어지기는 어렵기 마련이다. 그리하여 때로는 기존 포지셔닝을 너무 강하게 심어 주는 것이 전략적으로 어려움을 초래할 수도 있다.

포지셔닝에 사용되는 차별점이 서로 충돌되는 경우도 있다. 가령, 품질이 높으면 가격도 높아야 하는데 싼 가격에 높은 품질로 포지셔닝을 해야만 할 때가 있다. 이와 관련된 영리적인 사례로서 널리 알려진 것 하나를 들어 보자. 세제의 경우, 소비자들은 세탁력이 강하면 세탁물에 어떤 좋지 않은 영향을 줄 수 있다고 생각하기 마련이다. 그리하여 강한 세탁력을 갖고 있지만 손상이 없이 부드럽게 세탁물을 처리할 수 있다고 포지셔닝을 해야만 한다. 하지만, 세탁력이 강한 세제는 세탁물에 손상을 준다는 소비자의 인식에 반하여 이러한 포지셔닝을 하기는 상당히 어렵다. 그럼에도 그 포지셔닝을 성공한 예는 많이 있다.

사회복지의 영역에서도 그렇게 포지셔닝의 차별점들이 서로 충돌하는 경우는 드물지 않다. 일반적으로 복지서비스를 제대로 이용하려면, 많은 노력과 수고를 감수해야 한다. 그럼에도 적은 노력과 수고로 좋은 결과를 얻을 수 있다고 소구해야 할 때가 있다. 가령, 재활치료나 기능교육 프로그램에서 시간이나 노력이 적으면서도 상대적으로 높은 치료나 교육의 효과를 낼 수 있다고 이야기하는 경우가 있다. 이런 충돌되는 차별점들을 이용해 포지셔닝을 수립하려면, 복지소비자가 그런 충돌을 염두에 두지 않도록 여러 방법들을 강구해야만 한다. 그러나 이런 방법들을 찾는 일은 쉽지 않다.

이상에서 제시한 문제들 이외에도 많은 전략적 문제들이 포지셔닝 실천에서 도사리고 있다. 이런 문제들을 해결할 수 있는 능력을 갖추는 것은 당위적인 일이지만 쉬운 일이 아니다. 오랫동안 포지셔닝 작업을 체계적으로 수행하여 오고, 그 성공과 실패의 경험을 과학적으로 축적할 때 그런 문제해결 능력을 확보할 수 있다. 어떤 아이디어를 갖고 일회성 노력이나 투자로 성공적 포지셔닝을 수립하는 것은 현실적으로 성공의 가능성이 매우 낮은 일이다.

PART
03

집행적 과정 I
– 교환 대상

CHAPTER 06
제품관리 I
- 복지서비스의 개념과 특징

복지서비스도 탐색재, 경험재, 신뢰재로 나뉘어질 수 있으나, 현상적으로 많은 복지서비스는 경험재나 신뢰재에 속한다. 품질이 모호하기 때문이다. 품질이 모호할수록 소비자는 가격대비 품질을 평가하기 어렵고, 이 평가의 어려움을 극복하기 위해 더 많은 정보탐색을 수행할 수밖에 없다.

일반적으로, 선택할 대안들 간의 가격대비 품질의 평가가 어려워서 지나치게 많은 정보탐색이 필요하게 되면, 소비자는 그 대안들 가운데서 선택하는 것을 포기하거나, 아니면 정보탐색이 덜 요구되는 대체재를 구매한다. 또는 정보탐색을 줄이고도 그 대안들 중에서 선택할 수 있는 방안을 찾게 된다. 이 방안 중에 대표적인 것이 '믿고 선택하는' 것이다.

마케팅에서 제품은 효용을 창출하는 수단들 중 하나로서 교환의 대상이다. 제품은 유·무형의 재화(goods)일 수도 있고, 무형의 서비스(services)일 수도 있으며 또는 재화와 서비스가 결합된 것일 수도 있다. 일반적으로 복지 영역의 제품은 복지서비스로 지칭된다. 그만큼 복지 영역의 제품은 서비스적인 성격이 강하기 때문이다. 이미 앞의 여러 관련된 곳에서, 복지서비스의 정의와 내용이 서술되었다. 본 장에서는 앞에서 서술된 것들을 중심으로 복지서비스의 개념과 특징을 좀 더 깊이 있게 생각하고 정리해 보기로 한다.

6 1 편익으로서 복지서비스

1장에서 서술되었듯이, 소비자는 유·무형의 재화를 사용하여 어떤 성과를 얻는다. 그리고 이 성과를 이용해 원하는 심리상태에 도달한다. 이런 심리상태의 도달을 만족감을 느낀다고 표현하거나, 효용을 얻는다고 표현하기도 하고, **니드**(need)가 충족되었다고 말하기도 한다. 휠체어는 하나의 유형적 재화이다. 휠체어라는 재화의 사용자가 얻을 수 있는 기능적 성과 중 하나는 장소의 이동이다. 장애인 체육시설을 이용할 수 있는 권리는 하나의 무형적 재화이다. 어떤 장애인은 이 권리를 이용하여 신체적 건강의 증진이라는 기능적 성과를 얻을 수 있다. 또는 그 권리를 이용하여 체육시설에서 다른 이용자들과 만나 사회적 소속감을 느낄 수 있는 하나의 상징적 성과를 얻을 수 있다. 이렇듯 재화의 성과는 재화가 사람에 의해 기능을 발휘하여(즉, 사용되어) 발생하는 긍정적 결과이다. 이런 긍정적 결과를 통해 재화의 사용자는 다양한 내용의 편리함과 유익함을 누리게 된다. 그리하여 재화의 성과는 **편익**(benefits)이라고 정의될 수 있다.

이상의 정의에 따라서, 서비스는 유·무형의 재화를 사용하여 편익을 제공해 주는 행위라고 정의될 수 있다. 또는 그렇게 제공된 편익이라고 정의될 수 있다. 같은 맥락에서, 복지서비스란 복지기관이 유·무형의 재화를 사용하여 소비자에게 편익을 만들어 주는 행위이거나 또는 그렇게 만들어진 편익이라고 이해될 수 있다. 복지기관은 서비스와 함께 부수적으로 유·무형의 재화를 제공해 줄 수 있다. 그러나 이러한 재화의 제공은 복지서비스를 보조해 주는 하나의 요소라고 생각해 볼 수 있다. 편익창출 활동이자 창출된 편익으로서 서비스에 대해서는 이미 1장을 비롯한 여러 장에서 서술되었다.

〈도표 6-1〉은 정부나 지역자치단체의 복지사업 안내규정과 지침을 참조하여 예시적으로 복지기관에서 제공하는 서비스의 내용과 분류체계를 살펴본 것이다.[1] 이러한 내용과 분류체계는 각 복지기관이 처한 환경과 정책적 방향에 따라 다르게 적용될 수 있지만, 대체적으로 복지기관이 제공하는 서비스에는 무엇이 있는지 잘 보여주고 있다. 〈도표 6-1〉에서 복지서비스는 가족복지, 지역사회보호, 지역사회조직, 자활, 교육문화의 다섯 가지 범주로 분류된다. 그리고 각 범주의 복지서비스는 여러 하위 범주로 분류된다. 각 하위 범주의 복지서비스는 여러 세부적인 복지서비스로 나누어질 수 있다.

---

1) 서울시복지재단 (2011), **까리따스방배종합사회복지관 경영컨설팅 최종보고서**, pp. 18-23.
   보건복지부 (2017), **사회복지관 운영관련 업무처리 안내**, pp. 13-20.

<도표 6-1> 복지기관의 서비스 내용과 분류체계

가족복지	① 가족관계 증진: 가족 내 의사소통과 가족 각자의 역할 수행을 촉진함. 그리하여 가족관계를 강화하고 가족의 능력을 배양함. ② 가족기능 보완: 자녀양육에서 부모의 역할을 보완함. 감성 함양, 진로 개척, 능력 개발의 차원에서 아동·청소년에게 교육과 상담, 시설 제공. ③ 부양가족 지원: 장애, 질병 등으로 고통받는 보호대상 가족 구성원에 대한 부양 부담을 줄여줌. ④ 가족문제 해결 및 치료: 폭력, 장애와 같은 문제로 어려운 가족에 대한 진단·치료·사회 복귀 지원.
지역사회 보호	① 급식: 노인이나 결식아동 등을 위한 식사 제공. ② 보건의료: 노인, 장애인, 저소득층 등을 위한 보건·의료관련 혜택 제공. ③ 경제적 지원: 경제적으로 어려운 지역사회 주민들을 대상으로 생활에 필요한 현금 및 물품 등을 지원. ④ 일상생활 지원: 독립적인 생활능력이 떨어지는 대상자들이 시설이 아닌 지역사회에 거주하기 위해서 필요한 기초적인 혜택 제공. ⑤ 정서 함양: 지역사회에 거주하는 독거노인이나 소년소녀가장 등 부양가족이 없는 대상자에게 비물질적 혜택 지원. ⑥ 일시보호: 독립적인 생활이 불가능한 노인이나 장애인 또는 일시적인 보호가 필요한 실직자·노숙자 등을 보호.
지역사회 조직	① 네트워크 구축: 지역 내 복지기관·시설들과 네트워크를 구축. 지역복지의 중심으로서의 역할 수행. ② 주민 조직화: 주민이 지역사회 문제에 참여하고 공동체 의식을 갖도록, 주민 조직의 육성과 주민 교육. ③ 자원개발 및 관리: 지역주민의 문제해결을 위한 인력, 재원 등을 발굴. 자원봉사자 및 후원자 개발·관리.
자활	① 직업기능 훈련: 저소득층의 자립능력 배양과 가계소득에 기여할 수 있는 기능훈련을 제공. ② 취업 알선: 취업에 관한 정보 제공 및 알선. ③ 직업능력개발: 근로의욕 및 동기가 낮은 주민의 취업욕구 증대와 재취업을 위한 심리·사회적인 지원프로그램 제공.
교육문화	① 아동·청소년 사회교육: 가정학습이 곤란하거나 학원 등의 다른 기관을 활용하기 어려운 아동·청소년에게 각종 교육 제공. ② 성인기능교실: 기능습득을 목적으로 하는 성인 사회교육.

〈도표 6-1〉을 살펴보면, 편익으로서 복지서비스는 개인, 가족, 지역사회를 대상으로 체계화되었다. 지역사회를 대상으로는 지역사회보호와 지역사회조직의 두 가지가

있다. 개인을 대상으로는 자활과 교육문화에 관한 두 가지가 있다. 가족이나 지역사회를 대상으로 하는 복지서비스의 유형에는 가족이나 지역사회의 구성원들 중 특정 유형의 개인을 중점 대상으로 한 것이 많이 있다. 가령, 가족이나 지역사회에서 문제를 겪고 있는 아동이나 노인을 중점 대상으로 한 복지서비스도 있고 또는 알코올 문제나 정신적 문제를 갖고 있는 성인을 중점 대상으로 한 복지서비스도 있다. 그러나 이러한 복지서비스는 중점 대상이 되는 개인뿐만 아니라 그 개인과 관계를 맺고 있는 가족과 지역사회 내의 다른 구성원에도 영향을 미친다. 따라서, 복지서비스는 중점 대상의 개인뿐만 아니라 그 개인과 함께 가족이나 지역사회에 소속되어 있는 구성원을 아우를 수 있어야 한다.

예를 들어, 이런 점을 고려해 아동복지 분야에서 강조되는 것이 가족기반(family-based) 실천이다. 문제에 처한 아동만을 대상으로 한 복지서비스로 아동의 문제가 해결되지는 않을 것이다. 아동이 살아갈 가족이 건강하고 튼튼해야 진정으로 아동의 문제가 해결될 것이다. 아동뿐만 아니라 가족의 다른 구성원을 대상으로 한 복지서비스는 아동복지의 문제를 해결하는 데 매우 중요하다. 이와 같이 한 개인과 그 주위의 관련자가 얽힌 경우에, 복지기관은 그 개인과 관련자를 하나의 집단으로 설정하고 교환을 통해 그 집단에게 복지서비스를 전달할 수 있다. 또는, 그 개인은 복지소비자로서, 그 주위의 관련자는 이해 당사자로서 설정하고 교환을 통해 그 개인에게 복지서비스를 전달할 수도 있다. 이렇게 집단과 교환을 할 것인지 아니면 개인과 교환할 것인지는 복지기관에게 중요한 선택의 문제가 된다. 왜냐하면 이 선택에 따라 개발될 복지서비스의 실체가 달라지기 때문이다.

〈도표 6-1〉과 같은 분류체계와 내용은 장점과 단점을 동시에 내포하고 있다. 만약 현실적인 복지 문제들이 그런 분류체계와 내용으로 발생된다면, 여기에 맞추어 복지서비스를 준비하고 있다가 문제가 발생하였을 때 신속히 효과적으로 복지서비스를 전달할 수 있다.

그러나 〈도표 6-1〉과 같은 분류체계와 내용에 맞추어 복지서비스를 제공하는 기관은 매우 비효율적인 모습을 보일 수 있다. 하나의 주요 이유로서 동일한 기능의 중복을 들 수 있다. 가족복지나 지역사회복지에서나 보건의료, 교육, 경제지원, 생활지원의 기능이 필요할 것이다. 그런데 이런 기능은 가족복지에서나 지역사회복지에서나 유사한 면이 많이 있을 것이다. 이때 만약 그 기능을 담당하는 인력과 자원이 가족복지 부서에도 따로 있고, 지역사회복지 부서에도 따로 있다면, 인력과 자원의 중복과 낭비가 발생할 것이다. 이런 점을 고려해 그 기능에 필요한 인력과 자원을 한 곳에 적당한 수준으로 확보해 놓고 필요에 따라 가족복지 부서나 지역사회복지 부서에서 활용할 수 있다. 그렇지만 여기서도 비효율성은 발생할 수 있다. 언제 어느 수준으로 각 부서에 인력과 자원을 할당해야 하는지 조정의 문제가 있기 때문이다. 이 조정은 쉽지 않기 때문에 잘못하면 각 부서의 성과를 해칠 수도 있고 아니면 부서 간의 갈등을 야기할 수도 있다.

복지서비스는 지역, 연령, 성별, 소득, 학력, 혼인, 자녀여부, 장애여부 등 여러 인구통계적 요인에 의해서도 그 내용이 정리, 분류될 수 있다. 같은 유형의 복지서비스라도 인구통계적 요인에 따라 그 세부 내용이 달라질 수 있기 때문이다. 아니면 인구통계적 요인에 따라 특정 유형의 복지서비스는 필요가 없을 수도 있기 때문이다. 편익의 내용에 따라서도 복지서비스를 분류할 수 있다. 가령, 보건의료, 정신상담, 보육, 일상생활지원, 정서지원, 취업알선 등과 같이 제공되는 여러 편익에 따라 복지서비스를 분류할 수도 있다.

복지서비스의 내용을 정리, 분류하는 것은 실무적으로 중요하다. 환경과 능력 그리고 교환의 대상이 될 소비자의 특징에 맞추어, 편익으로서 복지서비스를 체계적으로 정리, 분류하면 이 분류체계에 따라 현재 영위해야 할 복지서비스와 미래에 추구해야 할 복지서비스를 결정할 수 있다. 이 결정에 따라 자원을 효율적으로 배분하며 적절한 시기에 기존 복지서비스를 변경, 개선하거나 신규 복지서비스를 출시할 수 있다. 더 나아가 복지서비스의 분류체계에 따라 연관이 있는 복지서비스들을 하나로 묶어 하나의 사업단위를 결정할 수 있다. 그리하여 사업의 운영을 전략적으로 그리고 효율적으로 이끌어 갈 수 있다. 즉, 복지서비스의 분류체계는 과거의 영위했던 복지서비스를 이해하고 현재의 복지서비스를 어떻게 운영할 것인지를 결정하는 데 도움을 주며, 미래에 추구할 복지서비스가 무엇인지를 이해하고 언제 어떻게 그런 미래의 사업을 준비해야 하는지를 결정하는 데에도 도움을 준다. 또한 사업조직의 구성과 운영의 기초가 되기도 한다.

  이런 점과 관련하여, 복지기관의 조직도도 현실적 상황에서 편익 또는 편익의 제공으로서 복지서비스가 무엇인지 알아보는 데 도움이 된다. 〈도표 6-2〉는 어느 서울시 종합사회복지관의 조직도를 보여 주고 있다. 이 조직도는 관장, 부장으로 이어지는 조직계통에서 사업을 담당하는 4개 팀을 보여 주고 있다. 기획행정팀을 제외한 3개의 팀이 현장에서 복지사업을 수행하고 있는데 각각 복지1팀, 2팀, 3팀으로 지칭되고 있다. 이 3개 사업팀은 자 기관의 환경과 능력에 맞추어 〈도표 6-1〉에 제시된 사업 중의 일부만을 선택, 분류하여 수행하는 것으로 판단된다. 복지1팀은 가족 대상의 사업을, 복지2팀은 지역사회 대상의 사업을 중점적으로 수행하고 있다. 한편 복지3팀은 기관이 처한 환경에 맞추어 나름대로 특화된 사업들을 중점적으로 전개하고 있다. 이 사업들은 재가복지사업과 새터민 대상의 복지사업이다. 요컨대, 현재 우리나라의 복지서비스는 대략 〈도표 6-1〉의 틀 안에서 이해될 수 있다. 각 복지기관은 자신의 자원과 환경 그리고 요청되는 사안에 따라 그 틀의 분류와 내용 중 일부를 선택하여 복지서비스를 개발, 제공한다고 볼 수 있다.

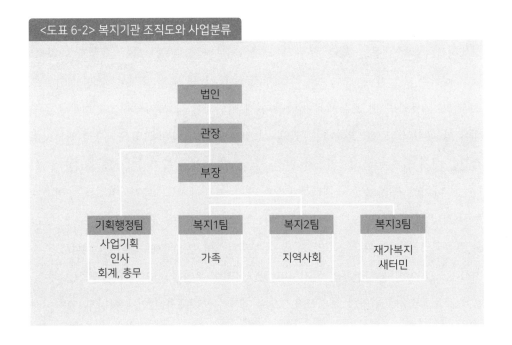

〈도표 6-2〉 복지기관 조직도와 사업분류

6 2 복지서비스의 구성

복지서비스의 실체는 편익이다. 그리고 많든지, 아니면 무시할 정도로 적든지 간에 유·무형의 재화가 복지서비스에 수반된다. 그러나 이렇게 수반되는 재화는 소비자가 편익을 얻는 데 도움을 주는 수단적 역할을 한다. 이런 점에서 복지서비스는 곧 편익이라고 정의할 수 있다.

앞에서 누차 서술하였듯이, 소비자는 편익을 얻어 당면한 문제를 해결한다. 복지기관을 이용해 가족 간의 문제를 이해하거나, 직업활동에 필요한 기능을 익히거나 또는 취업의 기회가 있는 곳을 찾을 수 있다. 이렇게 알고 익히고 이해한 것은 이용자가 복지기관으로부터 얻은 편익이다. 이용자는 이 편익에 기초해 위험에 처한 가족 공동체를 회복하거나 구직을 통해 가정을 영위해 갈 수 있다. 먼저, 편익은 기능적 (functional) 편익, 상징적(symbolic) 편익 그리고 체험적(experiential) 편익의 세 가지로 나누어 볼 수 있다.[2]

기능적 편익이란 기능적 문제를 해결하는 데 도움이 되는 편익이다. 급식이라는 편익은 식자재, 식기구나 식공간 등의 여러 재화를 사용하여 배고픔을 면하게 해 주는 것이다. 급식이라는 편익을 제공받은 소비자는 자신이 직접 그런 재화를 사용하여 음식을 조리하고 먹을 수 있는 환경을 만들 필요가 없다. 재활운동이라는 편익은 운동기구, 운동공간 그리고 운동을 지도, 관리할 도구 등의 재화를 이용하여 재활에 필요한 신체적 운동을 시켜 주는 것이다. 재활운동이라는 편익을 제공받은 소비자는 자신이 직접 그런 재화를 사용하여 운동할 수 있는 여건을 만들 필요가 없다. 미용교육이라는 편익은 미용도구, 교육공간, 교재 등의 여러 재화를 사용하여 미용을 할 수 있는 지식과 능력을 가르쳐 주는 것이다. 미용교육이라는 편익을 제공받은 소비

---

2) Gutman, Jonathan (1982), "A Means-End Chain Model Based on Consumer Categorization Processes," *Journal of Marketing*, Vol. 46, No. 2, pp. 60-72.
Park, C. Whan, Bernard J. Jaworski and Deborah J. MacInnis (1986), "Strategic Brand Concept-Image Management," *Journal of Marketing*, Vol. 50, No. 4, pp. 135-145.

자는 자신이 직접 그런 재화를 사용하여 스스로 지식과 능력을 습득할 필요가 없다.

급식이나 재활운동의 편익을 얻음으로써 소비자는 생리적, 신체적 기능을 잘 수행할 수 있다. 식사를 제대로 못해 영양부족이 되거나 신체가 제 기능을 다하지 못해 겪을 수 있는 불편과 고통을 줄일 수 있다. 미용교육의 편익은 취업이나 창업을 위한 활동을 가능적으로 잘 수행할 수 있다.

상징적 편익은 복지서비스가 상징하는 어떤 긍정적 의미(meanings)이다. 이런 의미는 소비자와 타인 또는 집단과의 관계에 대한 것도 있고 소비자의 자아에 대한 것도 있다. 먼저 이해를 돕기 위하여 상업적인 예를 하나 들어 보자. 명품 가방은 비싸기 때문에 그것을 들고 다니는 사람은 당연히 부자일 것이라고 추측될 수 있다. 이런 추측 때문에 명품 가방은 그 소유주가 부자임을 의미할 수 있다. 즉, 부의 의미를 상징할 수 있다. 같은 맥락에서 고급 호텔의 헬스클럽은 부를 상징할 수 있다. 그리하여 명품 가방이나 고급 호텔 헬스클럽 회원권을 사용함으로써 부의 의미를 얻을 수 있다. 그리하여 그 사용자는 자신이 부자이거나 돈을 벌어 성공한 사람이라고 느낄 수 있고, 아니면 남에게 자신을 그렇게 과시할 수 있다.

복지서비스도 다양한 의미를 상징한다. 가족문제에 대해 상담 서비스를 받는 사람은 자신의 문제를 누군가와 함께 해결한다는 느낌을 받을 수 있고 여기서 자신이 사회의 한 구성원이라는 의미를 얻을 수 있다. 더 나아가, 뛰어난 능력의 상담 전문가에 의해 그런 상담 서비스가 이루어지고 상담이 이루어지는 환경도 매우 훌륭하다면, 상담을 받는 사람은 자신이 대우받고 있다는 느낌을 가질 수 있다. 대우를 받는다는 것은 그 상담 서비스가 가져다주는 의미이다. 복지기관에서 여가나 교육과 관련된 서비스를 받는 이용자는 시간을 보내며 지식과 능력을 습득하는 기능적인 것 이외에도 프로그램에 참여하면서 자신이 남보다 나은 점을 찾아낼 수 있다. 가령, 교육성적이 우수하거나 특정 여가활동에서 남보다 잘하는 모습을 보여 줄 수 있다. 여기서 남보다 나은 것은 그러한 교육, 여가의 서비스가 가져다주는 의미이다.

체험적 편익은 긍정적인 감각(sensation)을 말한다. 일반적으로 감각은 다섯 종류로 나뉜다. 시각, 청각, 미각, 후각, 촉각이 그것이다. 상업적 예의 하나로서, 향기가 있는 화장품을 생각해 보자. 후각적으로 그 향기로부터 기분 좋음이 느껴지면 체험적 편익을 얻은 것이다. 복지서비스도 체험적 편익을 준다. 교육이나 상담에서 서비스 제공자가 밝은 목소리를 들려주면 이용자는 청각적으로 체험적 편익을 얻을 수 있다. 때로는 복지서비스의 하나로서 아로마(aroma) 치료법을 사용하면 좋은 향기를 하나의 편익으로 제공할 수 있다. 서비스 시설과 공간의 아름다운 디자인과 색채는 시각적인 체험적 편익을 제공할 수 있다. 복지소비자 중에는 감각적 자극 그 자체를 추구하는 사람도 있을 것이다. 감각적 자극을 받지 못하면 무언가 심리적 문제를 느끼는 복지소비자에게는 감각적 자극이라는 체험적 편익을 주어 그 문제를 해소시켜 줄 수 있다.

복지서비스의 실체인 세 종류의 편익은 핵심적 편익과 부수적 편익으로 나눌 수 있다. **핵심적 편익**이란 소비자의 문제해결에 직접적으로 도움이 되는 편익이다. 소비자는 핵심적 편익을 얻어 자신의 문제해결을 도모하게 된다. 가령, 공부방의 편익을 얻은 학생은 방과후학습을 효과적으로 하여 성적을 올릴 수 있다. 아니면 또래의 아이들과 지내게 되어 혼자서 시간을 보내는 문제를 해결할 수 있다. 부수적 편익이란 핵심적 편익을 효과적으로 쉽게 얻고 활용하는데 필요한 편익이다. 직업교육 서비스의 경우에, 직업활동과 관련된 지식과 능력을 제공하는 것은 핵심적 편익이다. 한편, 그런 지식과 능력을 가르치기 위해서는 적절한 교재가 필요하다. 이렇게 교재를 선택하여 빌려주거나, 구입에 도움을 주는 것은 하나의 기능적 편익이다. 이 편익은 핵심적 편익을 얻게 하기 위해 제공되는 부수적 편익이다. 여가활용을 위한 오락, 체육을 효과적으로 지도하기 위해서는 복지기관과 이용자 간의 긴밀한 소통과 관계가 바람직하다. 이용자가 그런 소통과 관계를 느꼈을 때 하나의 상징적 편익을 제공받은 것이다. 이 상징적 편익은 오락과 체육의 편익을 잘 얻기 위해 필요한 하나의 부수적 편익이다.

부수적 편익은 복지서비스의 선택 시 제공되는 것, 선택 후 이용 중에 제공되는 것, 이용이 끝난 후에 제공되는 것의 세 가지로 나누어 살펴볼 수 있다. 복지기관은 소비자가 선택할 수 있는 여러 대안적 복지서비스들 중 자 기관의 것을 선택할 수 있도록 편익을 제공할 수 있다. 가령, 사전에 복지서비스의 특성이나 이용 방법과 장소 등을 알려 주거나, 아니면 복지기관에 대해 친밀감이나 공동체적 유대감을 느끼게 할 수 있다. 즉, 상징적 편익을 제공할 수 있다. 이러한 모든 기능적, 상징적 편익은 복지서비스를 선택하는 데 영향을 미치게 된다.

복지서비스의 이용 중에 제공되는 부수적 편익은 핵심적 편익의 획득과 활용을 도와준다. 가령, 교육 서비스의 경우에, 인터넷으로 예습, 복습을 할 수 있게 해 주는 것은 하나의 부수적 편익이다. 또는 교육강사와 친밀감을 느끼게 친교 프로그램을 제공하는 것도 부수적 편익을 만들어 주기 위한 것이다. 복지서비스 이용 후에는 가령, '애프터 서비스'의 개념으로 여러 부수적 편익이 제공될 수 있다. 가족문제로 상담을 마친 이용자에게 상담 후 가족관계가 어떻게 되어 가는지 알아보고 가족관계의 강화에 도움이 되는 여러 복지 프로그램들을 소개해 줄 수 있다. 이는 상담을 통해 제공되는 핵심적 편익이 문제해결에 효과적으로 작용할 수 있도록 부수적으로 제공되는 편익이다. 아니면 상담을 마친 이용자들로 구성된 공동체를 구성하고 이용자들 간에 공동체적 유대감을 조성하여 이를 통해 이용자들이 서로 도와 가며 문제를 해결할 수 있도록 할 수 있다. 그 유대감 조성은 상담이라는 핵심적 편익의 효과성을 담보하기 위해 제공되는 상징적 성격의 부수적 편익이다.

정리하면, 복지서비스의 실체인 편익은 핵심적, 부수적 편익으로 나뉘고, 이 각 서비스는 다시 기능적, 상징적, 체험적 서비스로 나뉜다. 한편, 부수적 편익은 핵심적 편익의 이용 전에 제공되는 것, 이용과정에서 제공되는 것, 이용 후에 제공되는 것으로 나누어 볼 수 있다. 이런 편익과 함께, 유·무형의 재화가 복지서비스에 보조적으로 수반된다. 이런 재화에는 브랜드나 복지서비스를 제공하기 위한 공간과 편의 시설 등의 매우 다양한 것들이 포함된다. 이들 중에서, 효과적인 마케팅을 위해 복지기관이 특히 주목해야 할 것은 브랜드이다. 브랜드는 7장에서 서술된다.

복지서비스의 실체와 구성에 대한 정확한 이해가 있어야, 포지셔닝에 맞추어 구체적으로 복지서비스를 설계할 수 있다. 핵심적 편익을 잘 구현해도 부수적 편익이 결여되면 소비자는 효율적으로 핵심적 편익을 획득하여 문제해결에 활용할 수 없다. 따라서 부수적 편익으로 무엇이 필요한지 사전에 결정하는 것은 매우 중요하다. 기능, 상징, 체험의 세 가지가 어떤 비율로 어떻게 어우러져 하나의 핵심적 편익을 만들어 낼 것인지 사전에 점검하고 결정하는 일도 중요하다. 그런 점검과 결정이 있어야 최소의 투자로 핵심적 편익을 구현할 수 있다. 복지서비스의 이용에 있어서, 사전적으로나 사후적으로 필요한 편익들이 무엇인지 잘 아는 것도 중요하다. 그리하여 그 사전적, 사후적 편익을 소비자에게 제대로 제공해서, 복지서비스의 선택과 획득을 용이하게 해 주고, 복지서비스의 이용을 잘 완결하게 해서 만족도를 제고시킬 수 있다. 한마디로, 복지서비스의 실체와 구성을 정확히 이해해야, 포지셔닝에 맞추어 복지서비스를 효율적으로 설계하고 만들어 마케팅에 투여할 수 있다.

6 3 복지서비스의 특징

먼저 **품질의 모호성**이라는 개념을 갖고 복지서비스의 특징을 생각해 보기로 한다. 여기서 모호성이라고 함은 복지서비스가 갖고 있는 품질의 질적, 양적 수준을 가늠하기 어려운 것을 의미한다. 가령, 같은 상담이나 교육이라 하더라도 A라는 기관이 B라는 기관보다 더 높은 또는 더 낮은 품질의 것을 제공하는지 파악하기 어려울 수 있다. 이런 경우에 품질의 모호성은 크다고 정의된다. 품질의 모호성이 크면, 경쟁 복지서비스들 간에 가격대비 품질을 비교하기 어렵다. 가격이란 복지서비스에 대한 대가로 소비자가 복지기관에 제공하는 금전적, 비금전적 재화와 서비스를 의미한다.

복지서비스 중에는 품질이 모호한 것도 있고 그렇지 않은 것도 있다. 그러나 무형의 서비스는 유형의 재화에 비해 품질이 모호하기 마련이다. 이 점에 있어서 복지서비스도 마찬가지이다. 특히 경쟁자와 차별적인 것으로 주장되는 복지서비스의 품질요소는 더욱 모호할 때가 많다. 가령, 경쟁자보다 복지소비자의 형편에 더 잘 맞추어 공감적인 생활지원 서비스를 제공한다고 주장하는 복지기관을 생각해 보자. 공감적이고 형편에 맞는 서비스라는 것이 무엇이고, 얼마나 더 그래야 경쟁자보다 우월한지 판단하는 일은 쉽지 않을 것이다. 더욱이 많은 경쟁기관들이 다 그런 식으로 차별성을 주장하면 누가 그런 차별성을 제공하고 누구는 그렇지 않은지 판단하기 정말 어려울 것이다. 더 나아가, 마음속의 문제는 생활현실의 문제보다 구체성이 떨어질 수 있다. 그러면 차별적 품질요소의 모호성도 더 높아질 수 있다. 예를 들어, 형편에 맞고 공감적인 차별적 특성은 생활지원 서비스보다 정신건강상담 서비스에서 더 식별되기 어려울 수 있다.

아주 단순한 문제해결을 위한 복지서비스가 아니라면 대체적으로 복지서비스의 품질은 모호한 편이다. 단순히 일회성 식사나 쉼터를 제공하는 복지서비스라면 대체적으로 품질의 모호성은 그렇게 높지 않을 것이다. 그러나 식사나 쉼터 제공을 고급화한다면 그만큼 품질의 모호성은 높아진다. 균형 잡힌 식단을 쾌적한 분위기에서 제공하는 급식소나 가정과 같이 편안한 쉼터라는 것이 과연 무엇인지 판단하기는 어려울 것이다. 그에 반해 소찬의 한 끼 식사가 제공되는 급식소나 최소한의 잠자리만이 제공되는 쉼터에서 받을 수 있는 복지서비스의 품질은 누가 보아도 식별하기 어렵지 않을 것이다. 더욱 중요하고 복잡한 문제를 해결하고자 하는 복지서비스일수록 그 품질의 모호성은 높기 마련이다. 가령, 가족관계 회복을 위한 복지서비스나 발달장애아동을 돌보고자 하는 복지서비스는 여가문화적 효용을 제공하는 복지서비스보다 복잡하고 이용자에게 더 큰 영향을 미칠 수 있다. 이런 복지서비스일수록 다양한 품질요소들이 정교하게 복합적으로 결합되어 있어 품질의 측정과 평가가 더욱 어려워진다.

모호한 품질을 소비자에게 납득시키는 일은 어느 복지기관에게나 중요한 과제로 대두되기 마련이다. 이런 과제를 해결하기 위한 방안들 중 제품관리와 관련된 것을 예시적으로 들어 보기로 한다. 먼저, 사소하게 보여도 모호한 품질을 다소나마 대변할 수 있는 구체적 요소를 복지서비스에 포함시키는 방안을 생각해 볼 수 있다. 가령, 자활교육 서비스에 맞춤형이라는 차별성을 강조한다면, 교육과정 중에 교육자와 피교육자 간의 일대일 커피타임을 일정 횟수 제공할 수 있다. 커피타임을 갖는다고 꼭 맞춤형 교육 서비스가 이루어지는 것은 아니지만 구체적인 자활교육 서비스의 요소로서 커피타임을 통한 교육자와 교육자 간의 일대일 대화는 맞춤형이라는 모호한 실체를 어느 정도 납득시키는 데 도움이 될 수 있다. 오래전에 한 샴푸회사는 머리를 비단결 같이 곱게 해 준다는 차별성을 강조하였다. 그러나 이런 샴푸의 품질은 당연히 매우 모호할 수밖에 없었다. 이 모호함을 극복하기 위하여, 그 회사는 정말 아주 극소량이지만 샴푸에 비단이라는 구체적 물질을 첨가하였다. 이 극소량의 비단 물질은 비단결 같은 머리라는 모호함을 소비자에게 납득시키는 데 많은 도움을 주었다고 한다.

또 다른 하나의 방안으로, 소비자가 믿고 좋아하는 유명인이 복지서비스를 후원한다면, 소비자는 그 유명인을 믿고 복지서비스의 모호한 품질을 쉽게 받아들일 수 있다. 또는 알려지고 믿을 만한 타 기관이나 기업이 복지서비스를 후원해도 유사한 결과를 얻을 수 있다. 복지서비스의 주요 구성요소가 유명하거나 신뢰할 만한 주체에 의해 제공된 것일 때, 그 구성요소는 모호한 품질을 소비자에게 납득시키는 데 도움이 될 수 있다. 가령, 정신상담 이용자는 상담사의 배경이나 경력을 보고 이용자 중심적 상담이라는 모호한 품질에 실체가 있는 것으로 받아들일 수 있다.

복지서비스가 갖고 있는 또 하나의 특징으로, 많은 경우에 생산, 유통, 소비가 결합되는 것을 들 수 있다. 이 **결합성**의 특징은 세 가지 측면에서 이해될 수 있다. 첫째, 생산자(실제로 서비스를 생산하는 복지기관의 구성원)와 소비자가 직간접적으로 대면하는 상황에서 복지서비스의 교환이 이루어진다. 여기서 생산과 유통기능은 생산자가 전적으로 담당할 수도 있고, 아니면 생산자와 소비자가 분담할 수도 있다. 예로서, 치료나 상담 또는 교육은 서비스 제공자와 소비자가 직접 대면하거나 아니면 전화나 인터넷과 같은 어떤 미디어를 통해 간접적으로 대면할 수 있다. 이 대면 속에서 복지소비자는 치료, 상담, 교육의 생산·유통과정에 참여하면서 동시에 소비활동을 한다. 상담사나 의사의 질문이나 자가치료 요구에 응하는 것은 이용자가 생산·유통에 참가하는 하나의 예이다. 둘째, 생산, 유통, 소비가 동시에 이루어져 복지서비스는 재고로 남겨질 수가 없다. 특별한 경우가 아니라면, 미리 생산해 놓을 수도 없고, 이용하거나 제공하고 남은 것을 보관하여 다음번에 이용하거나 제공할 수 없다. 셋째, 생산자와 소비자의 대면 속에서 생산과 소비가 이루어지므로, 대면상황에 따라 생산자가 제공하는 복지서비스의 품질이 변할 수 있다. 많든지 적든지 간에 소비자도 복지서비스의 생산과 유통에 참여하게 되는데 대면상황에 따라 이 참여의 수준과 성격이 달라진다. 그리하여 최종적으로 생산, 전달되는 복지서비스도 달라질 수 있다. 물론 시간 압박이라든지, 직접적 대면인지 아니면 간접적 대면인지와 같이 여러 다른 대면상황적 요인에 따라서 생산되는 복지서비스의 품질은 얼마든지 달라질 수 있다.

물론 복지서비스 중에는 생산, 유통, 소비의 결합성이 높은 것도 있고 낮은 것도 있다. 결합성이 높을수록 복지서비스의 품질은 생산자와 소비자 간의 협업에 더 크게 좌우된다. 따라서 결합성이 높은 복지서비스를 창출하려면 일회성 서비스의 제공과 이용보다는, 관계를 구축하면서 생산자와 소비자가 지속적으로 소통하는 것이 무엇보다도 중요하다. 이러한 관계 구축의 노력 없이 결합성이 높은 복지서비스를 마케팅하는 것은 별 소득이 없을 것이다. 고객과 강력한 관계를 맺은 복지기관은 결합성이 높은 복지서비스를 개발, 출시하는 데 아주 유리한 입장에 있게 된다.

소비자는 경쟁제품들의 가격대비 품질을 평가하고 그에 따라 자신에게 맞는 것을 구매한다. 그런 평가를 위해 소비자는 가격과 품질에 대한 정보를 필요로 하고, 이 필요에 따라 정보탐색을 행하게 된다. 한편, 제품의 품질이 모호하면 그만큼 가격대비 품질을 평가하기 더 어려워지고 그에 따라 가격과 품질에 대한 정보탐색을 더 많이 하게 된다. 정보탐색을 기준으로 할 때, 일반적으로 재화나 서비스는 탐색재(search goods), 경험재(experience goods), 신뢰재(credence goods)로 나뉜다.

탐색재란 아주 약간의 정보탐색으로도 가격대비 품질을 식별할 수 있는 재화이다. 현상적으로, 가격 부담이 적고 일상적으로 큰 생각 없이 쉽게 사고 쓰는 편의품이 모두 탐색재에 속한다. **경험재**는 탐색재보다 훨씬 더 많은 정보탐색을 해야 가격대비 품질을 식별할 수 있는 재화나 서비스이다. 한번 경험해 볼 정도로 정보를 많이 탐색해 보아야 가격대비 품질을 식별할 수 있는 것이 곧 경험재이다. 자동차나 가구 또는 가전제품과 같은 내구재는 모두 경험재에 속한다. **신뢰재**는 아무리 많은 정보를 탐색하더라도 가격대비 품질을 식별할 수 없는 재화나 서비스를 말한다. 이론적으로, 신뢰재의 가격대비 품질을 식별하기 위해서는 무한대의 정보탐색량이 필요하다. 프리미엄(premium) 품질을 가진 초고가의 제품은 신뢰재일 가능성이 크다. 명품이나 고급 귀금속 제품 또는 예술품이나 고급 건강·의료 서비스 등은 일반적으로 신뢰재에 속할 것이다. 신뢰재의 경우 소비자는 아무리 많은 정보탐색을 행하여도 가격대비 품질을 식별할 수 없기 때문에, 소비자는 그런 정보탐색을 행하지 않는다. 대신, 판매자가 신뢰할 수 있는지 없는지의 여부를 판단하여, 가격대비 품질을 믿고 구매한다. 따라서, 신뢰재의 경우 소비자는 가격과 품질 자체에 대한 정보를 탐색하기보다 판매자가 신뢰할 수 있는지의 여부를 평가하는 데 필요한 정보를 탐색한다.

복지서비스도 탐색재, 경험재, 신뢰재로 나뉘어질 수 있으나, 현상적으로 많은 복지서비스는 경험재나 신뢰재에 속한다. 품질이 모호하기 때문이다. 품질이 모호할수록 복지소비자는 가격대비 품질을 평가하기 어렵고, 이 평가의 어려움을 극복하기 위해 더 많은 정보탐색을 수행할 수밖에 없다.

일반적으로, 선택할 대안들 간의 가격대비 품질의 평가가 어려워서 지나치게 많은 정보탐색이 필요하게 되면, 소비자는 그 대안들 가운데서 선택하는 것을 포기하거나, 아니면 정보탐색이 덜 요구되는 대체재를 구매한다. 또는 정보탐색을 줄이고도 그 대안들 중에서 선택할 수 있는 방안을 찾게 된다. 이 방안 중에 대표적인 것이 '믿고 선택하는' 것이다. 가령, 판매자가 믿을 만하다고 판단하면, 품질이 좋다는 판매자의 말이 사실이라고 믿고 선택하는 것이다. 따라서 평소에 신뢰를 얻은 복지기관은 소비자의 정보탐색을 줄여 주고 소비자로 하여금 쉽게 자 기관의 복지서비스를 수용하게 만들 수 있다. 경험재나 신뢰재가 많은 복지기관은 평소 높은 인지도와 명망, 그리고 신뢰를 쌓는 데 투자를 아끼지 않아야 한다. 이 투자가 없이는 경험재나 신뢰재에 해당하는 복지서비스를 소비자에게 수용시키기 어렵기 때문이다.

CHAPTER 07
제품관리 II
– 전략적 과제

요컨대, 시장성장이 높으면 투자를 적극적으로 하여 시장점유를 유지하거나 높여야 한다. 그렇지 않으면, 시장점유는 빠르게 낮아지고, 이 결과로 경쟁력이 저하되어 고객 확보와 수익 창출에 더 많은 비용이 들어가게 된다. 즉, 경쟁자보다 비효율적으로 고객 확보를 하게 되고, 궁극적으로는 고객 확보의 어려움 때문에 시장에서 퇴출될 위기에 봉착한다. 한마디로, 시장성장률이 높을수록, 시장점유의 확대를 위한 투자는 더 이루어져야 한다. 이렇게 되면, 복지기관에 부정적(–) 현금흐름이 증가한다.

제품관리에는 크게 세 가지 일들이 있다. 첫째, 새로운 유형의 혁신적 복지서비스를 개발하여 출시하는 일이다. 둘째, 시장 환경에 맞추어 다양한 종류의 복지서비스들을 유지, 변경, 철수시키는 일이다. 셋째, 제품에 대한 브랜드를 개발, 운용하는 일이다. 이하에서는 위의 첫 번째와 두 번째의 것을 살펴보기로 한다. 세 번째의 브랜드에 관한 것은 다음 장에서 살펴보기로 한다.

7 1 신제품과 혁신성 - 복지사업의 미래

신제품은 혁신적(innovative)이고, 따라서 기존 제품과는 다른 유형의 것이다. **혁신적 신제품**은 기존 제품보다도 소비자의 문제를 더 효율적으로 해결해 주거나, 아니면 기존 제품이 해결하지 못한 소비자의 문제를 해결해 준다. 그리하여 기존 제품에 대한 수요를 잠식하거나 새로운 수요를 창출한다.

1979년에, 소니(SONY)사는 워크맨(Walkman)이라고 지칭된 휴대용 카세트플레이어(cassette player)를 시장에 선보였다. 당시 워크맨은 혁신 그 자체였다. 기존의 카세트플레이어보다 아주 작고 가벼워 가지고 다니기 편하였고, 음질도 매우 뛰어났다. 따라서 이동 중이나 원하는 장소에서 아무 때나 손쉽게 음악을 즐길 수 있는 시대를 열었다. 그러나 시간이 지남에 따라 휴대용 카세트플레이어는 잠시 휴대용 시디플레이어(CD player)를 거쳐 MP3플레이어(MP3 player)로 대체되었다. 지금은 MP3플레이어와 함께 스마트폰이 휴대용 카세트플레이어를 대신하고 있다.

복지영역에서도 마찬가지이다. 먼저, 같은 효용을 더 적은 비용으로 제공해 주는 복지서비스가 새롭게 출시되었다면, 그 서비스는 혁신적이다. IT 기기들을 이용한 원격상담을 생각해 보자. 원격상담은 편의성도 높고, 비용도 적게 든다. 만약 원격임에도 불구하고 대면상담만큼이나 효과적이라고 한다면, 원격상담은 그만큼 혁신적이라고 할 수 있다. 공부방에 많은 학습교재나 도구를 비치하기보다, 아이들이 개인적으로 소유하고 있는 것을 서로 빌려 쓸 수 있게 해 준다면, 이것도 혁신적이다. 적은 비용으로 더 큰 효용을 전달할 수 있기 때문이다. 이와 같이 복지서비스의 혁신이란 먼 곳에 있는 것이 아니다.

다음으로, 혁신성은 새로운 효용을 창출하는 것에서도 찾아볼 수 있다. 소위 구휼이라는 차원에서 복지를 바라보면, 복지서비스를 통해 소비자에게 제공되는 효용은 매우 단순하고 획일적이다. 가장 적은 비용으로 소비자로 하여금 물리적, 심리적, 사회경제적 한계 상황을 벗어날 수 있게 해 주는 것이 구휼적 효용의 전부라고 생각할 수 있다. 그러나 복지는 점차 그런 한계 상황과 관련된 구휼에만 국한되지 않는다.

복지소비자가 교환을 통해 얻고자 하는 효용에는 구휼의 차원을 넘어서는 것도 있다. 어떤 복지소비자에게는 배고픔이나 정신적 질병과 같은 한계 상황으로부터 해방되는 것도 중요하지만, 사람으로서 자존감을 지키는 것도 중요할 수 있다. 그래서 보호소보다 길거리를 선호하는 노숙자도 있고, 배가 고파도 무료급식소를 찾지 않는 사람도 있다. 자존감을 지켜 주면서 한계 상황을 면하게 하는 일은 결코 쉽지 않다. 그래서 이런 일에는 혁신적 사고가 필요하다.

노인을 대상으로 한 기존의 많은 복지서비스가 연대감이라는 효용을 제공한다고 하지만, 정작 해당 복지소비자는 거기서 아무런 효용을 느끼지 못할 수 있다. 고독한 노인 중에는 그냥 아무 사람하고의 연대감보다 과거 친한 친구나 직장 동료로부터 느꼈던 연대감을 얻고자 할 수 있다. 이미용 서비스를 받거나, 건강상담을 받거나, 노래강습을 받으면서 아무리 사람들과 접촉해도 그런 연대감은 채워질 수 없다. 고독한 노인이 추구하는 연대감에도 종류는 많다. 또한 연대감을 채워 주는 방법도 매우 다양하다. 이 모든 것을 생각하며 복지프로그램을 개발하려면 정말 혁신적 사고가 필요하다.

혁신적 복지서비스는 기존 복지서비스의 어떤 유형에도 속하지 않고, 다른 유형으로 분류될 수 있다. 그만큼 기존의 것과 다르게 이해되고, 이용되기도 한다. IT 기반의 혁신적 원격상담은 기존의 대면상담과 다른 유형으로 분류될 수 있다. 여기서 혁신적 원격상담은 대면상담 이상의 문제해결 능력이 있으며, 동시에 대면상담보다 훨씬 큰 효율성을 복지소비자에게 가져다준다. 가령, IT 기기 조작도 매우 편리하며, 원하면 아무 때나 맞춤형으로 이용할 수 있으며, 심리적, 경제적 비용도 매우 낮을 수 있다.

이 경우에, 대면상담을 받던 복지소비자들 중 일부는 혁신적 원격상담의 효율성을 보고 자신이 받던 상담 중 일부 또는 전부를 원격으로 전환한다. 이런 전환을 통해, 원격상담에 대한 수요가 형성된다. 아울러 혁신적 원격상담의 효율성을 보고서 그동안 상담을 받지 않던 복지소비자들이 원격상담을 받기도 한다. 대면으로 상담을 받던 기존 복지소비자들 중 상당 부분이 혁신적 원격상담의 효율성 때문에 원격상담으로 전환하면서 상담 횟수를 늘릴 수도 있다. 즉, 원격상담은 기존 대면상담의 수요를 빼앗기도 하면서 동시에 새로운 수요를 창출하기도 한다. 그리하여 혁신적 원격상담 시장은 성장하게 된다.

노인 복지소비자에게 소위 재미(fun)이라는 효용이 중요할 때가 많이 있다. 그리고 인터넷 게임이 창출하는 효용 중의 하나는 재미이다. 노인들끼리 경쟁하는 인터넷 게임은 아직 많지 않지만, 언젠가 그런 인터넷 게임은 많은 노인들에게 주요 재밋거리가 될 것이다. 복지의 취지에도 부합하면서 노인만의 취향과 능력에 맞는 인터넷 스포츠 게임을 개발하려면 혁신적 사고가 요구된다. 인터넷 스포츠 게임이 노인에게 주는 재미는 노래나 댄스 등과 같은 기존 취미활동이 주는 것과 다르고, 이런 다른 점을 이해하는 데에는 혁신적 시각이 필요하다.

느끼게 해 주는 재미가 다르므로, 그만큼 인터넷 스포츠 게임의 복지프로그램은 새로운 수요를 창출한다. 기존의 취미활동 프로그램에 관심이 없던 노인들 중 인터넷 스포츠 게임에 흥미를 느껴 복지기관을 찾는 사람들이 생기는 것이다. 또는 수요의 전환을 촉발한다. 댄스나 그림 또는 노래 부르기와 같은 기존 취미활동보다 인터넷 스포츠 게임에 더 큰 재미를 느낀 노인층은 기존 취미활동 프로그램을 그만두고 인터넷 스포츠 게임 프로그램으로 올 것이다. 아니면 기존 취미활동과 함께 인터넷 스포츠 게임을 즐기는 사람들도 있을 것이다. 그리하여 인터넷 스포츠 게임 프로그램은 신 수요의 창출과 기존 수요의 전환을 통해 그 수요를 성장시킨다.

이러한 혁신적 복지서비스의 시장성장을 설명할 수 있는 이론으로 **혁신확산 모형**

이 있다.[1] 이 모형에 따르면, 소비자는 **선도적 소비자**와 **모방적 소비자**로 나누어진다. 혁신적 복지서비스가 출시되었을 때, 선도적 소비자는 그것을 남보다 먼저 구매한다. 반면 모방적 소비자는 선도적 소비자가 구매하여 문제없이 잘 쓰면 그제서야 구매에 들어간다. 선도적 소비자는 위험추구적이다. 혁신적 복지서비스는 기존에 없었던 것이므로, 그것이 과연 제대로 된 것인지 또는 약속한 효용은 잘 창출해 주는지 불확실한 면이 많이 있다. 선도적 소비자는 그런 불확실성에도 불구하고 남보다 먼저 구매하여 자신의 효용을 극대화하고자 한다. 반면, 모방적 소비자는 위험회피적이다. 그리하여 선도적 소비자가 문제없음을 보여 줄 때 구매를 하려고 한다. 불확실성 속에서 효용극대화를 쫓기보다, 혹시라도 복지서비스가 잘못되어 감수해야 하는 위험을 피하려고 한다.

따라서 혁신적 복지서비스가 출시되어 성장하는 데에 선도적 소비자의 역할은 매우 크다. 선도적 소비자가 많으면, 시장의 다수인 모방적 소비자의 구매를 가로막고 있는 품질의 불확실성을 빨리 없앨 수 있다. 그리하여 수요를 빠르게 늘려 갈 수 있다. 요컨대, 혁신적 복지서비스의 성공은 초기에 선도적 소비자를 얼마나 잘 공략하는지에 달려 있다. 선도적 소비자는 모방적 소비자보다 상대적으로 소수이다. 그럼에도 혁신적 복지서비스의 수요를 확산시키기 위해서는 무엇보다도 초기에 마케팅의 노력을 혁신적 소비자에 집중해야 한다. 이 점을 간과하여 단순히 숫자적으로 다수인 모방적 소비자에게 마케팅 노력을 집중하면, 예상과 달리 수요가 성장하지 못해 낭패에 부딪힐 수가 있다.

혁신적 복지서비스의 성공은 선도적 소비자의 구전(word of mouth)에 달려 있다. 혁신적 복지서비스가 안고 있는 품질의 불확실성을 가장 효과적으로 제거할 수 있는 방법은 이용해 본 사람이 설득하는 것이기 때문이다. 따라서 복지기관은 선도적 소비자의 구전을 촉진시키도록 노력해야 한다. 선도적 소비자들의 구전에 대한 동기부여를 높이는 한편, 그들의 구전 능력도 높이도록 해야 한다. 가령, 그들의 복지기관에 대한 충성도를 높이고, 그들에게 구전에 필요한 정보도 제공하여 그들이 더 적극

---

1) Rogers, Everett M. (2003), *Diffusion of Innovations* (5th ed.), New York, NY: Free Press.

적으로 더 효율적으로 구전할 수 있도록 도모해야 한다.

7 2 제품수명주기 – 시장 진화와 전략적 대응

위에서 언급된 바와 같이, 혁신적 복지서비스란 기존 어느 유형에도 속하지 않는 새로운 유형의 복지서비스이다. 혁신적 복지서비스는 기존 유형의 복지서비스에 대한 수요를 잠식하거나 또는 새로운 수요를 창출하여, 하나의 시장을 만들어 낸다. 〈도 표 7-1〉과 같이, **제품수명주기**는 어떻게 혁신 제품의 시장이 만들어져서 성장, 성숙, 쇠퇴의 과정을 거쳐가는지 설명해 주는 하나의 패러다임(paradigm)이다.

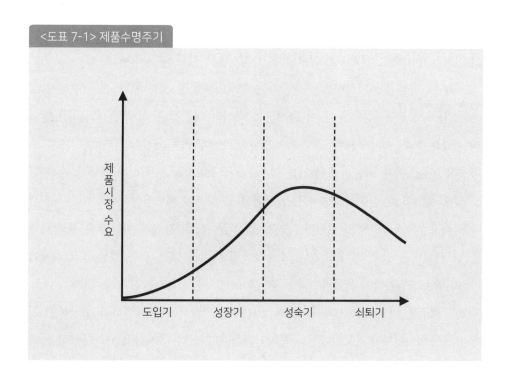

〈도표 7-1〉 제품수명주기

〈도표 7-1〉에서 **도입기**는 새로운 유형의 혁신적 복지서비스가 시장을 만들어 가는 단계이다. 이 단계에서 혁신적 복지서비스에 대한 소비자의 인지도와 이해도는 낮다. 그것이 자신에게 꼭 필요하다고 생각하는 소비자들도 적다. 인지도와 이해도가 낮아서도 그렇고, 오랫동안 기존 유형의 복지서비스에 익숙해져 있기 때문에 그렇기도 하다.

따라서 수요의 성장은 더디게 이루어진다. 대부분의 수요는 위험추구의 성향을 갖고 시험구매를 하는 **선도적 소비자(early adoptor)**로부터 나온다. 효율성을 앞세운 새로운 유형의 원격상담의 경우에, 그것에 대해 생소함을 느끼고, 효과성에 대해서도 불확실성을 느끼지만, 그래도 기존 방식의 상담과는 무언가 다른 것이 있을 것으로 생각하는 사람들이 있다. 이들 중에서 위험을 감수하더라도 그 다른 것을 시도해 보겠다는 사람들이 도입기의 시장을 구성한다.

여러 이유에서 도입기에는 아주 소수의 복지기관만이 시장에 참여한다. 혁신적 복지서비스를 구현할 기술과 능력을 갖춘 복지기관이 별로 없기 때문이다. 또는 그런 기술과 능력을 보유한 복지기관이라 하더라도 수요가 아직 충분하지 않다는 판단에서 시장참여를 미룰 수 있기 때문이다. 아니면, 보수적 관점에서, 기존 서비스를 굳이 혁신적 서비스로 대체하고 싶지 않은 복지기관도 있기 때문이다.

도입기에 혁신적 복지서비스를 출시하는 복지기관들은 제품차별화를 지향하지 않는다. 따라서 경쟁 복지기관들이 출시하는 혁신적 제품들은 서로 유사하다. 도입기의 시장은 적은 소비자들로 구성되며, 그들의 소비행태는 동질적인 편이다. 또한 소비자의 제품지식과 제품사용 동기는 높지 않다. 소비자들은 혁신적 제품에 대해 별로 알지 못하고, 본질적인 문제해결을 위해서 꼭 혁신적 제품을 사용해야 한다는 생각도 하지 않는다. 그렇게 지식과 동기가 높지 않은 소비자에게 차별화된 경쟁 제품들 간의 선택은 별로 의미가 없다. 소비자에게 의미가 있는 것은 혁신성 그 자체이다. 따라서, 도입기에서 제품차별화를 적극적으로 추구하는 복지기관은 없게 된다.

또한, 혁신의 기술이 초기화에 머물러 있는 도입기에서, 제품차별화를 추구하는 것은 비용유발적이다. 그런 면에서도 복지기관들은 혁신적 복지서비스에 다양성을 더하기 어렵다. 따라서, 도입기에서 혁신적 복지서비스는 다양하게 차별화되지 않는다.

차별화되지 않고 비교적 유사한 것만이 소수의 경쟁자들에 의해 제공될 뿐이다.

도입기에서 의미 있는 수요가 창출된다면, 혁신적 복지서비스의 시장은 **성장기**를 맞이하게 된다. 만약 그런 수요창출이 없다면, 당연히 시장은 사멸한다. 정책적 의지로 새롭게 도입된 복지서비스가 그 흔적만 남기든지 아니면 슬그머니 사라지는 경우는 보기 드물지 않다. 그런 정책 주도의 복지서비스들은 혁신성이 결여되어 시장수요를 만들지 못할 수 있기 때문이다. 또는, 혁신적이었는지는 몰라도, 선도적 복지소비자를 찾아 수요를 확산하는 데 실패할 수 있기 때문이다.

도입기를 넘긴 혁신적 복지서비스는 더 널리 알려지며, 모방적 소비자층으로 급속히 확산된다. 많은 **모방적 소비자**(imitator)들이 부담 없이 시험구매를 하게 된다. 시장수요가 빠른 속도로 증가하는 성장기가 도래한 것이다. 성장기에 이르면, 당연히 경쟁자들도 빠른 속도로 시장에 유입된다. 가령, 한 복지기관에서 원격상담 서비스를 도입하여 그 수요가 잘 창출된다면, 다른 복지기관도 앞을 다투어 그것을 도입한다. 하지만, 경쟁자들 간에 지나친 제로섬(zero sum) 게임은 거의 발생하지 않는다. 혁신적 복지서비스를 원하는 소비자들이 시장에 빠르게 많이 유입되어 경쟁자 간에 나누어 가질 수 있는 시장도 커지기 때문이다.

성장기에 빠른 속도로 시장에 유입되는 모방적 소비자들은 혁신적 복지서비스에 대해 직간접적으로 경험한 것이 많지 않다. 복지기관의 말을 들어 보거나, 선도적 소비자를 통해 간접적으로 보고 느낀 것이 전부이다. 드물게는, 혁신적 복지서비스에 대해 자신이 직접 겪은 아주 제한적 경험이 전부일 수도 있다. 그리하여 성장기에서 혁신적 복지서비스에 대한 소비자의 지식은 완전하고, 확고하지 않다. 아직 형성, 발전 과정에 있을 뿐이다. 그리고 소비자마다 그 형성, 발전의 수준은 다르기 마련이다. 소비자마다 그 지식은 양적, 질적으로 다르게 된다. 이 때문에 혁신적 복지서비스로부터 얻고자 기대하는 품질, 성능이나 효용도 소비자마다 다르기 마련이다.

만약 혁신적 복지서비스로서 출시된 혁신적 원격상담 서비스의 시장이 성장기에 접어들었다면, 소비자는 혁신적 원격상담 서비스의 이용을 고려해 보는데 필요한 최소의 지식을 갖고 있을 뿐이다. 대체적으로, IT 기기를 이용하여 상담자와 직접 만나지 않고도 상담을 진행한다는 개념적 수준의 지식만을 갖고 있을 뿐이다. 물론, 그런 비대면상담의 장단점도 개념적 수준에서 막연히 이해하고 있을 뿐이다. 소비자는 혁신적 원격상담 서비스의 세세한 내용을 구체적으로 정의하지 못하고, 그 운영과정이나 특징을 명확하게 설명하지도 못한다. 설령, 일부나마 구체적인 수준으로, 혁신적 원격상담 서비스를 정의하고, 설명한다 하더라도, 그 정의와 설명은 제한적이다.

그렇게 혁신적 원격상담 서비스에 대한 지식이 불완전하고, 제한적이므로, 소비자마다 그것에 대해 생각하고 기대하는 것이 다르다. 가령, 어떤 소비자는 원격상담 서비스에 일정 정도의 대면상담 서비스도 포함되어야 한다고 생각할 수 있다. 또는 실시간뿐만 아니라 비실시간으로도 원격상담이 진행되어야 한다고 생각할 수 있다. 아울러 원격상담에 필요한 IT 도구의 유지보수와 학습에 대한 지원도 대부분 무상으로 포함되어야 한다고 생각할 수 있다. 그러나 다른 소비자는 그렇게 생각하지 않을 수도 있다. 이와 같이 혁신적 원격상담 서비스에 대한 구체적 정의와 설명이 소비자들마다 다를 수 있다.

같은 맥락에서, 혁신적 복지서비스에 대해 소비자가 갖고 있는 지식도 비교적 쉽게 변화할 수 있다. 불완전하고, 제한적이며, 따라서 확신이 떨어지는 지식은 새로운 정보적 자극에 쉽게 흔들릴 수 있다. 다른 소비자의 구전이나 서비스 공급자인 복지기관의 설득 노력에 따라 소비자는 혁신적 복지서비스에 대한 자신의 기존 지식을 큰 거부감 없이 바꿀 수 있다. 위의 예에서, 어떤 소비자는 일정 정도의 대면상담 서비스도 혁신적 원격상담 서비스에 포함되어야 한다고 생각할 수 있다. 그러나 이 소비자는 다른 소비자나 복지기관의 설명에 따라 자신의 그런 생각을 쉽게 바꿀 수 있다.

한마디로, 성장기에서는 혁신적 복지서비스의 개념이나 특징에 대한 생각이 소비자마다 다르기 마련이다. 적어도 동일하다고 볼 수는 없다. 그러나 정보의 교환이나 경험의 축적에 따라 그 서로 다른 생각들은 어떤 동일한 생각으로 수렴해 간다. 이런 수렴의 과정 속에서 복지서비스에 대한 각 소비자의 생각은 지속적으로 변화한다. 때가 되어 그 수렴이 끝나면, 복지서비스에 대한 소비자의 지식은 동일해진다. 물론 이 지식은 제품을 제대로 이해하고 사용하는 데 충분하고도 완전한 것이다. 그리하여 복지서비스로부터 얻고자 기대하는 것도 소비자들 간에 동일해진다.

한편, 성장기에 접어들면서 각 복지기관은 제품차별화를 추구하기 시작한다. 도입기에 최초로 출시된 복지서비스의 전형적인 특징과 기능에서 벗어나 자신만의 차별화된 복지서비스를 개발, 공급하고자 한다. 이러한 차별화를 추구하지 않는다면, 복지기관들 간의 경쟁은 낮은 가격에 의존해야 한다. 복지기관들 모두가 동일한 제품을 제공하기 때문이다. 그러나 성장기에 접어드는 시점에서 낮은 가격을 구현하는 것은 쉽지 않다. 어느 복지기관이나 복지서비스를 공급해 온 경험이 많지 않고, 수요도 충분히 크지 않기 때문이다. 이 경우에 정상적 가격경쟁의 기반이 되는 원가절감은 실현되기 어렵다.

따라서 제품차별화의 행보는 이런 여건에 순응하는 것이다. 또한 앞서 언급한 바와 같이, 성장기에는 혁신적 복지서비스의 개념과 특징에 대한 생각이 소비자마다 다르다. 그리고 그 개념과 특징에 대한 각 소비자의 생각도 지속적으로 변화한다. 그런 생각의 이질성과 시간적 변화성에 대해, 복지기관이 제품차별화로 화답하는 것은 순리일 것이다.

이런 성장기에서의 차별화는 가능한 많은 종류의 복지서비스들을 다양하게 출시하는 것이다. 가령, 같은 원격상담 서비스라도 정기적인 대면상담 서비스를 몇 가지 수준으로 나누어 제공하거나, 상담의 도구와 내용을 구성하는 요소들을 여러 가지 범주로 다양화할 수 있다. 소위 제품의 종류와 구색을 많이 갖추는 것이다. 이 경우, 꼭 특정 소비자 집단을 표적으로 삼지 않더라도, 각기 다른 것을 추구하는 불특정 다수의 많은 소비자들에게 다양한 선택권을 주어, 매출을 늘릴 수 있다. 다만 문제가 되는 것은 다양한 형태의 많은 복지서비스를 운용하다 보니, 한 가지를 운용하는 경우보다 인력도, 자원도 더 많이 소요되는 것이다. 당연히 더 소요되는 인력과 자원을 더 늘어난 매출로 상쇄하고도 남을 때, 그런 차별화 전략은 경제적 합리성을 갖게 된다.

성장기에는 시장 전체의 수요도 증가하지만, 시장에 진입하는 경쟁 복지기관들도 늘어난다. 그러나 성장기의 경쟁은 대체로 비제로섬(non-zero sum)적이다. 이 비제로섬 경쟁은 제품차별화에 기초한다. 경쟁자와는 다른 제품을 제공하여, 경쟁자의 제품을 선호하지 않는 사람을 고객으로 유인하는 것이다. 표적고객이 경쟁자마다 다르므로, 경쟁자가 표적으로 삼은 고객을 빼앗으려는 제로섬(zero sum) 경쟁은 발생하지 않는다.

그런 비제로섬 경쟁은 여러 가지 측면에서 전개될 수 있다. 먼저, 어떤 복지기관은 자신의 차별점을 만들어 이전에 복지서비스를 구매하지 않았던 사람을 고객으로 유인할 수 있다. 원격상담 서비스 시장에서도, 어떤 복지기관은 다른 복지기관보다 시간적 편의성을 훨씬 높인 제품을 출시할 수 있다. 소비자가 원하는 시간대에 맞추어 신속히 서비스를 제공하는 것이다. 이때, 대면상담 서비스를 받던 어떤 소비자는 그렇게 높은 시간적 편의성에 유인될 수 있다. 대면상담 서비스를 더 이상 이용하지 않고 시간적 편의성에 차별화된 원격상담 서비스를 이용할 수 있다. 그러면, 그 복지기관은 타 복지기관의 원격상담 서비스 고객을 빼앗지 않고도 고객을 얻은 것이고, 그 복지기관의 경쟁자는 원격상담 서비스가 아닌 대면상담 서비스를 공급하는 복지기관이다.

이때, 만약 그 복지기관도 기존에 대면상담 서비스를 제공하고 있다면, 소위 'cannibalization' 현상이 발생할 수 있다. 즉, 시간적 편의성으로 차별화된 원격상담 서비스는 그 복지기관이 기존에 확보하고 있던 대면상담 서비스 고객을 유인할 수 있다. 이렇게 복지기관의 신제품이 기존 제품의 고객을 잠식하면, 즉, 'cannibalization'이 발생하면, 그만큼 신제품에 대한 성과는 무의미해진다.

성장기의 시장에서, 어떤 소비자는 복지서비스로부터 자신만이 원하는 차별점을 찾지 못해 아예 시장을 떠나기도 한다. 대신에, 어떤 다른 시장으로 가서 대체적 서비스를 이용하기도 한다. 가령, 성장기의 원격상담 시장에서, 특별히 자신만의 편리한 시간에 신속히 원격상담 서비스를 이용하고 싶은 소비자가 지속적으로 그런 시간적 편리성을 누리지 못하면 원격상담 서비스의 이용을 포기할 수 있다. 그리고 기존의 대면상담 서비스 시장을 찾아가 자신이 원하는 특별한 시간적 편의성을 얻고자 노력할 수도 있다. 이때, 시간적 편의성을 차별점으로 삼아 원격상담 서비스 시장에 새로이 진입한 경쟁자는 그런 소비자의 시장 이탈을 막을 수 있다. 이를 통해 자신의 매출도 확보하고, 원격상담 서비스 시장의 성장에도 기여한다.

원격상담 서비스 시장에서, 어떤 복지기관은 타 복지기관의 원격상담 서비스에 불만이 큰 이용자에게 그가 원하는 차별점을 제공하여 자신의 고객으로 편입시킬 수 있다. 이런 이용자는 어차피 불만이 계속되어 결국 원격상담 시장을 빠져나갈 것이므로, 그 복지기관은 타 경쟁 복지기관의 고객을 빼앗은 것은 아니다. 대신 그 불만이 큰 이용자가 원격상담 시장의 소비자로 남을 수 있게 해 준 셈이다. 그리하여 원격상담 시장의 성장에 기여한 것이다. 한마디로, 성장기에 각 경쟁자는 차별화 전략을 통해 시장성장에 기여하고, 그 성장에 기여한 만큼 시장점유를 획득한다. 이런 면에서 성장기 시장의 경쟁은 상당 부분 비제로섬적인 모습을 갖고 있다.

성장기를 통해 복지서비스가 시장 전체에 일반적으로 보급되면, 시장은 **성숙기**에 접어들고, 소비자도 더 이상 복지서비스에서 혁신성을 느끼지 않는다. 새롭게 시장에 유입되는 소비자는 적어지며, 재구매가 시장수요를 지탱하는 하나의 동력이 된다. 성숙기에 들어가면, 복지서비스에 대한 소비자의 지식도 마찬가지로 성숙된다. 그리하여, 복지서비스의 개념, 특징, 기능, 효용 등에 관하여 하나의 체계적인 지식이 소비자들 간에 공유된다. 아울러, 소비자의 복지서비스에 대한 니드(need)도 명확하게 정립된다. 소비자는 복지서비스를 이용하여 해결하려는 자기만의 문제를(즉, 얻고자 하는 효용을) 명확하게 인식하고 있다. 성숙기의 소비자는 막연히 이 문제도 해결해 볼까, 아니면 저 문제도 해결해 볼까 하는 식으로 복지서비스를 이용하지 않는다. 복지서비스에 대한 성숙된 지식을 갖고, 자기만의 특정 문제를 해결하는 데에는 딱 그 서비스의 이용이 최선이라는 판단을 하고 행동에 옮긴다.

복지기관의 입장에 따라, 성숙된 지식과 니드(need) 체계를 갖추고 있는 소비자는 교환의 상대방으로서 까다로운 존재일 수도 있고 아니면 쉬운 존재일 수도 있다. 왜냐하면, 원하는 것을 분명히 잘 알고, 동시에 그것을 평가할 지식이 있기 때문이다. 그 원하는 것에 정확히 부합하는 서비스 능력을 확보한 복지기관에게는 성숙된 소비자와 교환활동을 하는 것이 매우 쉬운 일이다. 소비자가 원하는 것을 제공하면, 소비자가 알아서 선택하기 때문이다. 그러나 충분한 서비스 능력을 확보하지 못한 채, 소비자가 원하는 것에 미치지 못하는 서비스로서 어떻게 하든 교환을 성사시켜 보려는 복지기관에게 성숙된 소비자와의 교환활동은 매우 어려운 일이다. 일회성으로 여러 설득적 방책을 사용하여 잠시 교환을 성사시킬 수는 있겠지만, 결국 그 교환을 지속적으로 영위해 갈 수 없다.

따라서, 원하는 것도 명확하고, 복지서비스에 대한 지식도 높은 소비자에게 원하는 것을 제공하지 못하는 복지기관은 성숙기의 경쟁에서 뒤처지게 된다. 그러나 성숙기에 들어오면, 해당 유형의 복지서비스를 만들고 제공하는 기술은 이미 주요 경쟁자들 간에 공유된다. 이 공유된 기술도 아주 발전된 것이어서, 주요 경쟁자들은 다같이 높은 품질의 서비스를 제공한다. 이론적으로 꼭 그래야 할 이유는 없지만, 현상적으로 그런 결과가 많이 나타난다. 시간이 흐름에 따라 혁신적 기술은 확산되기 때문이다. 따라서, 성장기까지는 각 경쟁자가 자신만의 차별적 복지서비스를 만들어내지만, 성숙기로 들어가면 경쟁자들 간에 제품은 표준화된다. 이 표준화된 제품은 이전까지 모든 경쟁자들이 보여 준 차별점들 중 우수한 것들은 모두 갖추고 있기 마련이다. 그런 면에서, 성숙기의 제품은 경쟁자들 간에 상향 평준화된 것이다.

예를 들어, 원격상담 시장의 성장기에 있어서, 한 복지기관의 차별점은 공감적 대면상담 서비스가 추가적으로 제공되는 것이고, 다른 복지기관의 차별점은 원격상담 IT 도구의 선제적 유지보수가 추가적으로 제공되는 것일 수 있다. 성숙기에 접어들면, 이 두 차별점들은 그 두 복지기관의 원격상담 제품에 공통적으로 모두 포함된다. 그리하여 성숙기에 그 두 복지기관이 공급하는 원격상담 제품은 서로 유사해진다. 이 유사한 두 제품은 모든 장점을 두루 갖춘 최고 수준의 것이다. 그리하여 원격상담시장의 성숙기에서 그 두 경쟁자들 간에는 제품표준화가 나타난다.

모든 주요 경쟁자들이 최고 수준의 유사한 복지서비스를 제공하기 때문에, 소비자는 그들 중 어떤 복지기관의 서비스를 이용하더라도 마찬가지의 결과를 얻는다. 원격상담 서비스의 예에서, 한 소비자는 상담을 통해 사회적 연대감의 결핍이라는 문제를 해결하는 데 초점을 두지만, 다른 한 소비자는 자아정체성의 결핍이라는 문제를 해결하고자 할 수 있다. 그런데 이 두 소비자는 어떤 복지기관의 서비스를 이용하더라도 다 같은 수준으로 자신의 문제를 해결할 수 있다. 왜냐하면 각 복지기관의 서비스들은 모두 서로 유사하기 때문이다.

성숙기에 각 복지기관이 내놓는 서비스는 품질, 기능, 문제해결 면에서 사실상 동일한 것이므로, 경쟁은 원칙적으로 가격경쟁의 모습을 갖게 된다. 더 낮은 가격으로 복지서비스를 제공하는 것이 효과적인 경쟁 방법이다. 가령, 같은 가격에 더 많은 횟수의 원격상담 서비스를 제공하는 복지기관은 경쟁에서 유리하다. 가격경쟁력이 없으면, 시장성장이 둔화되는 성숙기의 특성상 시장에서 퇴출되기 마련이다. 가격경쟁에서 이기려면 서비스 원가에서 우위를 가져야 한다. 원가적 우위를 갖지 못하는 복지기관은 시장이 성숙함에 따라 퇴출된다. 결국, 가격경쟁을 할 수 있는 제한된 소수의 복지기관들만이 시장에 남아 독점적 힘을 발휘하게 된다. 이런 독점적 힘의 결과로, 그 소수의 경쟁자들은 높은 시장점유를 확보하고, 낮은 서비스 원가에 비해 높은 가격을 유지하여 많은 이윤을 얻게 된다.

이런 면에서, 시장에 남은 소수의 경쟁자들에게는 성숙기가 오래 갈수록 유리하다. 그렇지만, 시간의 문제이지 성숙기는 **쇠퇴기**로 이어지기 마련이다. 시장이 쇠퇴기로 접어드는 이유는 크게 두 가지 관점에서 찾아볼 수 있다. 먼저, 어떤 복지서비스로서 해결하는 문제가 더 이상 소비자들 간에 존재하지 않으면 그것에 대한 수요도 사라진다. 이렇게 수요가 사라지기 시작하면 그 복지서비스는 쇠퇴기에 들어간다. 그러나 이것은 단순히 논리적인 사고일 수도 있다. 소비자가 해결하고자 하는 문제는 쉽게 사라지지 않기 때문이다. 기아 문제, 건강이나 안전상의 문제, 혼자 살아서 외로운 문제, 남보다 뒤처져서 겪는 스트레스 문제, 자기 정체성을 찾지 못해 방황하는 문제 등과 같은 것들은 복지소비자들의 현실에서 없어지지 않는다. 따라서 그런 문제들이 없어져서 더 이상 관련 복지서비스들에 대한 수요가 없어졌다고 이야기하는 것은 현실적이지 못하다.

두 번째 관점으로, 어떤 한 유형의 복지서비스가 다른 유형의 복지서비스나 또는 복지서비스가 아닌 제3의 재화나 서비스로 대체될 때, 그 복지서비스에 쇠퇴기가 도래한다. 앞에서 서술된 바와 같이, 혁신적 원격상담 서비스가 새롭게 출시되면 그것은 기존의 대면상담 서비스에 대한 수요를 끌어들여, 그 원격상담 시장은 도입기, 성장기로 나아가지만 기존의 대면상담 시장은 성숙기, 쇠퇴기로 접어든다. 이렇게 다른 문제해결의 수단에 의해 대체되어 기존 복지서비스의 시장이 쇠퇴기로 들어서는 것은 현실적으로 많이 볼 수 있는 현상이다.

소비자의 문제를 해결할 다른 새로운 혁신적 대안이 나타나서 시장이 쇠퇴기에 들어가면, 선도적 성향을 지닌 소비자일수록 더 일찍 그 새로운 대안을 수용한다. 따라서 기존 복지서비스의 시장이 얼마나 빨리 쇠퇴하는지는 그런 선도적 소비자들의 손에 달려 있다. 선도적 소비자가 신속히 새로운 대안을 수용하며, 비선도적 소비자의 모방적 수용을 크게 자극하면 기존 시장의 쇠퇴는 가속화될 수 있다.

쇠퇴기를 맞은 서비스로 사업을 지속하려는 복지기관은 새로운 혁신적 서비스를 수용하는 데 소극적인 소비자들에게 마케팅 노력을 집중해야 한다. 이 노력은 크게 두 가지 방향으로 진행될 수 있다. 먼저, 성숙기를 거쳐 낮아진 원가와 가격을 이용하여 소비자들이 새로운 혁신적 서비스로 전환하지 않도록 한다. 가령, 가격대비 문제해결 능력을 비교시켜서 기존 대안이 새로운 혁신적 대안보다 가성비 측면에서 우월하다는 것을 설득시킨다. 또는 단순히 기존 대안의 가격적 우위를 강조할 수도 있다. 다음으로, 기능이나 품질 면에서 기존 대안은 검증된 것임에 반해 새로운 혁신적 대안은 불확실성이 큰 것임을 강조한다.

쇠퇴기의 경쟁은 상당히 오래 지속될 수 있다. 이러한 경쟁에서 살아남는 방법들 중 하나는, 복지서비스의 품질이나 기능보다 문제해결 능력에 맞추어 소비자를 설득하는 것이다. 앞에서도 서술하였지만, 성숙기를 거쳐 쇠퇴기에 들어오면 복지서비스의 품질과 기능은 경쟁자들 간에 별 차이가 없게 된다. 그리하여 품질이나 기능과 같은 서비스적 특징이 경쟁자보다 우월하다고 강조하는 마케팅은 효과적이지 않다. 이런 상황에서, 복지기관이 할 수 있는 최선의 선택은 문제해결 중심적(즉, 효용 중심적) 표적마케팅이다. 소비자들이 복지서비스를 갖고 해결하고자 하는 문제들을 잘 분석하여, 그 문제들의 성격에 따라 시장세분화, 표적시장 선택, 포지셔닝을 구현하는 것이다.

예를 들어, 재활치료 서비스에서 정서적 문제해결은 기능적 문제해결 못지않게 매우 중요하다. 정서적 문제해결에 있어서도, 어떤 소비자에게는 활력감의 상실이라는 문제해결이 매우 중요하지만, 다른 어떤 소비자에게는 안정감의 상실이라는 문제해결이 중요할 수가 있다. 재활치료 서비스 중에 음악을 들려주어도, 각 소비자의 정서적 문제에 맞추어 음악을 선택해야 한다. 소비자에 따라서, 활력감을 불어넣어 주는 음악을 들려줄 수도 있고, 아니면 안정감을 가져다주는 음악을 들려줄 수 있다. 이상과 같이 문제해결 측면에서 서로 다른 소비자들은 각자 다른 세분시장에 놓여진다. 문제해결 중심적 표적마케팅이란 세분시장들 중 하나를 표적으로 선택하여 표적시장이 원하는 문제해결에 집중을 하는 것이다.

다른 문제를 해결하려다 보면 다른 서비스를 제공해야 하겠지만, 같은 서비스라도 얼마든지 다른 문제를 해결할 수 있다. 독거노인을 대상으로 한 가사도움 서비스는 집안 정리나 청결과 같은 기능적 문제도 해결해 주지만, 사회적 고립감의 문제를 해결해 주기도 한다. 다 똑같은 가사도움 서비스를 제공하는 복지기관들 중에서도, 어떤 복지기관은 기능적 문제해결에 더 집중할 수 있고, 다른 어떤 복지기관은 사회적 고립감의 문제해결에 더 집중할 수 있다. 가령, 같은 가사도우미를 현장에 배치하더라도, 시간과 노력을 기능적 문제해결에 더 쏟을 수도 있고, 아니면 사회적 고립감의 해소에 더 쏟을 수도 있다.

문제해결 중심적 마케팅들에는 가격경쟁적 마케팅도 포함이 된다. 만약 표적시장이 '효율성' 구현이라는 문제를 강조하면, 가격의 낮음을 복지소비자에게 인식시켜야 한다. 시장에는 복지서비스의 품질과 상관없이 낮은 비용만을 지불하고자 하는 소비자도 있다. 이런 소비자에게 가장 중요한 문제는 품질을 희생하면서라도 금전적, 시간적 또는 노력적 효율성을 확보하는 것일 수가 있다.[2]

이상에서, 쇠퇴기의 시장경쟁 전략에 대해 간단히 살펴보았다. 그러나 쇠퇴기에 임하는 복지기관이 가장 먼저 생각해 볼 수 있는 전략은 다른 경쟁자보다 일찍 시장에서 철수하는 것이다. 다음으로 생각해 볼 수 있는 것은, 과거 오랫동안 투자하여 쌓아 온 자산을 활용하여, 조업을 효율화하고, 이 결과로 상당한 이익을 오랫동안 누리는 전략이다. 이런 전략의 하나로서 대표적인 것은, 문제해결 중심적으로 표적시장을 찾고, 그 표적시장을 가꾸며 조업을 이어 가는 것이다. 〈도표 7-2〉는 이제껏 서술한 제품수명주기를 간단하게 요약하여 보여 준다.

---

2) Holbrook, Morris. B. (1999), *Consumer Value: A Framework for Analysis and Research*, London: Routledge.

	도입기	성장기	성숙기	쇠퇴기
시장 흐름	기존 제품을 대체할 혁신적 신제품의 도입	혁신적 신제품의 확산	혁신적 신제품의 일반화, 기존 제품화	또 다른 혁신적 신제품의 등장, 기존 제품 대체
소비자의 제품에 대한 지식	소비자의 제품 인지도, 이해도가 낮음	소비자의 제품 인지도 증가, 제품 이해도의 상이성	소비자의 제품 인지도가 높음, 제품 이해도의 동질성	
소비자의 제품에 대한 니드 (Need)	니드가 개발되어 있지 않고, 불명확함	니드가 개발되어 가고, 다양함	니드가 명확히 정립되어 있고, 동질적임	
경쟁	소수의 경쟁자들이 표준화된 제품품질로 경쟁	다수의 경쟁자들이 차별화된 제품품질로 경쟁 (비제로섬 품질경쟁)	다수의 경쟁자들이 표준화된 제품품질로 경쟁 (제로섬 가격경쟁)	소수의 경쟁자들이 표준화된 제품품질로 경쟁 (독점적 경쟁)

7 3 복지서비스 포트폴리오(Portfolio) 구성

복지기관은 여러 유형의 서비스들을 운영하기 마련이다. 가령, 가족복지나 지역사회보호와 같은 유형의 서비스들을 운영하고, 다시 각 유형 안에서 좀 더 구체적으로 여러 하위유형의 서비스들을 운영한다. 하나의 예로, 가족복지라는 유형 안에 가족기능보완이나 부양가족지원 등과 같은 여러 하위유형의 서비스들이 운영될 수 있다. 더 나아가, 부양가족지원이라는 하위유형의 서비스 안에서 치매노인가족지원, 장애

아동 부모상담 등과 같은 여러 내용의 세부적 서비스들이 운영될 수 있다.

어떤 한 시점에서, 복지기관이 운영하는 모든 서비스들을 살펴보면, 그중에는 현재의 시점에서 복지기관에게 효용을 가져다주는 것과 그렇지 못하는 것들이 있다. 또는 미래에 효용을 가져다줄 수 있는 것도 있고, 그렇지 못한 것도 있다. 어떤 서비스는 전망이 좋아서 더 투자가 이루어져야 하지만, 어떤 다른 것은 그럴 필요가 없는 것일 수도 있다. 이런 점들을 두루 고려하여 복지기관은 현재나 미래에 유지, 축소 또는 확대해야 할 서비스들을 선택해야 한다. 이렇게 선택된 서비스들의 집합을 서비스 **포트폴리오(portfolio)**라고 지칭한다.[3]

포트폴리오에 포함되는 서비스들은 1개 또는 그 이상의 서비스라인(service line)들로 분류된다. 예를 들어, 지역사회보호 서비스는 정서지원 서비스, 일시보호 서비스, 급식 서비스 등과 같이 세분화될 수 있다. 이렇게 세분화된 각 서비스를 하나의 라인(line)으로 분류할 수 있다. 물론 그렇게 세분화된 서비스는 더욱 세분화될 수 있고, 더욱 세분화된 각 서비스를 하나의 서비스라인으로 설정할 수 있다. 반면, 위와 같이 세분화된 서비스들을 모두 하나로 묶어 지역사회보호 서비스라는 하나의 포괄적 서비스라인을 설정할 수도 있다.

6장의 〈도표 6-1〉은 포괄적 수준에서 정부나 지자체가 생각하고 있는 복지서비스 라인들을 예시적으로 보여 주고 있다. 그러한 포괄적 복지서비스 라인들에 따라 정부나 지자체는 더 구체적으로 복지서비스들을 규정하고, 이런 구체적 규정에 따라 복지정책을 시행하고 있다. 따라서 복지기관도 정부나 지자체가 규정한 복지서비스 라인에 맞추어 복지서비스를 개발, 운영할 수 있다. 이 경우에, 복지기관은 관(官)을 대상으로 한 업무에서 효율성을 제고할 수 있다. 특히, 서비스 사업의 성과에 대해 평가를 받고, 예산을 배정받을 때에 여러 이점들이 있을 것이다. 그러나 서비스라인의 설정과 그 포트폴리오의 구성에는 소비자의 입장이나 경쟁자의 움직임 또는 복지기관의 역량과 같은 여러 다른 요인들도 고려되어야 한다.

서비스라인을 설정하는 하나의 상식적 방법은 표적시장이 추구하는 효용에 따르

---

3) Wind, Y., and V. Mahajan (1981), "Designing product and business portfolios," *Harvard Business Review*, 59 (1), pp. 155-165.

는 것이다. 표적시장은 소비자가 추구하는 문제해결에(즉, 효용에) 따라 결정될 수 있다. 가령, 포괄적으로는 정서 안정이 필요한 독거노인으로 표적시장을 정의할 수 있지만, 더 구체적으로는 남과의 유대감을 갈구하는 독거노인으로 표적시장을 정의할 수 있다. 그러면 표적시장에 맞추어 정서 안정이나 사회적 유대감을 느끼게 해 줄 수 있는 복지서비스들을 모아서 하나의 서비스라인을 구축할 수 있다. 반면, 서비스 공급의 효율성을 염두에 두면서 서비스라인을 규정할 수도 있다. 가령, 급식 서비스는 여러 문제해결에 다 필요하다. 독거노인의 생활지원에도 필요하고, 장애인 쉼터 제공에도 필요하며, 노숙인 보호에도 필요하다. 이런 경우에, 각 문제해결 서비스마다 급식을 관장하게 하는 것보다 모든 경우의 급식들을 하나로 묶어 통합적으로 관장하는 것이 더 효율적일 수 있다. 이런 효율성 때문에 급식 서비스를 하나의 서비스라인으로 규정할 수도 있다.

하나의 복지서비스 라인은 여러 가지의 세분서비스들로 구성될 수 있다. 일상생활지원 서비스라는 하나의 서비스라인에는 가사, 목욕, 이미용, 심부름, 차량지원, 주거환경 개선, 보장구 대여의 7가지 세분서비스들이 포함될 수 있다. 이 경우, 서비스라인의 길이(length)는 7개라고 정의된다. 그러나 만약 주거환경 개선이라는 세분서비스와 가사라는 세분서비스를 병합한다면 서비스라인에는 7가지 대신 6가지의 세분서비스가 있게 된다. 서비스라인의 길이를 7개로 할 것인지, 아니면 6개로 할 것인지는 복지기관이 처한 환경과 전략에 따라 달라진다. 주거환경 개선이 주로 주거지 유지보수, 위생작업, 청소 등에 국한된다면 주거환경 개선과 가사라는 두 세분서비스를 병합해도 무방할 것이다. 그러나 주거환경 개선에 공동체 작업, 이웃 간 소통 등과 관련된 여러 전문적 노력이 포함된다면 그것은 가사와 별도의 서비스로 정의되는 것이 좋을지도 모른다.

가사라는 세분서비스는 청소, 세탁, 취사, 장보기의 네 가지 항목들로 구성될 수 있다. 그러나 장보기를 가사보다는 심부름의 항목에 포함시킬 수도 있다. 그렇게 하는 편이 서비스 제공의 효율성을 높일 수 있거나 아니면 소비자의 욕구에 더 맞을 수도 있기 때문이다. 이 경우에, 가사 서비스는 3가지의 항목들로 구성된다.

가사가 청소, 세탁, 취사, 장보기의 네 가지 항목들로 구성되어 있고, 각 항목의 서비스는 두 가지 수준으로 제공된다고 생각해 보자. 두 가지 수준이란, 가령, 청소 서비스를 많이 해 주거나, 적게 해 주는 것을 뜻할 수 있다. 또는 청소의 성격과 범위를 질적으로 다르게 하여, 두 종류의 청소 서비스 제공을 의미할 수도 있다. 그러면 모두 16종류(2×2×2×2)의 가사 서비스를 생각해 볼 수 있다. 즉, 복지기관은 최대 16종류의 가사 서비스를 소비자에게 내놓을 수 있다. 그러나 현실적으로 이 16종류 모두를 소비자에게 제공해 주는 복지기관은 별로 없을 것이다. 보통은 그 16종류 중 몇 가지만 제공하는 데 그칠 것이다.

가사라는 세분서비스의 종류가 많을수록 그 서비스의 깊이(depth)는 더 커진다. 더 나아가, 서비스라인의 깊이는 서비스라인 내에 포함된 각 세분서비스의 깊이를 평균한 수치이다. 가령, 가사가 4종류, 세탁이 2종류, 취사가 3종류, 장보기가 3종류라면 일상생활지원 서비스라는 서비스라인의 깊이는 3[(4+2+3+3)÷4]이다.

복지서비스 포트폴리오(portfolio)는 한 개 또는 그 이상의 서비스라인들로 구성된다. 더 많은 서비스라인들로 포트폴리오가 구성될 때, 포트폴리오의 넓이(width)은 그만큼 커진다. 포트폴리오의 길이(length)는 서비스라인들의 길이를 평균한 수치이다. 포트폴리오의 깊이(depth)는 서비스라인들의 깊이를 평균한 수치이다.

복지기관은 포트폴리오의 넓이, 길이, 깊이를 늘 평가하여 최적의 것을 유지하여야 한다. 최적이 아닌 경우, 복지기관이 공급하는 서비스의 종류, 숫자, 수준이나 규모가 모자라거나 넘쳐서 소비자의 문제해결이 실현되지 않거나, 설사 실현되더라도 그 실현 비용이 높아져 복지기관에 부담이 될 수 있다. 쓸데없는 것을 많이 갖고 있거나 필요한 것이 없기 때문이다.

7 4 복지서비스 포트폴리오의 평가

　최적의 복지서비스 포트폴리오를 확보함으로써, 복지기관은 소비자의 문제를 효율적으로 해결해 주고, 사업성과를 극대화한다. 따라서 복지기관은 지속적으로 기존의 포트폴리오를 평가하고 그것을 최적화하도록 노력해야 한다. 이하에서는 복지서비스의 포트폴리오를 평가하고, 최적화하는 방법에 대해 알아보기로 한다.

　복지서비스 포트폴리오를 평가하기 위해서는, 먼저 그 평가의 기준을 계량적으로 수립해야 한다. 가령, 고객자산, 매출, 이익, 금전적 자산, 브랜드자산, 차별적 서비스 능력 등과 관련해 그런 기준을 계량적으로 수립해야 한다. 이와 같이 수립된 기준에서 성과를 극대화하는 포트폴리오는 최적의 것으로 평가된다.

　일반적으로 사용하는 계량적 평가기준의 하나로 현금흐름(cash flow)을 들 수 있다. 그러면, 현금흐름에 따라 복지서비스 포트폴리오를 평가하는 방법을 하나 살펴보기로 한다.[4] 이 방법에서 분석의 단위는 서비스라인이 될 수도 있고, 아니면 서비스라인을 구성하는 세분서비스가 될 수도 있다. 앞에서 언급된 일상생활지원 서비스라는 서비스라인이 분석의 단위가 될 수도 있다. 또는 일상생활지원 서비스를 구성하는 세분서비스들로서 가사, 목욕, 이미용, 심부름, 차량지원이 있다면, 그것들 각각이 분석의 단위가 될 수도 있다.

　그런데, 복지서비스 포트폴리오의 평가에서, 분석의 단위는 전략적으로 독립된 사업주체가 되어야 한다. 전략적으로 독립된 사업주체란, 복지기관 내에서 자원을 할당받아 독립적으로 사업전략을 수립하고, 집행하는 주체이다. 복지사업의 특성을 고려할 때, 서비스라인을 운영하는 사업단위는 전략적으로 독립된 주체가 될 수 있지만, 서비스라인에 포함된 각 세분서비스를 운영하는 사업단위는 전략적으로 독립된 주체가 되기 어렵다. 그리하여, 일상생활지원 서비스와 같이 서비스라인을 하나의 분석의 단위로 삼는 것이 합리적이고 현실적일 수 있다.

---

4) Morrison, Alan and Robin Wensley (1991), "Boxing up or Boxed in?: A Short History of the Boston Consulting Group Share/ Growth Matrix," *Journal of Marketing Management*, 7 (2), pp. 105-129.

다음으로, 복지서비스 포트폴리오를 구성하는 각 서비스라인의 사업에 있어서, 현금흐름에 영향을 미치는 요인들을 파악한다. 이 요인들은 크게 두 가지로 살펴볼 수 있다. 하나는 서비스라인의 사업이 영위되는 시장의 성장이다. **시장성장**이란 시장의 총 수요가 얼마나 늘어나는지를 의미한다. 다른 하나는 서비스라인의 사업이 영위되는 시장에서, 경쟁자 대비 **상대적 시장점유**이다. 가령, 일상생활지원 서비스 사업의 시장에서 A, B, C의 3개 복지기관들이 조업을 하고, 서비스를 제공받는 복지소비자의 총 숫자 중(또는 총 수요 중) 60%는 A가, 30%는 B가, 10%는 C가 차지하고 있다고 하자. 그러면, A, B, C 각각의 절대적 시장점유는 60%, 30%, 10%이다. 이때, A에게 B는 절대적 시장점유가 가장 큰 경쟁자이고, B 대비 A의 상대적 시장점유는 2(60%÷30%)이다. 그리고 B나 C에게 절대적 시장점유가 가장 큰 경쟁자는 A이고, A 대비 B와 C의 상대적 시장점유는 각각 1/2과 1/6이다. 이렇듯이 상대적 시장점유는 경쟁자들 중 절대적 시장점유가 가장 큰 자와 비교하여 산정될 수 있다.

상대적 시장점유가 높은 복지기관은 다른 복지기관보다 고객을(또는, 수요를) 효율적으로 많이 확보할 수 있다. 또한 복지서비스를 1단위 생산하는 데 드는 평균비용도 낮다. 소위 경험곡선효과(experience curve effects)를 누리기 때문이다.[5] 따라서 상대적 시장점유가 높을수록 복지서비스 제공을 통해 유입되는 현금은 그 제공을 위해 사용하는 현금보다 상대적으로 늘어나고, 궁극적으로 복지기관의 긍정적(+) 현금흐름은 극대화된다.

시장성장이 높다는 것은 시장에 소비자가(또는 소비량이) 빨리 늘어남을 의미한다. 만약 기존의 대면상담 서비스 시장에서 혁신적인 원격상담 서비스 시장으로 소비자들이 많이 이동한다면 그리고 대면상담의 불편함 때문에 상담을 받지 않던 사람들이 대거 원격상담을 이용하러 온다면, 원격상담 서비스 시장의 성장은 매우 높을 것이다. 시장성장이 높으면, 고객과 매출을 늘리기 쉽다. 시장에 신규 유입된 소비자들이 많아서, 그만큼 경쟁자가 기존에 확보한 고객과 매출을 빼앗아 오지 않아도 되기 때문이다. 그리하여, 고객이나 매출의 증대를 위해 적극적으로 투자하는 경쟁

---

5) Day, George S. and David B. Montgomery (1983), "Diagnosing the Experience Curve," *Journal of Marketing*, Vol. 47, No. 2 (Spring), pp. 44-58.

자와 그렇지 않은 경쟁자 간에 시장점유의 격차는 빠르게 벌어진다. 그렇게 투자에 적극적인 경쟁자는 빠르게 시장지배자의 위치를 점하는 반면, 그렇지 않은 경쟁자는 오래지 않아 낮은 시장점유조차도 유지하기 어렵게 된다.

한마디로, 시장성장이 높을 때, 고객과 매출의 유지나 증대에 적극적으로 투자를 해야 한다. 그러나 현실을 보면 그렇지 않은 경쟁자도 있다. 그런 적극적 투자에 위험을 느끼거나 다른 사업에 더 매력을 느끼기 때문이다. 높은 시장성장 속에서 비교적 쉽게 얻은 수익을 더 매력이 있고 덜 위험한 다른 사업에 투자하는 경쟁자도 있기 마련이다.

한편, 시장성장률이 낮으면, 경쟁자의 기존 고객이나 매출을 잠식해야 시장점유를 늘릴 수 있다. 이는 격렬한 제로섬(zero sum) 경쟁을 유발하고, 이 경쟁에서 이기기 위해서는 많은 투자가 필요하지만, 그에 비해 성과는 적다. 따라서 매출이나 고객을 적극적으로 증대하는 것이 어렵기도 하고 바람직하지도 않다. 시장성장률이 낮을수록, 시장점유의 확대를 위한 투자는 필요 없게 된다.

요컨대, 시장성장이 높으면 투자를 적극적으로 하여 시장점유를 유지하거나 높여야 한다. 그렇지 않으면, 시장점유는 빠르게 낮아지고, 이 결과로 경쟁력이 저하되어 고객 확보와 수익 창출에 더 많은 비용이 들어가게 된다. 즉, 경쟁자보다 비효율적으로 고객 확보를 하게 되고, 궁극적으로는 고객 확보의 어려움 때문에 시장에서 퇴출될 위기에 봉착한다. 한마디로, 시장성장률이 높을수록, 시장점유의 확대를 위한 투자는 더 이루어져야 한다. 이렇게 되면, 복지기관에 부정적(–) 현금흐름이 증가한다.

이상에서 서술한 내용에 따르면, 높은 상대적 시장점유와 낮은 시장성장률의 경우에, 해당 서비스의 사업은 복지기관에 현금의 유입(inflow)을 가져다준다. 높은 상대적 시장점유로 수익은 크지만 낮은 시장성장률로 시장확대를 위한 투자는 없기 때문이다. 반면, 낮은 상대적 시장점유와 높은 시장성장률의 경우에, 해당 서비스 사업은 복지기관에 현금의 유출(outflow)을 가져다준다. 낮은 상대적 시장점유로 수익은 작지만 시장확대를 위한 투자는 필요하기 때문이다. 만약 이 투자가 없다면, 해당 서비스의 사업은 궁극적으로 시장에서 퇴출될 위험에 봉착한다. 상대적 시장점유가 매우 낮아져 경쟁력을 상실하기 때문이다.

한편, 높은 상대적 시장점유와 높은 시장성장률의 경우나 낮은 상대적 시장점유와 낮은 시장성장률의 경우에, 해당 서비스의 사업은 복지기관의 현금축적에 의미 있는 변화를 가져다주지 않는다. 다만, 높은 상대적 시장점유와 높은 시장성장률의 경우에, 복지기관은 해당 서비스 사업에 매우 적극적인 투자를 할 수 있다. 높은 시장성장률을 이용하여 그 서비스 사업의 상대적 시장점유를 대대적으로 확충하고자 하는 의도 때문이다. 이렇게 되면 그 서비스 사업은 복지기관의 현금축적에 부정적인 영향을 줄 수 있다. 높은 상대적 시장점유로 벌어들이는 현금보다 훨씬 큰 현금이 시장점유의 확대에 소요되기 때문이다.

낮은 상대적 시장점유와 낮은 시장성장률의 경우에, 복지기관은 해당 서비스의 사업을 서서히 퇴출시키고자 할 수 있다. 그 서비스 사업의 경쟁력도 낮고 시장전망도 좋지 않기 때문이다. 그 퇴출 속에서 복지기관은 아무런 투자도 하지 않고, 오로지 조금이라도 창출되는 금전적, 비금전적 수익을 얻어 내기만 할 수 있다. 이때에 그 서비스 사업은 복지기관의 현금축적에 다소나마 기여할 수도 있다.

〈도표 7-3〉에서 수평축은 상대적 시장점유의 높고, 낮음을 나타낸다. 설명의 편의상 수평축의 왼쪽 부분은 상대적 시장점유의 높음을, 오른쪽 부분은 낮음을 나타낸다. 수직축에서 아래의 부분은 시장성장률의 낮음을, 위의 부분은 높음을 나타낸다. 그리하여 〈도표 7-3〉은 4개의 영역을 보여 주고 있다(영역 I, II, III, IV). 시장성장률과 상대적 시장점유의 높고, 낮음을 분별하는 기준은 시장의 특징과 복지기관이 처한 입장에 따라 달라질 수 있다. 그 기준을 결정하는 것은 현실적으로 쉽지만은 않을 것이다. 〈도표 7-3〉의 포트폴리오 매트릭스 평면 위에서, 각 서비스라인의 사업은 동그란 원으로, 해당 위치에 표시된다. 이때, 원의 크기는 그 서비스라인 사업의 매출에 비례한다. 만약 어떤 서비스라인의 매출 규모가 다른 어떤 것보다 두 배 크다면, 전자의 원의 면적은 후자의 것보다 두 배로 넓게 된다.

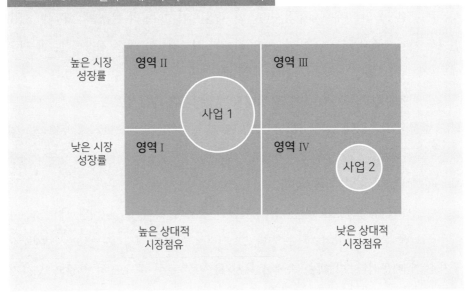

<도표 7-3> 포트폴리오 매트릭스(Portfolio Matrix)

〈도표 7-3〉의 영역 I에서(낮은 시장성장률, 높은 상대적 시장점유의 영역에서), 서비스라인의 사업은 높은 상대적 시장점유에 힘입어 많은 현금유입을 가져다준다. 동시에, 낮은 시장성장률에 따라, 고객이나 매출의 증대를 위한 적극적 투자가 필요 없기 때문에, 적은 현금유출을 초래한다. 그리하여 영역 I에 놓여 있는 서비스라인의 사업은 복지기관의 현금축적에 크게 기여한다. 그러나 시장점유의 방어나 증대에 별 노력을 하지 않고 현금유입만을 지나치게 취하다 보면, 점차 그 사업의 상대적 시장점유는 낮아진다. 그러다 시장성장률이 더 낮아지면, 그 사업은 영역 I에서 영역 IV로 이동하게 된다. 반면, 시장점유의 방어나 증대에 어느 정도 노력을 하면 그 사업은 영역 I에 남아서 복지기관의 현금축적에 지속적으로 기여한다.

영역 II에서(높은 시장성장률, 높은 상대적 시장점유의 영역에서), 서비스라인의 사업은 높은 상대적 시장점유에 힘입어 많은 현금유입을 가져다준다. 동시에, 높은 시장성장률을 지렛대로 삼아 고객과 매출을 늘리기 위해, 그 사업에 대한 투자도 적극적으로 이루어진다. 그리고, 이러한 투자로 많은 현금유출이 초래된다. 이때, 현금유출과 유입에 균형이 유지되거나 아니면 그래도 유입이 유출보다 클 수도 있다. 때로는 유출이 유입보다 훨씬 커서 복지기관의 현금흐름에 문제가 야기될 수도 있다.

서비스라인이 성숙기에 접어들어 시장성장률이 낮아지면, 영역 II에 있던 서비스라인의 사업은 영역 I로 이동하고, 앞에서 서술되었다시피, 복지기관의 현금축적에 기여한다. 물론, 복지기관의 전략적 선택에 따라서, 영역 II의 사업에 대한 투자가 적극적으로 이루어지지 않을 수 있다. 그러면 현금유출은 적으나, 시장점유는 낮아지게 된다. 이 경우에, 영역 II의 사업은 영역 III으로 이동한다. 이렇게 영역 III으로 이동한 사업은, 시장성장률이 낮아지는 성숙기에 영역 IV로 이동한다.

영역 III에서(높은 시장성장률, 낮은 상대적 시장점유의 영역에서), 서비스라인의 사업은 낮은 상대적 시장점유로 적은 현금유입을 가져다준다. 반면 높은 시장성장률로 인해 많은 현금유출을 초래한다. 따라서 복지기관의 현금축적에 부정적인 영향을 미친다. 이때, 복지기관은 적극적인 투자로 상대적 시장점유를 증대시켜, 그 사업을 영역 II로 이동시킬 수 있다. 이 경우에, 시장성장률이 낮은 성숙기가 도래하면, 그 사업은 영역 I로 이동하여 복지기관의 현금축적에 기여한다.

그러나 복지기관은 영역 III의 사업에 적극적으로 투자하지 않을 수도 있다. 그 투자로 인한 많은 현금유출에 부담을 느낄 수도 있고, 아니면 더 중요하게 여긴 다른 사업에 투자할 수도 있기 때문이다. 이 경우에, 시장성장률이 낮아지는 성숙기가 도래하면, 영역 III의 사업은 영역 IV로 이동한다.

영역 IV에서(낮은 시장성장률, 낮은 상대적 시장점유의 영역에서), 서비스라인의 사업은 현금유입도 많이 가져다주지 못하고, 현금유출도 크게 초래하지 않는다. 그 사업은 별로 벌지도 못하지만 투자할 필요도 없기 때문이다. 결국, 시장이 성숙기를 거쳐 쇠퇴기에 이르면 그 사업은 철수될 수 있다. 만약 그 사업으로부터 현금축적의 기회를 지속적으로 얻으려면, 사업 철수를 최대한 늦추어야 한다. 이를 위해서, 그 사업의 시장점유를 늘리기 위한 투자가 어느 정도 필요하다.

복지기관이 운영하는 모든 서비스라인들을 〈도표 7-3〉의 매트릭스 평면에 놓아 보았을 때, 그것들의 대부분이 영역 I에(낮은 시장성장률, 높은 상대적 시장점유의 영역에) 몰려 있다면, 복지기관은 높은 수준의 현금축적을 달성할 것이다. 그러나 이런 상황이 복지기관에게 마냥 바람직한 것은 아니다. 그 대부분의 서비스라인들은 시장성장률이 낮은 성숙기의 시장에 있기 때문이다. 오래지 않아 시장 쇠퇴기가 오면, 새로운 혁신적 서비스라인들이 그것들을 대체할 것이다.

이에 대비해, 복지기관은 미래성이 있는 혁신적 서비스라인을 찾아 적극적으로 투자해야 한다. 그리하여, 영역 II나 영역 III에도 여러 서비스라인들을 확보하고 있어야 한다. 투자를 통해, 이들의 상대적 시장점유를 높여, 언젠가 시장성장률이 낮은 성숙기가 도래하면 그것들을 영역 I에 위치하게 만들어야 한다. 그리고 큰 현금축적을 실현한다. 그렇다고 너무 많은 서비스라인들을 영역 II나 영역 III에 위치시키는 것도 문제가 될 수 있다. 당장의 막대한 투자로 현금유출이 지나치게 커지기 때문이다. 미래의 큰 성장을 추구하다가 현재의 안정에 문제가 생길 수 있는 것이다.

복지기관은 자 기관의 복지서비스 포트폴리오가 성장과 안정에 합목적인지를 분석하고, 이 분석의 결과를 서비스라인의 개발과 마케팅에 반영해야 한다. 이를 위해서, 다양한 관점으로 〈도표 7-3〉과 같은 포트폴리오 분석 방법들을 개발하고, 이 개발에 필요한 자료를 축적해야 한다. 그리고 포트폴리오 분석의 결과를 마케팅 의사결정에 전략적으로 일관성 있게 반영해야 한다.

CHAPTER 08

제품관리 Ⅲ
- 브랜드자산

지역사회와 연계한 다양한 행사를 점포 내에서 수행하는 것도 촉진활동의 효과적인 수단이 될 것이다. 고객자산이 축적됨에 따라 고객의 추천활동을 장려할 수 있는 여러 방법들을 강구하는 것은 필수적인 것이라고 판단된다. 과거와 같이 방송언론을 통한 홍보활동은 계속되어야 할 것이다. 다만, 과거와 달리, 단순히 인지도 제고를 넘어서 포지셔닝 개념을 공고히 할 수 있는 방송언론 홍보를 지향해야 할 것이다.

브랜드는 제품의 무형적 요소로서 소비자의 문제를 해결해 주는 수단이다. 동시에 브랜드는 제품을 알리고 이해시키며 구매를 설득하는 수단이 되기도 한다. 즉, 촉진의 수단으로도 이해할 수 있다. 그러나 재화나 서비스보다는 효용 중심적으로 마케팅을 바라보면, 제품의 요소로서 브랜드자산을 바라보는 것이 더 타당할지도 모른다. 이하에서는 자산으로서 브랜드의 개념, 역할 그리고 전략적 운용 등에 대해서 살펴보기로 한다.

8 1 브랜드자산의 정의

어떤 복지기관이나 서비스의 **브랜드**란 소비자가 그 복지기관이나 서비스에 대해 갖고 있는 지식이다.[1] 소비자는 이 지식을 갖고 복지기관이나 서비스를 식별하고 (identify), 동시에 그것을 다른 경쟁 복지기관이나 서비스와 구분한다(differentiate). '햇살론'은 사회복지 차원에서 서민대출 서비스로 출시되었다. 햇살론을 이용한 사람이거나, 이용하지는 않더라도 그것에 대해 보고 들은 사람은 햇살론의 내용과 특징 그리고 그것에 대한 느낌을 머릿속에 저장한다. 이 저장된 모든 것이 곧 사람들이 햇살론에 대해 갖고 있는 지식이다. 사람들은 누가 대출 서비스에 대해 이야기를 하면 이 지식에 기초해 그것이 햇살론인지 아닌지를 식별한다. 그리고 햇살론이 다른 대출 서비스와 어떻게 다른지도 구별한다.

브랜드를 확보한 복지기관은 그것을 활용하여 많은 금전적, 비금전적 가치를 얻는다. 서울장애인복지관은 1997년에 서울리포츠센터를 설립하여 우리나라 최초로 수중재활 및 통합수영 프로그램을 운영하기 시작했다. 서울리포츠센터는 일반인에게

---

1) Krishnan, H. Shanker (1996), "Characteristics of Memory Associations: A Consumer-Based Brand Equity Perspective," *International Journal of Research in Marketing*, Vol. 13, pp. 389-405.

생소하지만, 관련 장애인 공동체 내에서는 알려진 기관이다. 그 공동체 내의 많은 사람들이 서울리포츠센터의 서비스에 대해 매우 긍정적인 생각과 느낌을 갖고 있다. 따라서 서울리포츠센터에서 새로운 서비스 프로그램을 개발하면, 쉽게 참여자들을 모을 수 있다. 기존의 긍정적 생각과 느낌으로, 사람들은 새로운 프로그램의 품질을 쉽게 이해하고, 신뢰하기 때문이다.

서울리포츠센터는 장애인 공동체 내의 사람들에게 새로운 프로그램의 품질을 납득시키고자 많은 마케팅 비용을 지출하지 않아도 된다. 그리고 다른 유사 프로그램과의 경쟁에서도 이용자들을 상대적으로 용이하게 많이 확보할 수 있다. 이러한 비용 절감과 수익 증대는 바로 서울리포츠센터에 대해 사람들이 갖는 지식으로부터 (즉, 긍정적 생각과 느낌으로부터) 창출되는 가치이다. 그리하여 지식으로서 브랜드는 가치창출의 자산으로도 이해되어, 브랜드자산이라고 지칭된다.

영리적 영역에서, 브랜드자산의 의미를 단적으로 보여 주는 하나의 예로 코카콜라와 펩시 간의 비교를 들 수 있다.[2] 브랜드를 감추고 제품을 평가하는 것을 **블라인드 테스트**(blind test)라고 한다. 블라인드 테스트에서 펩시는 코카콜라보다 맛이 더 좋은 것으로 나타났다. 그러나 브랜드 이름과 로고를 보여 주고 코카콜라와 펩시를 비교한 테스트에서는 코카콜라의 맛이 펩시보다 더 나은 것으로 나타났다. 과거에 얻은 코카콜라에 대한 생각과 느낌이 그렇게 테스트 결과를 역전시킨 것이다. 이 역전은 사람들이 과거에 얻은 긍정적 생각과 느낌에 있어서, 코카콜라가 펩시보다 더 우월함을 의미한다. 테스트 결과가 역전된 만큼 코카콜라라는 브랜드는 가치를 창출한 것이다. 그 역전의 정도는 금전적으로 계산되어, 코카콜라의 브랜드자산이 갖고 있는 가치로 이해된다.

일반적으로 복지서비스 프로그램에는 여러 형상물들이 적용된다. 그 프로그램에 대해 이름을 짓기도 하고, 로고나 상징물를 만들어 쓰기도 하며, 캐릭터를 만들어 사용하기도 한다. 또는 음악적 요소를 만들어 적용하기도 한다. 이런 형상물들 각각

---

2) McWilliams, Jeremiah (2010), "Twenty-Five Years Since Coca-Cola's Big Blunder," *Atlanta Business News*, 26 April.

은 **브랜드 아이덴티티**(identity)라고 지칭된다.[3] 그리고 그 모든 형상물들의 총체를 브랜드라고 부르기도 한다. 이와 같은 형상물들로 인해 사람들이 해당 복지서비스를 식별하고 다른 복지서비스와 구분할 때, 그 형상물들의 총체는 하나의 브랜드로서 인정받을 수 있다. 그런 형상물들을 접하면 사람들은 머릿속에서 해당 복지서비스의 지식을 활성화한다. 그리고 이 지식 활성화에 의하여 해당 복지서비스를 식별하고 다른 것과 구분한다.

8 2 브랜드자산의 구성요소

복지서비스에 대한 지식은(즉, 생각하고 느끼는 것은) 인지적인(cognitive) 것, 감성적인(affective) 것, 행동적인(behavioral) 것으로 나누어 볼 수 있다. 인지적인 것이란, 복지서비스의 특징에 대한 정보를 처리하여 머릿속에 저장한 것이다. 예시적으로, 복지서비스의 제공주체, 구성요소, 효용, 이용의 편의성 등이 무엇이고 어떤지에 대해 생각한 것이다. 감성적인 것이란, 복지서비스나 그와 관련된 것에 대해 갖는 긍정적, 부정적 느낌을 의미한다. 예를 들어 따뜻함, 친근함, 부드러움, 역동감 등에서부터 혐오감, 역겨움, 불편감 등과 같은 것들을 열거할 수 있다. 행동적인 것이란 복지서비스와 관련하여 무엇인가 행동하고자 하는 성향을 의미한다. 가령, 복지서비스의 프로그램을 이용하고자 하는 의도 또는 그 프로그램을 주위에 알리거나, 추천하려는 의도 등이 그런 성향에 속한다. 같은 프로그램에 참여한 사람들끼리 하나의 공동체(community)를 구성하여 활동하려는 의도도 그런 행동적 성향에 포함된다.

위와 같이 지식으로서 브랜드를 인지, 감성, 행동적인 것으로 나누는 것은 소위

---

3) AMA(American Marketing Association) 정의

'**Hierarchy of Effects**' 모형에 따른 것이다.[4] 이 모형에서 출발하여, 특정 제품에 대한 지식으로서 브랜드자산은 다양하게 서술되어 왔다. 이런 서술 중 대표적인 것으로서, 〈도표 8-1〉에 제시된 Keller의 모형에 따른 것을 들 수 있다.[5] 이 모형에 따르면, 어떤 복지서비스에 대한 지식은 4단계의 피라미드 구조로 되어 있다.

그 모형에서, 피라미드의 제일 아래 단계는 '**Salience**'라고 지칭된다. 어떤 복지서비스가 'Salience'를 확보하고 있다고 함은, 소비자들이 그 복지서비스가 소속한 제품군(product category)에 대해 알고 있음을 의미한다. 가령, 'The March of Dimes'라는 미국의 복지서비스를 생각해 보자. 이 복지서비스는 건강하지 못하거나 장애를 지닌 영아를 도와주려는 제품군에 속한다. 'The March of Dimes'에 접했을 때, 사람들이 그것은 영아의 건강과 장애 문제를 해결하기 위한 제품군에 소속한다는 것을 알고 있다면, 그리고 동시에 그것과 유사한 것들을(즉, 같은 제품군에 소속하는 경쟁 복지서비스들을) 알고 있다면, 'The March of Dimes'는 사람들로부터 'Salience'를 확보하고 있는 것이다. 프라다라는 브랜드 이름을 접한 사람들은 그것이 명품 가방과 잡화라는 제품군에 속하고, 샤넬, 루이뷔통, 구찌 등과 같은 브랜드들과 경쟁한다고 생각한다. 이런 면에서 프라다는 'Salience'를 확보한 것이다.

---

4) Lavidge, Robert J., and Gary A. Steiner (1961), "A Model for Predictive Measurements of Advertising Effectiveness," *Journal of Marketing*, Vol. 25, Issue 6, Oct. pp. 59-62.

5) Keller, Kevin Lane (2001), "Building Customer-Based Brand Equity: A Blueprint for Creating Strong Brands," *Working Paper* No. 01-107, Marketing Science Institute.

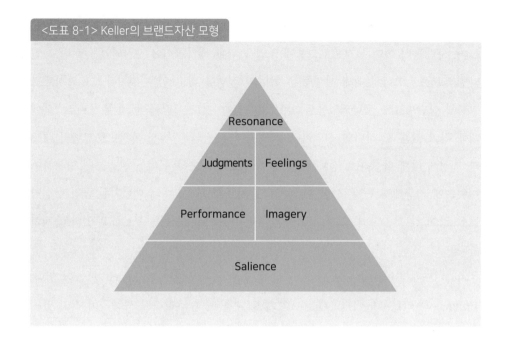

<도표 8-1> Keller의 브랜드자산 모형

(피라미드 도표 내용: Resonance / Judgments · Feelings / Performance · Imagery / Salience)

   'Salience'의 위에 있는 두 단계는 좌우로 나뉘어져 있다. 'The March of Dimes'의 경우에, 왼쪽은 그것의 내용과 특징에 대해 인지적으로 알고, 판단한 것을 반영하는 부분이고, 오른쪽은 그것에 대해 사람들이 감성적으로 느끼고, 반응한 것을 반영하는 부분이다. 'Salience' 바로 위의 왼쪽에 놓여 있는 **'Performance'**는 'The March of Dimes'라는 프로그램의 내용과 특징에 대해 사람들이 구체적으로 갖고 있는 신념(belief)들을 의미한다. "장애 영아를 치료하는 데 도움이 되는 의학적 연구를 후원하는 것"은 'The March of Dimes'의 주요 활동 내용 중의 하나이다. 'The March of Dimes'의 탄생에 프랭클린 루스벨트(Franklin Roosevelt) 대통령 부부가 큰 역할을 한 것은 그것의 주요 특징 중 하나이다. 'The March of Dimes'가 그런 의학적 연구에 후원을 한다고 사람들이 잘 알고 있다면, 그런 후원에 대한 사람들의 신념(belief)은 크다고 정의한다. 또한 'The March of Dimes'의 탄생에 루스벨트 대통령 부부의 역할이 컸음을 사람들이 잘 알고 있다면, 그런 대통령 부부의 역할에 대한 사람들의 신념은 크다고 정의한다.

일반적으로 사람들은 특정 공익 프로그램에 대해 여러 신념들을 갖고 있다. 예를 들어, 사람들이 어떤 복지프로그램에 노인을 위한 재가급식이 포함되었음을 알고 있다면, 그 프로그램에 대해 사람들은 하나의 신념을 갖고 있는 것이다. 그 복지프로그램에 상담치료도 포함되었음을 알고 있다면, 이것도 사람들이 그 복지프로그램에 대해 갖고 있는 또 하나의 신념이다. 이렇듯이, 사람들은 특정 복지프로그램의 내용과 특징에 대해 나름대로 정보를 얻고, 이 정보에 기초하여 여러 신념들을 형성하여 머릿속에 저장해 놓는다. 사람들이 어떤 복지프로그램에 대해 이런저런 긍정적 신념들을 많이 갖고 있다면, 그 프로그램은 높은 'Performance'를 확보하고 있다고 정의한다.

피라미드에서 'Performance'의 바로 옆 오른쪽 부분에는 '**Imagery**'가 놓여 있다. 'Imagery'는 'The March of Dimes'의 주요 내용과 특징에 대해 사람들이 갖고 있는 다양한 이미지(image)들을 의미한다. 이 이미지들은 여러 형태의 긍정적, 부정적 느낌을 수반한다. 가령, 사람들은 'The March of Dimes'에 의해 보호받고 있는 영아의 이미지를 머릿속에 저장할 수 있다. 그리고 이 보호받고 있는 영아의 이미지와 연결하여 어떤 안정된 느낌을 머릿속에 저장할 수 있다. 그러면, 영아의 이미지를 떠올릴 때, 사람들은 안정된 느낌을 같이 가질 수 있다. 사람들은 'The March of Dimes'와 관련하여 루스벨트 대통령 부부의 이미지를 머릿속에 저장하고 있을 수 있다. 그리고 이 이미지는 온화함이나 자상함과 같은 어떤 긍정적 느낌과 함께 머릿속에 저장될 수 있다. 'The March of Dimes'의 특징으로 연상되는 또 하나의 것은 사람들이 행진하는 모습이다. 이 행진에 대해 알고 있는 것은 'Performance'에 포함되는 하나의 신념이고, 행진 참가자나 행진 광경 등에서 느껴지는 긍정적 이미지는 'Imagery'에 관련된 것이다. 물론, 일반적으로 이미지들은 긍정적 느낌뿐만 아니라 부정적 느낌을 줄 수도 있다. 만약 'The March of Dimes'가 많은 긍정적 느낌의 이미지들을 사람들에게 심어 주었다면, 'The March of Dimes'라는 프로그램은 높은 'Imagery'를 확보하고 있다고 정의된다.

경쟁력이 있는 복지서비스가 되기 위해서는 신념과 이미지 면에서 차별적 우위를 가져야 한다. 여기서 차별적 우위이라 함은 경쟁 복지서비스가 확보하지 못한 신념과 이미지를 확보한다는 의미이다. 아울러 이 차별적 신념과 이미지는 복지소비자가 추구하는 효용을 창출하는 데 크게 기여한다는 의미이다. 'The March of Dimes'의 차별적 신념과 이미지는 소아마비에 걸린 루스벨트 대통령과 연관된 것이다. 이 차별적 신념과 이미지는 'The March of Dimes'에 참여하는 기부자가 얻고자 하는 효용을 창출하는 데 크게 기여할 수 있다. 가령, 기부자는 'The March of Dimes'와 교환을 하면서(즉, 기부도 하고 행사에 참여하면서) 미국인으로서 자존감을 느끼고자 할 수 있다. 루스벨트 대통령과 관련된 신념과 이미지는 그런 자존감을 느끼게 하는 데 기여할 수 있다.

'Performance' 위의 단계는 **'Judgments'**이다. 'Judgments'는 우리말로 '전반적인 평가'라고 번역될 수 있다. 사람들은 여러 인지적 신념들과 감성적 이미지들에 기초하여 나름대로 전반적인 평가를 할 수 있다. 1981년 개원 이후, 신림복지관은(1997년에 신림종합사회복지관으로 전환) "가난한 이들에게 의술보다는 인술을"이라는 캐치프레이즈 하에 무료 진료사업을 적극 추진해 왔다. 그 결과로 신림복지관의 무료 진료 서비스와 관련하여 지역주민들은 많은 신념들을 머릿속에 저장할 수 있었다. 진료의 신속성과 효과성, 응대의 친절성, 편안한 휴게 공간, 깨끗한 진료 장소 등의 여러 진료 서비스의 특징들에 대해 신념을 가질 수 있었다. 아울러 신림복지관은 지역주민들의 마음속에 많은 긍정적 이미지들을 심어 주었다. 친절한 의사의 모습, 성의를 다하는 진료 모습, 지역사회에 봉사활동을 하는 직원들의 모습 등 여러 긍정적 이미지들이 지역사회의 사람들 마음속에 각인될 수 있었다.

이상의 모든 신념들과 이미지들에 기초하여 지역사회 주민들은 여러 'Judgments'를 마음속에 가질 수 있었다. 예를 들어, 지역사회 주민들은 그 신념과 이미지들 중에서 진료 서비스에 관한 것들을 염두에 두어, 신림복지관은 높은 품질의 진료 서비스를 제공한다는 전반적인 평가를 내릴 수 있다. 그리고 이런 전반적인 평가를 머릿속에 넣어 저장할 수 있다. 또는 모든 신념이나 이미지들을 종합하여 신림복지관이 믿을만한 곳이라고 평가하고 이런 평가를 마음속에 담아 둘 수 있다. 그 밖에도 신념이나 이미지들의 일부나 전부에 기초하여 신림복지관은 복지관들 중에서는 매우 특별한 곳이라고 전반적인 평가를 할 수 있다. 더 나아가, 필요할 경우 우선적으로 이용하고 싶은 복지관이라고 전반적인 평가를 할 수도 있다.

'Imagery' 바로 위에는 **'Feelings'**라고 지칭되는 단계가 제시되어 있다. 'Feelings'는 전반적으로 느끼는 감성으로 번역될 수 있다. 'Judgments'와 마찬가지로 'Feelings'도 아래 단계의 신념들과 이미지들에 기초한다. 따뜻함, 재미, 흥분감, 안전감(security), 사회적 인정감(social approval), 자존감(self-respect) 등이 'Feelings'의 예이다. 사람들은 이러한 'Feelings'를 마음속에 담아 두고 있다. 그리하여 관련 대상에 대한 단서(cues)에 자극을 받으면 그런 'Feelings'를 그대로 느끼거나 표출한다. 신림복지관의 경우에, 지역사회 주민들은 신념들이나 이미지들에 기초하여 여러 유형의 'Feelings'를 마음속에 담아 둘 수 있다. 가령, 직원들의 환대나 성실한 진료와 관련된 여러 신념이나 이미지들에 따라, 따뜻함과 편안함이라는 'Feelings'를 마음속에 담아 둘 수 있다. 또는 그 밖의 이런저런 신념과 이미지들에 따라 안전감이나 자존감과 같은 전반적인 감성을 마음에 담아 둘 수도 있다.

피라미드의 맨 위에 있는 **'Resonance'**는 사람들이 복지기관이나 서비스에 대해 어떤 관계를 맺고 무슨 행동할 것인지를 마음속에 작정한 것이다. 한마디로 관계적 행동성향을 의미한다. 'Resonance'는 그 아래 세 단계의 모든 내용에 기초한다. 가장 약한 'Resonance'는 충성적 행동성향이라고 번역될 수 있는 **'Behavioral Loyalty'**이다. 특정 브랜드의 재화나 서비스를 경쟁자보다 더 반복해서 구매하면, 그 브랜드에 대한 'Behavioral Loyalty'는 높다고 판단한다. 신림복지관 무료 진료 서비스의 경우에, 지역주민들이 같은 조건 내에서 다른 기관의 유, 무료 진료 서비스보다 신림복지관의 것을 더 반복해서 자주 이용한다면, 신림복지관의 진료 서비스에 대해 지역주민들이 갖고 있는 'Behavioral Loyalty'는 높다고 판단할 수 있다.

애착이라고 번역될 수 있는 **'Attachment'**는 'Behavioral Loyalty'보다 더 강한 관계적 행동성향이다. 일반적으로 사람들이 어떤 대상에 대해 자부심(pride)이나, 사랑(love)과 결부된 행동성향을 보여 주면, 그것에 대한 'Attachment'가 높다고 판단할 수 있다. 지역주민들은 신림복지관의 무료 진료 서비스에 대해 자부심이나 사랑을 담아 남에게 칭찬을 할 수 있다. 또는 남이 그 서비스에 대해 부정적으로 말할 때 적극적으로 그렇지 않다고 대응할 수도 있다. 이때 신림복지관에 대한 지역주민들의

'Attachment'는 높다고 판단한다.

어떤 새로 전입한 지역주민이 신림복지관의 무료 진료 서비스에서 불쾌한 일을 당했고, 그리하여 그 서비스를 오래 이용한 지역주민에게 그 서비스를 비난을 했다고 생각해 보자. 이때 비난을 들은 주민은 그 서비스와 신림복지관을 적극 변호할 수도 있다. 가령, 직원이 실수를 했을 것이라거나 아니면 새로 들어온 직원이라서 몰라서 그랬을 것이라거나 또는 갑자기 너무 환자들이 많아서 그랬을 것이라는 식으로 열심히 변호할 수 있다. 그리고 신림복지관의 서비스는 대체적으로 정말 좋다고 강조할 수 있다. 이렇게 성의를 다하여 변호하는 그 지역주민은 신림복지관과 그 서비스에 대해 'Attachment'를 갖고 있는 것이다.

'Sense of Community'는 'Attachment'보다 훨씬 더 강력한 관계적 행동성향이다. 이것은 공동체적 연대감이라고 번역될 수 있는데, 해당 복지기관이나 서비스를 이용하는 사람들은 모두 같은 공동체에 속한다고 생각하고 공동체의 유지와 강화를 위해 기꺼이 어떤 행동들을 하는 성향이다. 신림복지관의 무료 진료 서비스의 경우에, 그 서비스를 경험한 사람들은 자신들이 하나의 공동체에 속했다고 생각하여 자신들끼리 소통할 수 있는 채널을 개발하고, 자신들만의 사회문화적 활동을 영위해 나아갈 수 있다. 이런 활동의 주요 내용과 목적은 공동체의 결속과 발전이다. 그리하여, 진료 서비스를 더 효과적으로 받을 수 있게 하기 위하여, 서로 정보를 교환하거나 교통편의와 같은 것을 서로 제공할 수 있다. 또는 자신들이 받은 치료 서비스의 경험을 공유하여, 서로 위안을 주고 격려를 할 수 있다. 또는 신림복지관을 중심으로 공동체 의식을 고양할 수 있는 행사들을 개최할 수도 있다. 'Sense of Community'는 무료 진료 서비스를 놓고 신림복지관과 이용자 간의 관계뿐만 아니라 이용자와 이용자 간의 관계를 만들어 가겠다는 공동체적 결속의 성향이다.

가장 강력한 형태의 관계적 행동성향은 **'Active Engagement'**이다. 이는 적극적 결속행동 정도로 번역될 수 있다. 'Active Engagement'는 소비자가 복지서비스의 제공주체와 파트너 의식을 갖고 그 주체와 자신 모두를 위해 무언가 적극적인 행동을 취하는 성향이다. 이런 행동의 전형적인 예로 추천(recommendation) 활동을 들 수 있다. 신림복지관의 경우에, 'Active Engagement'를 가진 소비자는 다른 소비자에게 그 무료 진료 서비스의 이용을 적극적으로 추천할 수 있다. 이것 이외에도 다양한 활동이 있을 수 있다. 무료 진료 서비스 사업에 도움이 되는 정보를 신림복지관에 제공해 주는 것이나, 그 무료 진료 서비스의 효율적 진행을 위해 자원봉사 활동을 하는 것은 모두 'Active Engagement'의 예들이다. 강한 'Active Engagement' 성향을 가진 고객을 많이 확보한 복지기관은 큰 고객자산을 갖고 있다고 판단할 수 있다.

8 3 브랜드의 기능

앞에서, 지식으로서 브랜드는 해당 복지서비스를 식별, 구분하게 해 준다고 서술하였다. 이는 현상적으로 발견되는 브랜드의 수많은 기능을 간결하게 정의한 것이다. 먼저 식별과 구분의 현상에 대한 쉬운 예를 들어 보기로 한다.

신림복지관의 무료 진료 서비스 프로그램은 진료 환경의 쾌적함과 진료진의 친절함으로 지역주민들에게 널리 알려져 있다고 가정하자. 또한 인근의 어떤 다른 기관에서도 무료 진료 서비스 프로그램을 운영하고 있다고 가정하자. 그리고 이 다른 기관의 프로그램은 그런 쾌적함과 친절함에서 부족하지만, 많은 종류의 의료 서비스를 제공하는 것으로 지역주민들에게 널리 알려졌다고 가정하자.

이런 가정된 상황에서, 지역주민들에게 진료 환경의 쾌적함과 의료진의 친절함으로 뛰어난 무료 진료 서비스 프로그램을 꼽으라고 하면, 그들은 신림복지관의 프로그램을 댈 것이다. 반면, 많은 종류의 의료 서비스를 제공하는 곳을 말하라고 하면, 신림복지관의 프로그램보다는 그 다른 기관의 것을 말할 것이다. 이 경우에, 지역주민들은 그 두 프로그램들 각각에 대해 지식을 갖고 있다. 지역주민들은 각 지식에 따라 그 두 프로그램들을 식별하고 구분한다. 각 지식은 곧 각 프로그램이 확보한 브랜드자산이다.

또한, 지식으로서 브랜드자산은 복지서비스의 특징을 사람들에게 확증시켜 (assure) 주는 기능도 한다.[6] 이 확증의 기능 때문에 브랜드는 복지마케팅의 수행을 용이하게 해 준다. 먼저 이 확증의 기능이 무엇인지 하나의 예로서 이해하여 보기로 한다.

월계종합사회복지관은 2002년 아름다운 이웃 사업을 시작하여 성공적으로 안착하였고, 2008년에 이 사업을 서울시로 이관하였다.[7] 이 사업은 월계종합사회복지관 관내의 어려운 주민과 이 주민에게 필요한 것을 무료로 제공하는 기부자를 연결하는 것이었다. 즉, 아름다운 이웃을 특징지어 주는 주요 속성 중 하나는 주민 간의 상호 나눔이었다. 사업이 전개되면서 지역주민들은 자신들의 머릿속에 아름다운 이웃과 관련하여 상호 나눔에 대한 많은 신념과 이미지들을 쌓아 둘 수 있었다. 신념들의 예로서, 지역사회 빈민의 삶에 도움이 된다는 것이나, 지역사회 주민들 간의 소통을 긴밀하게 해 준다는 것이나, 아름다운 이웃에 참가하는 기부자는 지역사회의 발전에 공헌한다는 것 등을 들 수 있다. 이미지의 예로서, 아픈 지역사회 빈민을 치료해 주는 이웃 의사의 따뜻한 모습이나, 이웃 빈민에게 쌀을 기부하러 가는 마트 사장님의 훈훈한 모습이나, 빈민 할머니의 머리를 무료로 다듬어 주는 이웃 미장원 원장님의 아름다운 모습 등을 들 수 있다.

아름다운 이웃이 위에서 서술한 신념이나 이미지들에 기초하여 지역주민으로부터 확보한 브랜드는 여러 확증적 기능을 하여 아름다운 이웃의 마케팅에 도움을 준다. 가령, 아름다운 이웃에 참여함으로써, 기부자는 지역사회와 함께하는 연대감을 느끼고 싶어 할 수 있다. 위에 서술된 바와 같이 브랜드를 확보한 아름다운 이웃에 참여하면, 기부자는 그런 연대감을 스스로 확증하고 남에게도 확증할 수 있다.

그러나 혼자서 개인 기부활동을 하거나 아름다운 이웃과 같은 브랜드가 없는 프로그램에 참여하여 기부활동을 한다면, 상대적으로 그런 연대감을 쉽게 확증할 수 없다. 대신에, 기부활동을 통해 그런 지역사회와의 연대감을 제대로 느낄 수 있는지

---

6) Klein, B. and K. B. Leffler (1981), "The Role of Market Forces in Assuring Contractual Performance," *Journal of Political Economy*, Vol. 89, No. 4, pp. 615-641.

7) 서울시복지재단 (2010), **브랜드마케팅하기**, pp. 126-142.

에 대한 의구심과 회의만을 갖게 될 수도 있다. 때로, 사람들은 사회에서 의미 있는 역할을 수행하는 집단에 소속하여 자신의 정체성을 찾으려는 경향이 있다. 아름다운 이웃은 그런 신념과 이미지들을 확보함으로써, 그렇게 집단을 통한 정체성의 확증이라는 사람들의 욕구를 실현시켜 줄 수 있다. 그리고 그들로부터 후한 기부와 봉사를 제공받을 수 있다.

확증의 기능은 또 다른 차원에서 아름다운 이웃의 마케팅에 도움을 줄 수 있다. 예를 들어, 월계종합사회복지관이 아름다운 이웃이라는 브랜드 이름이나 로고를 사용하며 장애인 대상의 정서지원 서비스 프로그램을 하나 새롭게 시작했다고 하자. 이 프로그램에 아름다운 이웃이라는 브랜드가 접목됨으로써 지역주민들은 그 프로그램이 아름다운 이웃과 같은 신념이나 이미지들을 토대로 운영되는 것이라고 기대하게 된다. 가령, 그 새로운 정서지원 프로그램에도 나눔과 소통 또는 지역공동체와 관련된 긍정적 신념과 이미지들을 투영한다.

그리하여 만약 그 장애인 프로그램이 아름다운 이웃의 신념과 이미지들에 부합하는 방향으로 운용되어 나아간다면, 사람들에게 별다른 설명 없이 프로그램을 이해시키고 이용자들을 늘려 갈 수 있다. 그리고 기부와 자원봉사도 쉽게 확보할 수 있다. 한마디로, 잘 수립된 기존 브랜드가 있다면, 이 브랜드를 통해 새로운 프로그램을 효율적으로 시장에 정착시킬 수 있다. 이는 브랜드가 갖는 확증의 기능 때문이다.

확증의 기능 때문에, 복지기관이 노력을 하지 않더라도 브랜드는 저절로 강화될 수도 있다. 지역사회 주민들은 아름다운 이웃이 매우 신뢰할 수 있는 사회복지 프로그램이라고 생각하였다. 앞에서 서술된 Keller의 브랜드자산 모형에 따르면, 신뢰성은 아름다운 이웃이 확보한 'Judgments' 중의 하나이다. 이 신뢰성이라는 'Judgments'는 나눔, 소통, 공동체 연대 등과 관련된 여러 신념과 이미지들에 기초하여 형성된다. 그런데 사람은 자신의 생각과 느낌을 지키려는 경향을 갖고 있다. 그리하여 아름다운 이웃에 강력한 신뢰성을 부여하고 있는 지역 주민들도, 그런 신뢰의 마음을 지키고자 하는 경향이 있다.

아름다운 이웃에는 많은 사람들이 참여하고 복잡한 일들이 얽혀 있다. 그리하여 부정적인 사건들이 발생하지 않을 수 없다. 기부자가 형편상 어쩔 수 없이 약속대로 기부하지 못하거나, 아니면 복지기관의 직원이 실수를 하여 무언가 제대로 알려 주지 못하거나 전달하지 못하는 사건들이 발생할 수 있다. 이런 부정적 사건들은 아름다운 이웃의 신뢰성에 해가 된다.

그러나 아름다운 이웃을 신뢰하는 자신의 기존 입장을 지키고자, 지역주민들은 그런 부정적인 사건들을 무시하거나 아니면 아름다운 이웃에게 유리한 방향으로 해석할 수 있다. "그런 경우라면 누구라도 어쩔 수 없어."라든지 "그 정도의 실수는 일을 하다 보면 있을 수 있어."라는 식으로 부정적 사건들을 대수롭지 않게 넘기고 오히려 복지기관을 변호할 수 있다. 따라서 부정적 사건들은 기존의 신뢰성을 깨지 못하게 된다. 오히려, 부정적 사건들은 기존의 신뢰하는 마음을 강화시킬 수 있다. 부정적 사건을 그렇게 무시하고 해석하는 과정에서 아름다운 이웃의 신뢰성을 다시 한번 변함없이 확인하기 때문이다. 이런 확인이 반복될수록 그런 기존의 생각과 판단은 강화된다.

이상에서 제시된 것들 이외에도 현상적으로 많은 브랜드의 기능들이 존재한다. 그러나 현상적으로 보이는 수많은 기능들은 모두 식별과 구분 그리고 확증이라는 말들로 정리될 수 있다. 브랜드 가치는 이상에서 서술한 바와 같이 복지프로그램의 식별과 구분 그리고 확증을 도와주는 데 있다. 그리하여 복지소비자에게는 정보탐색 비용을 덜어 주고 복지기관에게는 마케팅 비용을 덜어 주는 데 있다. 즉, 교환을 성사, 진행시키기 위한 일종의 거래비용을 줄여 주는 데 있다.

8 4 브랜드자산의 관리

소비자의 지식으로서 브랜드는 복지기관의 사업개발과 마케팅에 많은 유·무형의 도움을 준다. 이 도움을 금전으로 환산한다면 막대한 규모가 될 수 있다. 따라서 복지기관은 브랜드를 가치창출의 자산으로서 인식하고, 체계적으로 관리해야 한다. 브랜드자산의 체계적 관리는 두 가지로 나누어질 수 있다. 첫째, 브랜드를 개발하는 것이다. 둘째, 개발된 브랜드를 전략적으로 운영하는 것이다. 브랜드의 전략적 운영은 브랜드의 수정과 강화 그리고 확장으로 이해할 수 있다.

먼저, 브랜드의 개발은 포지셔닝 결정에서 시작된다. 제2장에서 언급된 바와 같이 포지셔닝은 표적시장의 소비자들에게 효용을 충족시켜 줄 차별적 능력을 납득시키는 것이다. 또는 그 납득시킨 결과를 지칭하기도 한다.

설명을 위해, 가족복지사업 중 치매노인가족지원 서비스를 생각해 보기로 한다. 경쟁 서비스들의 포지셔닝은 크게 두 가지 기준으로 평가된다. 하나는 치매노인가족지원이라는 범주에 속하는 데 필요한 요소이다. 가족 구성원에 대한 상담이나 여가지원이 그런 필요 요소에 해당될 수 있다. 그런 요소를 갖추지 못한 복지서비스는 소비자에게 치매노인가족지원 서비스로 인정을 받지 못해, 시장에서 소비자에게 선택받을 수 없다. 즉, 시장경쟁에 참여할 수 없다. 따라서 서비스의 포지셔닝을 결정할 때 복지기관은 우선적으로 서비스가 어떤 범주에 속할 것인지를 결정하고, 그 범주에 속하기 위해 필요한 요소는 무엇인지 결정해야 한다.

이렇게 어떤 범주에 속하는 데 필요한 요소들만을 갖추었다고 포지셔닝이 완성되는 것은 아니다. 그런 필요 요소들과 함께, 각 경쟁 서비스는 소비자가 다른 것들과 구분할 수 있는 차별적 우위의 요소를 갖추어야 한다. 가령, 한 경쟁 서비스는 다른 것들보다 응급상황적 조치를 더 다양하고 신속하게 제공할 수 있다. 이는 곧 그 경쟁 서비스가 갖고 있는 차별적 우위의 요소이다. 포지셔닝이 최종적으로 완성되려면 이런 차별적 우위의 요소도 확보되어야 한다.

어떤 범주의 소속에 필요한 요소들과 차별적 요소들이(즉, 포지셔닝 요소들이) 결정되면, 이 요소들은 제품, 가격, 촉진, 유통으로 구성된 **마케팅믹스(marketing mix)** 활동을 통해 전달된다. 그리고 소비자는 이러한 마케팅믹스 활동을 접하면서 포지셔닝 요소들에 대해 학습을 한다. 가령, 소비자는 서비스를 직접 경험하거나, 서비스에 관한 정보를 얻어 포지셔닝 요소들에 대해 학습을 한다. 또는 서비스를 이용하기 위해 복지기관의 인력이나 시설과 접촉하면서 포지셔닝 요소들을 학습한다. 이러한 모든 학습의 결과로 소비자는 포지셔닝에 대한 지식을 확보한다. 즉, 브랜드가 수립되는 것이다.

전략적 브랜드 운용의 첫 번째 일은 수립된 브랜드를 시장 상황에 따라 수정하거나 강화하는 것이다. 포지셔닝 요소들 중 약한 것을 강화시킬 수 있고 또는 새로운 포지셔닝 요소를 추가할 수도 있다. 이를 위해 브랜드는 정기적으로 측정, 평가되어야 한다. 소비자와의 공감성을 서비스의 차별적 요소로 강조하였지만, 덕분에 너무 많은 소비자들이 몰려 바쁘게 응대하다 보니 공감성이 떨어질 수 있다. 만약 정기적으로 시행된 브랜드의 측정, 평가에서 공감성의 인식이 나빠진 것으로 나왔다면, 공감성을 강화시킬 수 있는 마케팅믹스 활동을 수행해야 한다. 서비스 인력을 더 배치하거나, 서비스 프로그램에 공감성을 체험할 수 있는 기회를 늘리는 것이 그 예이다.

시장 환경이 변화하면 포지셔닝도 수정해야 한다. 기능적 문제를 잘 해결해 주는 방향으로 포지셔닝을 구축한 복지서비스가 심리적 문제를 잘 해결하는 포지셔닝으로 전환해야 하는 경우가 있다. 노숙자 급식을 통해 이러한 포지셔닝 전환을 여러모로 생각해 보기로 한다.

기부나 지원을 받아서 노숙자에게 숙소를 제공하는 것도 하나의 복지서비스이다. 이러한 복지서비스의 제공에 대해, 노숙자가 금전적으로 지불하는 가격은 없다. 그러나 숙소를 얻기 위해 노숙자가 지불하는 노력과 시간 그리고 심리적 불편함은 어느 정도 있기 마련이다. 이러한 노력, 시간, 불편함은 하룻밤의 잠자리를 얻기 위한 비용에 해당한다. 현실적인 관점이나 사회적 교환의 패러다임에서 볼 때, 그러한 비금전적 비용은 노숙자가 하룻밤의 잠자리에 대해 지불하는 가격이다.

때로는 이 가격이 아주 높아서, 어떤 노숙자는 하룻밤의 잠자리를 포기할 수도 있다. 만약 그 가격이 적당히 높으면, 잠자리는 포기하지 않지만 잠자리 서비스에 대한 불만족은 높아질 것이다. 반대로 그 가격이 낮으면, 잠자리를 찾는 노숙자들로 숙소는 북적일 것이다. 그런데, 많은 노숙자들이 숙소 제공을 거부하고 노숙을 택한다. 이에 대한 주요 이유들 중 하나는 심리적 불편함과 관련이 있다. 물리적이나 기능적으로 숙소가 좋아도 심리적 불편함이 크기 때문에, 숙소 제공을 거부하는 것이다. 노숙자라 하더라도 심리적 불편함이 참지 못할 정도로 커지면, 물리적으로 편안한 잠자리보다는 심리적인 편안함을 택하는 것이다.

시대 상황이 변하여, 노숙자들은 물리적 편안함에 못지않게 심리적 편안함도 중요하게 여긴다. 따라서 잠자리 서비스의 포지셔닝도 그에 맞추어 수정되어야 한다. 복지기관은 노숙자의 심리적 불편함이 무엇인지 심도 있게 구체적으로 분석하여, 포지셔닝을 수정하고 이에 맞추어 마케팅믹스 활동을 수행해야 한다.

예를 들어, 더 청결한 환경을 제공하려고 노력했는데 노숙자는 그만큼 청결한 환경을 원하지 않을 수 있다. 대신에, 자유로움과 관계적 느낌을 더 원할 수 있다. 즉, 딱딱한 잠자리 서비스보다는 부드러운 잠자리 서비스를 원할 수 있다. 이 경우에 복지기관은 포지셔닝을 딱딱함 대신에 부드러움으로 수정해야 한다. 그리하여, 물리적으로 청결하고 편안한 잠자리를 조성하는 데 집중하는 것보다는, 노숙자들이 자유로움을 느끼며 세상과 소통할 수 있는 환경을 만드는 데 힘써야 한다.

만약, 이렇게 포지셔닝을 수정하지 않는다면, 노숙자는 심리적 불편으로 인해 높아진 가격을 지불하지 않으려 할 것이다. 대신에, 자유가 보장되며 세상을 바라볼 수 있는 길거리에서 잠을 청할 것이다. 숙소에 잠자리를 구하러 오는 노숙자들의 숫자가 줄어들면, 잠자리 제공에 필요한 예산을 지원해 주는 기부자나 기관도 지원에 소극적일 것이다. 이런 문제를 겪는 복지기관의 잠자리 서비스는 시장에서 퇴출될 수 있다.

브랜드자산의 개발, 강화, 수정은 포지셔닝을 확보하고 관리하는 것이다. 특정 복지서비스의 포지셔닝은 필요적 요소와 차별적 요소들로 구성된다. 필요적 요소란 특정 복지서비스가 하나의 범주에 소속되는 데 필수적으로 갖추어야 할 요소이다. 이 요소를 갖추어야 특정 복지서비스는 시장경쟁에 참여할 수 있다. 차별적 요소란, 경쟁에서 특정 복지서비스에게 차별적 우위를 가져다주는 요소이다. 이러한 모든 포지셔닝 요소들은 제품, 가격, 촉진, 유통으로 대변되는 마케팅믹스의 활동을 통해 복지소비자에게 전달된다.

따라서, 마케팅믹스의 활동은 브랜드 포지셔닝의 관리에 맞추어 이루어져야 한다. 당장의 사업기회를 얻겠다고, 기존의 포지셔닝과 지나치게 다른 복지서비스를 소비자에게 제공하면, 소비자는 그 서비스를 이해하고, 수용하기 어렵다. 포지셔닝을 통해 소비자가 기대한 것과 마케팅믹스의 활동을 통해 소비자가 경험한 것이 다르기 때문이다. 더욱이, 소비자가 브랜드 포지셔닝과 상이한 복지서비스를 이해하고 수용하면, 소비자는 그 포지셔닝에 대해 회의를 갖게 된다. 브랜드에 대해 소비자가 갖고 있던 기존의 생각과 느낌이 약화되는 것이다.

이하에서는, 브랜드자산의 관리에 대한 하나의 사례를 간단히 살펴보기로 한다. 특히, 교환활동으로서 포지셔닝과 마케팅믹스의 의의와 역할을 중심으로 사례를 전개해 본다.

8 5 브랜드마케팅 사례
- 늘푸른복지관의 그라나다카페

1. 배경

강서구 가양동에 위치한 늘푸른복지관의 식당 공간에서 출발한 그라나다카페[8]는 전적으로 복지관의 자기 부담과 기부로 2007년에 문을 열었다. 일반적으로 유사 카페 시설이 기능보강 사업비의 지원으로 문을 연 것과 대조된다. 그라나다카페는 1999년 개관한 늘푸른복지관이 전문가 중심의 전인재활 사업을 지역밀착형 사업으로 전환하면서 문을 열었다. 그리하여 지적장애인에게 능력개발과 근로의 기회를 주어, 그들이 사회와 소통하며 건강한 삶을 영위할 수 있도록 도와주는 데 그 목적을 두었다.

그라나다카페의 사례가 주는 가장 큰 교훈은 공익을 구현하면서도 상업적으로도 성공을 거두어 왔다는 것이다. 그라나다카페는 지원금 없이 출범하여, 카페 사업의 수익으로 성장하였고, 동시에 지적장애인의 직업교육, 능력개발, 사회와의 소통이라

---

8) 서울시복지재단 (2010), **브랜드마케팅하기**, pp. 44-63.

는 공익적 목적을 잘 구현해 왔다. 시장 조사를 해 보면, 카페 이용자가 그라나다카페를 찾는 주요 이유는 맛, 접근성, 가격, 서비스와 같은 카페의 기본적 속성에 있었다. 편안함, 소박함, 슬로우라이프(slow life)의 느낌 등이 카페의 장점으로 인식되었다. 이용자 분포를 보더라도, 복지관 내부 관련자보다는 외부의 지역사회 주민이 이용자의 주류를 이루었다.

이런 상업적 성공의 이면에는 그라나다카페의 입지조건이 한몫을 하였다. 산책길 옆에 위치한 그라나다카페의 주변에는 구암공원, 허준박물관 등과 같이 찾아볼 명소도 있었고, 사람들이 모여드는 교회나 성당도 있었다. 이런 요소들 덕택에 지역사회 주민들이 그라나다카페를 많이 이용하였다. 이런 성공적 결과로 인해 그라나다카페는 방송언론의 주목을 받았고, 이로 인해 많은 홍보효과를 얻었다. 동시에 그런 방송언론의 주목을 계기로, 사업 구성원들의 단합과 자발적 참여를 통해 사업을 질적, 양적으로 개선하였다. 한편, 지역사회의 기업들로부터도 자발적인 기부와 후원이 들어와 카페 운영에 많은 도움이 되었다.

위에서 서술된 입지조건과 함께 그라나다카페의 상업적 성공을 이끈 원동력은 공익적 목적에 초점을 둔 충실한 카페 운영이다. 카페의 서비스 창출과 전달은 전적으로 지적장애인에 의해 담당되었다. 대다수의 장애인 사업들과 달리, 애초에 외부 지원 없이 독자적으로 출범한 그라나다카페에는 자립적 정신이 팽배하였다. 자립적 정신은 곧 위기의식으로 이어지고 그에 따라 구성원들 모두 카페운영에 전력투구하였다. 자립정신 이외에도, 카페설립 목적에 충실한 운영도 카페의 상업적 성공에 일조하였다. 그 설립목적의 한가운데에는 지적장애인의 능력개발과 근로기회 제공이 있다. 그리하여 카페운영의 최우선 순위는 지적장애인에 대한 서비스교육과 카페 이용자와 지적장애인 간의 교감에 두어졌다. 이 두 가지의 제고에 카페운영의 많은 시간과 노력이 투자되었다. 이런 투자로 그라나다카페에는 이용자와 지적장애의 서비스 종업원 간에 긍정적 소통문화가 자리잡게 되었다. 이 소통문화의 축적은 다른 사례에서 찾아보기 힘든 아주 값진 모습이다.

그라나다카페는 2008년 서울시복지재단의 컨설팅을 받으며, 브랜드마케팅에 대해 체계적으로 접근하기 시작하였다. 그동안의 성공적 성과를 정리하여 체계적인 브랜드마케팅 전략을 수립하는 과제가 그라나다카페의 현실이 되었다. 이하에서는 그라나다카페의 브랜드마케팅에 관한 주요 문제와 대안들을 살펴보기로 한다.

2. 교환의 이해: 시장과 경쟁자

그라나다카페와 이용자 간에 교환되는 재화와 효용은 〈도표 8-2〉와 같이 정리될 수 있다. 그라나다카페는 단순히 맛있는 커피와 질 높은 서비스를 제공하는 것에 그치지 않고 여러 상징적 효용을 이용자에게 제공한다. 이에 대한 대가로 이용자도 단순히 커피 대금만 지불하는 것이 아니라, 그라나다카페 측이 공익 실현을 위해 필요한 여러 유·무형의 재화를 제공한다. 그러나 그라나다카페의 사례를 모금마케팅의 경우로 이해해 볼 수도 있다. 즉, 그라나다카페는 기부자에게 모금마케팅을 전개하여, 모금에 응한 기부자로부터 〈도표 8-2〉에 제시된 것들을 제공받는다. 기부의 대가로 기부자는 〈도표 8-2〉에 제시된 것들을 그라나다카페로부터 제공받는다. 그라나다카페 사례를 카페마케팅으로 이해할지 아니면 모금마케팅으로 이해할지는 담당자의 선택에 달려 있다. 물론 이 선택은 그라나다카페를 운영하여 도달하려는 사업목표에 달려 있을 것이다.

그라나다카페가 원하는 것을 제공하려는 사람들이 그라나다카페의 표적시장을 구성할 것이다. 그 사람들은 지적장애인과 소통할 의사와 능력이 있어야 한다. 더 나아가, 소통을 통해 지적장애인의 능력개발을 도와줄 수 있어야 한다. 가령, 지적장애인들의 서투른 서비스나 특이한 행동을 포용하여 주어서, 그들이 일을 할 수 있는 기회를 만들어 줄 수 있어야 한다. 이렇게 도와주고 기회를 만들어 주는 것은 그라나다카페의 이용을 방해하는 요소가 아니라 그라나다카페에 지불해야 하는 가격이다. 동시에 표적 이용자는 그라나다카페가 제공하는 것을 원하는 사람이어야 한다. 공정무역을 통해 들어오는 커피와 소박하고 편하며 슬로우라이프(slow life)적 분위기의 서비스를 즐기는 사람만이 그라나다카페의 표적 이용자가 될 수 있다. 더 나아가 표적 이용자는 그런 커피와 서비스를 체험하며 사회적, 신분적, 자아실현적 효용을 추구하는 사람이어야 한다. 이런 표적 이용자는 사실상 만족시키기 매우 까다로운 사람이다. 그러나 그라나다카페는 성공적으로 그런 사람을 고객으로 유치하였고,

이런 성공 덕택에 상업적으로나 공익적으로 유의미한 성과를 얻었다. 이런 성과달성의 이면에는 잠재고객이었던 지역주민과의 파트너십도 있었을 것으로 추측된다.

<도표 8-2> 교환의 재화와 효용

	그라나다카페 → 이용자	이용자 → 그라나다카페
유·무형의 재화	- 맛있는 커피 - 긍정적 서비스와 분위기, 신뢰	- 금전 - 장애인의 사회적 소통기회 제공 　✓장애인 서비스 수용 　✓장애인 인식 개선과 공감 - 고객자산, 브랜드자산 　✓충성심, 애착감 등
효용	- 효율성 - 착한 소비에 따른 자존감 　✓ 공정무역 체험 　✓ 장애인 현장 체험	- 효율성 - 복지기관으로서 정체성

그라나다카페의 시장은 지역주민이고, 이 시장 내에서 위와 같이 서술된 교환을 꾀하는 집단이 표적시장이다. 아주 좁은 시각에서, 그라나다카페의 경쟁자는 좋은 분위기에서 맛있는 커피를 팔며 이용자의 자존감도 높여 줄 수 있는 지역의 카페들이라고 볼 수 있다. 그러나 아주 넓은 시각에서는, 그라나다카페의 표적 이용자가 원하는 효용을 제공하는 곳이면 누구라도 그라나다카페의 경쟁자가 될 수 있다. 이렇게 좁은 시각과 넓은 시각을 유지하며 경쟁자가 누구인지를 결정하는 것은 매우 중요하다. 이 결정에 따라 시장의 크기가 결정되고 누구하고 경쟁할 것인지도 알 수 있기 때문이다.

3. 브랜드자산과 포지셔닝

지역주민이라는 잠재시장을 대상으로 그라나다카페가 축적한 브랜드자산을

Keller의 모형에 따라서 살펴보면, 먼저 그라나다카페는 높은 'Salience'를 확보한 것으로 판단된다. '공익+카페'의 개념에서 높은 인지도를 얻고 있다. 'Performance' 측면에서 편의성, 맛, 분위기, 서비스 등과 관련하여 여러 신념들을 확보하고 있다. 'Imagery' 측면에서 자존감, 공감, 소통 등의 여러 긍정적 이미지들을 확보하고 있다. 'Judgments' 측면에서 신뢰, 품질과 관련하여 여러 긍정적 평가를 확보하고 있다. 'Feelings' 측면에서, 따뜻함, 편안함, 안정감 등의 여러 감성적 반응을 자아내고 있다. 특히, 이러한 그라나다카페의 'Judgments'와 'Feelings'는 그라나다카페의 모기관인 성요한수도회의 사명인 '환대(Hospitality)'와도 밀접히 관련되어 있다. 마지막으로, 'Resonance' 측면에서, 카페에 대한 충성적 행동이나 애착, 공동체 의식 그리고 카페를 위한 활동(추천과 같은) 성향을 확보하고 있다.

성공적인 카페운영으로 그라나다카페는 지역사회에서 많은 브랜드자산을 축적했다. 그러나 이 브랜드자산의 축적은 애초에 전략적으로 계획된 것이 아니었다. 브랜드전략이 부재한 상태에서, 전략적이기보다는 운영적인 성공을 거둬 얻어 낸 것이다. 그리하여 축적된 브랜드자산 가운데에는 그라나다카페의 미래와 부합되지 않는 것들도 있다. 또한 미래를 위해 필요한 것들이 없기도 하다. 그리하여, 그라나다카페는 전략적으로 그렇게 축적된 브랜드자산을 수정, 강화해야 하고, 차후의 마케팅도 이런 수정, 강화에 초점을 맞추어 수행되어야 한다.

과거 그라나다카페가 교환활동을 통해 수립한 포지셔닝은 공익, 소통, 맛으로 집약될 수 있다. 공익이라 함은 장애인재활, 공정무역 그리고 착한 가격과 관련이 있고, 소통은 장애인 종업원과 이용자 간의 소통과 지역사회 구성원 간의 소통을 포괄한다. 맛은 커피와 분위기를 의미한다. 구체적인 포지셔닝 개념들을 모두 포괄하는 총체적인 포지셔닝 개념은 성요한수도회의 '환대 정신'으로 이해할 수 있다. 미래를 위한 그라나다카페의 포지셔닝은 당연히 위와 같이 과거에 얻었던 포지셔닝의 연장선상에 있을 것이다. 브랜드마케팅을 통해, 사람들에게 공익, 소통, 맛이라는 삼박자를 계속 강조하며, 브랜드자산을 축적해 나아가는 것이다. 물론 이 축적과정에서 매출도 확보되고 고객자산도 증가할 것이다.

4. 논의: 마케팅믹스(Marketing Mix)의 방향

그라나다카페의 이상은 공익의 실현이지만 현실은 맛있는 커피와 분위기 그리고 공감성 있는 서비스이다. 이 모든 것을 제품이라고 지칭한다면, 그라나다카페가 브랜드 마케팅을 하기 위해 우선적으로 투자해야 할 부분은 고객지향적인 제품개발과 운용이다. 그런데 이는 그라나다카페의 공익성 추구와도 맥락을 같이한다. 제품개발과 운용에 대한 투자는 종업원인 지적장애인의 능력을 개발하고 그들에게 더 많은 소통기회를 제공해 주기 때문이다. 또한 질 높은 서비스를 창출하기 위해서 카페 구성원들은 포지셔닝과 관련된 개념과 가치관을 공유해야 한다. 즉, 조직문화를 공유해야 한다. 조직문화의 고양을 위한 노력이 있어야 그만큼 더 질 높은 제품이 구현될 것이다.

〈도표 8-2〉에 제시되어 있는 바와 같이, 그라나다카페가 받는 가격은 커피에 대한 대금뿐만 아니라 이용자가 제공되는 유·무형의 노력과 시간이 포함된다. 그라나다카페는 포지셔닝에 맞추어 이용자로부터 받을 그런 유·무형의 노력이 무엇인지를 체계화해야 한다. 가령, 지적장애인 종업원에게 주문을 내고, 서비스를 받는 과정에서 이용자는 종업원과 더 많이 또는 더 적게 접촉하고 대화할 수 있다. 그리하여 이용자는 장애인 종업원의 능력개발에 더 기여하거나 덜 기여할 수 있다. 이런 과정상의 차이를 고려하여 카페의 제품을 개발하고 그에 맞는 가격차별화 전략을 생각해 볼 수 있다. 또는 커피 대금을 일정 조건하에서 장애인 종업원과의 협업으로 상계할 수도 있을지 모른다.

그라나다카페의 공익성, 지역성이나 사업규모를 고려할 때, 포지셔닝을 인식시키고 고객이 될 것을 설득하기 위한 촉진활동은 점포 내의 장애인 종업원에 의해 수행되는 것과, 고객의 충성적 성향에 의해 수행되는 것이 바람직할 것이다. 지역사회와 연계한 다양한 행사를 점포 내에서 수행하는 것도 촉진활동의 효과적인 수단이 될 것이다. 고객자산이 축적됨에 따라 고객의 추천활동을 장려할 수 있는 여러 방법들을 강구하는 것은 필수적인 것이라고 판단된다. 과거와 같이 방송언론을 통한 홍보활동은 계속되어야 할 것이다. 다만, 과거와 달리, 단순히 인지도 제고를 넘어서 포지셔닝 개념을 공고히 할 수 있는 방송언론 홍보를 지향해야 할 것이다.

5. 토론문제

» 그라나다카페의 이용자가 그라나다카페에 지불하는 가격은 구체적으로 무엇인지 토론하십시오. 특히 비금전적인 측면의 가격에 대해 심도 있게 생각해 보십시오.

» 그라나다카페의 가장 강력한 경쟁자는 누구인지 토론하여 보십시오. 그리고 그 경쟁자와의 경쟁에서 우위를 점하기 위해 보강해야 할 제품과 브랜드자산의 요소는 무엇인지 토론하십시오.

PART 04

집행적 과정 II
- 교환 수단

CHAPTER 09

가격
관리

이런 유·무형의 재화, 서비스를 통해 기부업체가 얻을 수 있는 효용은 기능적인 것일 수도 있고, 아니면 상징적인 것일 수도 있다. 매출증대에 도움을 받거나, 아니면 잠재적, 현시적 고객의 증대 또는 새로운 사업기회의 확보 등과 같은 것은 기능적인 효용이 될 것이다. 지역사회에 대한 소속감, 지역사회로부터의 인정(approval), 타 업체와의 연대, 기부업체로서 자존감 확보 등과 같은 것은 상징적인 것이 될 수 있다.

가격은 복지영역의 종사자들에게 가장 익숙하지 않으며 때로는 거부감을 주는 개념이다. 복지서비스의 제공을 국가의 일방적인 배급행정의 행위로 이해하고 복지기관은 그런 배급행정의 대행자(agency)라고 생각할 때 복지기관과 그 배급 대상자 간에 가격이라는 개념은 존재할 수 없다. 가격은 교환의 경우에만 의미가 있기 때문이다. 복지서비스를 받는 주체가 가격을 지불할 능력이나 의사가 없다면 복지기관은 가격을 받을 수 없고, 그리하여 복지기관은 교환을 수행할 수 없다. 예를 들어, 심신장애가 크고, 보호자도 없는 무연고의 어려운 사람을 대상으로 의료 서비스나 생활 지원 서비스를 제공한다면, 그 사람과 복지기관 간에 교환은 존재하기 어렵다. 여기서 복지기관은 서비스를 배급할 수밖에 없고, 이 배급을 위해 복지기관은 정부와 같은 제3자와 교환을 하게 된다. 이 교환에서, 복지기관은 정부의 요구에 맞추어 복지 서비스 배급을 집행하고 정부는 그 집행의 대가를 복지기관에 제공한다. 이러한 교환을 위한 마케팅은 소위 기관 대 기관의 **B2B**(business to business) **마케팅**으로 이해될 수 있다. 그러나 여기서는 복지기관의 마케팅을 B2B 시각에서 살펴보지 않는다. 복지기관과 복지서비스를 받는 소비자 간의 소위 **B2C**(business to consumer) **마케팅**으로서 복지마케팅을 살펴본다. 그리고 영리 부분과는 구별되는 사회복지 부문에서 가격의 개념은 무엇이고 어떻게 운용되는지에 대해 논의해 보기로 한다.

9 1 교환 상대방과 가격의 개념

교환에서, **가격**은 재화와 서비스를 제공하는 대가로, 상대방으로부터 받는 재화와 서비스이다. 가격이라고 지칭되는 이 대가는 금전적인 것 이외의 것을 포함하며 다양한 형태로 나타난다. 가령, 후원, 기부, 자원봉사, 홍보행사 참가, 복지기관의 자원 확보 활동에 도움이 되는 소극적, 적극적 충성도의 표현과 행동 등이 그것이다.

가격을 금전적 화폐로만 인식하는 것은 영리적 영역의 단편적 현상에 익숙해진 결과이다. 이와 관련해 영리적인 경우에 흔히 볼 수 있는 두 가지 경우를 생각해 보기로 하자. 첫 번째 경우로, 한 사업주가 장사를 하여 얻고자 하는 효용은 오로지 돈을 많이 모아 부를 과시하는 것이라고 생각해 보자. 그리고 어떤 손님이 왔을 때, 그 사업주는 손님의 거만함을 알아채고 자존심은 상하지만 매우 낮은 자세로 그를 접대하여 더 비싸게(즉, 더 많은 금전을 받고) 물건을 팔았다고 하자. 이 경우에 그 사업주는 물건을 주고 얻은 금전만을 가격이라고 생각할 것이다. 그리하여 더 많이 받을수록 행복해질 것이다.

두 번째 경우로, 한 사업주가 장사를 하여 얻고자 하는 효용은 먹고사는 데 충분한 정도의 돈을 벌며, 장사의 과정에서 손님으로부터 제대로 인정받는 것이라고 하자. 이 경우에 그 사업주가 생각하는 가격은 손님으로부터 받는 금전과 함께 손님이 자신에게 주는 긍정적 마음과 태도일 것이다. 그러면 더 많은 금전을 얻고자 거만한 손님에게 지나치게 낮은 자세를 취하지 않을 것이다. 이상의 예에서, 첫 번째 경우에는 금전적 화폐만이 가격이지만, 두 번째 경우에는 금전적 화폐가 가격의 일부에 지나지 않는다. 가격의 나머지 부분은 손님의 긍정적 마음과 태도이다. 손님은 긍정적 마음과 태도로 그 상인을 대함으로써 금전적 화폐를 더 적게 지불할 수도 있다.

결국 무엇이 가격인지는 교환 당사자가 얻고자 하는 효용에 달려 있다. 복지기관도 마찬가지이다. 심신장애가 있는 사람에게 서비스를 제공하는 복지기관을 생각해 보자. 이 제공에서 교환을 지향하는 복지기관은 두 가지 문제를 생각해 보아야 한다. 첫 번째, 교환 상대방은 누구인가? 두 번째, 교환 상대방으로부터 받는 가격은 무엇인가?

먼저, 교환 상대방은 심신장애인이 될 수도 있고 아니면 심신장애인과 그 보호자로 이루어진 하나의 집단이 될 수도 있다. 이 둘 중에 누구를 교환 상대방으로 볼 것인지는 전적으로 상황과 목적을 감안한 복지기관의 결정에 달려 있다. 가령, 심신장애인의 심신상실 정도가 너무 크다면, 그 집단을 교환 상대방으로 보는 것이 합리적일 것이다. 그러나 장애 정도가 적고 사회 활동도 비교적 정상적으로 한다면, 심신장애인을 교환 상대방으로 결정할 수 있다. 물론, 이 경우에도 심신장애인과 보호자로 구성된 집단을 교환 상대방으로 삼을 수 있다. 심신장애인과 그 집단 중 어느 쪽을 교환 상대방으로 결정할 것인지는 교환될 재화와 서비스의 특징, 교환이 이루어지는 상황, 복지기관의 목적, 내외적 환경 등의 여러 요인들을 고려한 어려운 일이 될 수 있다.

다음으로, 복지기관은 금전이 아닌 재화나 서비스를 가격으로 받아서 효용 충족에 사용할 수 있다. 가격으로 받는 재화와 서비스는 모두 금전으로 환산될 수도 있다. 그리고 그 환산된 금전의 양적 수준을 가격이라고 칭할 수 있다. 그렇지만, 가격의 일부는 금전으로, 나머지 일부는 재화나 서비스로 전달될 수 있다. 그리고 이 금전, 재화, 서비스 모두를 합산하여 가격으로 정할 수 있다. 물론 가격을 모두 금전으로 받을 수도 있다. 따라서, 가격을 결정하려는 복지기관은 먼저 가격으로 받은 것을 이용해 실현하려는 효용이 무엇이고 그것을 어떻게 실현할 수 있는지 파악해야 한다. 이에 따라 가격으로 받을 금전, 재화, 서비스를 결정한다. 물론, 효용의 내용과 실현 방법은 복지기관의 사업전략과 관련이 있다. 결국 가격으로 받는 것은 사업전략의 수행에 필요한 자원을 의미한다.

복지기관이 사업전략을 수행하는 데 사용하는 자원은 위에서 언급한 바와 같이 금전, 재화, 서비스로 분류될 수 있다. 가격관리 맥락에서 이를 좀 더 구체적으로 살펴보기로 하자. 먼저, 복지기관이 소비자로부터 받는 금전적 가격은 크게 세 가지로 나누어 볼 수 있다. 하나는 서비스 제공 시 이에 대한 대가로서 즉각적으로 받는 금전이다. 두 번째는 서비스를 제공받은 소비자가 그 제공받은 시점 이후에 다른 명목으로 복지기관에 제공하는 금전이다. 이렇게 지불된 금전을 때로는 기부금이라고 부를 수도 있다. 즉, 기부의 원인 중 하나는 기부자가 과거에 가격을 지불하지 않고 제공받은 서비스일 수가 있다. 세 번째는 위 두 가지가 결합된 것이다. 서비스 제공 시 금전적 대가의 얼마간은 즉시 받고, 나머지 금전적 대가는 그 이후에 다른 명목으로 받는 것이다.

재화와 서비스 형태의 가격도 위의 금전적 가격과 마찬가지로 세 가지 유형으로 나누어 볼 수 있다. 다만, 가격으로 받는 재화나 서비스는 금전과 다르게 매우 다양하기 마련이다. 유형적 물품이 될 수도 있지만, 무형적인 것이 될 수도 있다. 예를 들어, 소비자는 복지기관에 식품, 옷가지, 가재도구 등의 다양한 용품들을 가격으로서 제공할 수 있다. 또는 자원봉사로 장애인 돌봄, 행사보조, 홍보참여, 수리, 청소, 사무보조 등의 각종 노력을 가격으로서 복지기관에 제공할 수 있다. 복지기관에 대한 소극적, 적극적 충성의 행동도 복지기관이 소비자로부터 받는 하나의 가격이라고 볼 수 있다. 이러한 충성적 행동은, 예를 들어, 복지기관이 새로운 사업을 수행하거나 모금을 하는 데 도움이 될 수 있기 때문이다.

과거, 미국 오바마 정부가 사회복지제도를 개혁하면서 역점을 둔 사항 중 하나는 무상복지의 지양이다.[1] 하나의 예로서, 일자리를 찾아 자립하는 조건으로 복지혜택을 제공하는 정책이 추진되었다. 이 경우, 복지혜택의 수혜자가 취하는 자립의 노력이나 생각, 행동 등은 복지수혜에 대한 대가로서 수혜자가 지불하는 가격에 해당된다. 즉, 자립행위는 정부가 복지수혜자로부터 얻는 무형의 자원이다. 자립행위의 실적이 높으면, 정부는 국민으로부터 지지를 더 받을 수 있고, 그에 따라 국민으로부터 필요한 자원을 더 용이하게 획득할 수 있다. 유사한 상황으로, 지자체의 위탁을 받아 특정 생활자립 프로그램을 운영하는 복지기관을 들 수 있다. 프로그램의 참여자들 중 생활자립의 행위를 적극적으로 보이는 사람들이 늘어나면, 그만큼 그 복지기관은 무형의 자산을 얻은 셈이다. 생활자립 프로그램의 실적이 높으면 그만큼 실적을 활용하여 외부로부터 자원을 획득하기가 용이하기 때문이다. 생활자립을 한 사람들이 복지기관에 애정을 갖고 여러 가지로 기여할 수도 있고 또는 그 높은 실적을 인정받아 외부로부터 자원을 용이하게 획득하여 유사한 사업을 지속적으로 수탁하거나 새로운 사업을 개발할 수 있다.

정리하면, 〈도표 9-1〉과 같이 두 가지 사항이 가격관리에서 고려되어야 한다. 먼저, 가격으로서 받는 것은 매우 다양한 형태를 보인다. 그리고 소비자는 교환 발생시점에 가격을 지불할 수 있지만, 그 이후 미래에 지불할 수도 있다. 미래에 지불할 경우에도, 여러 시점에 걸쳐 나누어 지불할 수도 있다. 아니면, 교환 발생시점과 미래에 나누어 가격을 지불할 수도 있다. 따라서 복지기관은 교환을 행하기 이전에 지불받

---

1) Blumenthal, David, Melinda Abrams and Rachel Nuzum (2015) "The Affordable Care Act at 5 Years," *New England Journal of Medicine*, 372 (25), pp. 2451-2458.

을 가격의 형태나 시점을 결정해야 한다. 이러한 결정은 단지 가격관리에 관한 문제만은 아니다. 해당 사업의 성격과 내용 그리고 교환 상대방인 소비자와 어떤 관계를 정립해야 하는지 등의 여러 전략적 고려와 관련된 문제이다.

<도표 9-1> 복지기관이 지불받을 가격의 유형

		지불 시점	
		교환 발생 현재	교환 이후 미래
지불 내용	금전(유동성이 큰 재화)		
	유형의 재화		
	무형의 재화		
	무형의 서비스		

9 2 가격으로서 행동의 변화

복지서비스의 제공 시, 복지기관은 소비자로부터 어느 정도의 금전, 경제적 재화나 서비스를 가격으로서 받을 수 있지만, 이렇게 받은 것이 제공한 복지서비스의 가치에 상응하지 않을 수도 있다. 또는 금전, 경제적 재화나 서비스를 가격으로 받을 수 없는 경우도 있다. 이런 상황에서 교환을 추구하는 복지기관은 행동의 변화를 가격으로서 소비자에게 요구할 수 있다. 복지서비스의 수혜가 없다면 자발적으로 행하지 않을 행동을 자발적으로 행하게 만드는 것이다. 앞서 누누이 언급했다시피, 이런 변화된 행동은 교환이 이루어질 시점이나 또는 미래에 복지기관이 필요로 하는 자원의 원천이 된다. 즉, 필요시 그런 변화된 행동을 이용해 자원을 확보할 수 있다. 그런 변화된 행동은 〈도표 9-1〉에서 무형의 재화에 해당된다.

참고로, 위와 같이 행동의 변화를 얻고자 하는 교환은 **사회적 교환**(social exchange)이라고 지칭될 수 있다.[2] 또한, 행동의 변화를 가격으로 받고자 하는 마케팅은 사회적 마케팅(social marketing)이라고 지칭되기도 한다. 이하에서 행동의 변화로서 가격에 대해 조금 더 심도 있게 살펴보기로 한다.

행동의 변화에는 새로운 행동의 학습도 포함된다. 기존에 취하지 않았던 행동을 새롭게 취하는 것도 행동의 변화로 이해된다. 행동의 변화에는 행동적 성향의 변화도 포함된다. 행동적 성향이란 행동을 하게 만드는 지식과 태도를 의미한다. 따라서 교환을 통해 행동이 변화하는 과정은 〈도표 9-2〉와 같이 지식, 태도, 행동의 세 가지 단계로 요약될 수 있다. 〈도표 9-2〉에 따르면, 사람은 어떤 표적에 대하여 알아야(지식의 단계) 다음 단계로 그 표적을 좋아하거나 싫어할 수 있고(태도의 단계), 그러면 그 표적에 대해 긍정적 또는 부정적 행동을 하게 된다(행동의 단계). 그러나 현실에서는 꼭 이런 순서가 지켜지지는 않는다. 가령, 먼저 표적에 대해 행동을 하고, 그래서 좋아지고, 그리하여 알게 되는 과정을 거칠 수도 있다. 또는 먼저 표적을 좋아하고, 그래서 알게 되고, 그리하여 표적에 대해 행동을 하는 경우도 있다. 다만, 이하에서는 알고, 좋아하고, 행동하는 순서의 과정을 규범적으로 설정하여 설명한다.

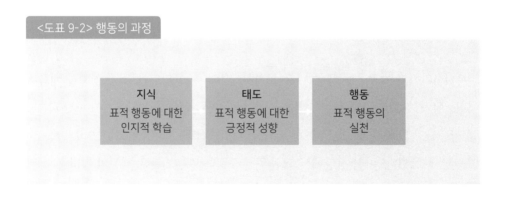

〈도표 9-2〉 행동의 과정

지식	태도	행동
표적 행동에 대한 인지적 학습	표적 행동에 대한 긍정적 성향	표적 행동의 실천

---

2) Emerson, Richard M. (1976), "Social Exchange Theory," *Annual Review of Sociology*, Vol. 2, pp. 335-362.

행동의 과정에서 첫 단계는 복지기관이 서비스를 제공하면서 그 대가로 요구하는 행동을 소비자가 아는 단계이다(인지적 학습의 단계). 여기서 안다고 함은 요구하는 행동이 무엇이고, 그것을 왜, 어떻게 하는지에 대해 아는 것을 의미한다. 가령, 복지 서비스를 받고 자립행위를 요구받는다면, 자립이 왜 필요한지, 자립행위에는 어떤 것들이 있으며, 어떻게 그 행위들을 실행할 것인지에 대해 지식을 습득하는 것이다. 또 하나의 예로, 복지기관으로부터 술과 담배를 끊고 건강한 생활을 유지할 것을 요구받는다면, 그런 생활을 왜 해야 하는지, 그런 생활은 무엇인지 그리고 어떻게 그런 생활을 해야 하는지에 대해 아는 것을 의미한다. 이와 같은 지식을 형성하기 위해 소비자는 경제적, 심리적, 시간적, 노력적 비용 등의 여러 비용을 지불해야 한다. 만약 소비자가 암묵적, 명시적으로 약속한 만큼 그런 지식을 얻고자 노력하지 않는다면, 소비자는 그만큼 가격을 덜 지불하는 셈이다.

　다음으로, 소비자는 지식을 기반으로 행동에 대한 긍정적 태도를 형성한다. 여기서 긍정적 태도란 그런 행동이 좋다는 입장을 지속적으로 유지하는 것을 의미한다. 가령, 관련 서비스를 받은 이후 자립적 행동에 적극적이어야 한다는 입장을 더 확신성 있게 갖거나, 유혹을 끊고 건강한 생활을 하겠다는 자세를 더욱 굳건히 갖는 것을 의미한다. 물론 지식은 가졌지만 이런 긍정적 태도를 갖지 않을 수도 있다. 그런 태도가 소비자의 기존 태도나 가치관에 부합되지 않을 수 있기 때문이다. 또는 그런 태도를 새롭게 가질 필요성을 못 느낄 수도 있다. 왜냐하면 그런 입장의 변화로 말미암아 소비자는 심리적, 사회적, 더 나아가서는 경제적 비용을 크게 지불할 수도 있기 때문이다. 흡연자가 금연에 긍정적인 입장을 갖게 되면 담배를 피울 때마다 마음속에서 자신(self)과 주변인을 염두에 두며 갈등을 느낄 수 있다. 이 갈등은 곧 태도 변화에 따라 부담하는 심리적, 사회적 비용이 된다. 따라서, 이러한 비용을 지불하며 복지기관이 원하는 행위에 기초가 되는 긍정적 태도를 견지하는 것은 곧 소비자가 복지기관에 지불하는 가격의 한 요소가 된다. 만약 소비자가 묵시적, 명시적으로 약속한 만큼 그런 긍정적 태도를 갖지 않는다면, 그만큼 소비자는 복지기관에 가격을 덜 지불하는 셈이다.

　태도가 어느 정도 강해지면, 행동을 취하게 된다. 가령, 상황이 되면 자립적인 행동을 실천하거나, 건강한 생활을 실천한다. 하지 않았거나 혹은 하고 싶지 않았던 행동을 실천하는 것은 지식을 습득하거나 태도를 유지하는 것보다 소비자에게 훨씬 더 비용유발적이다. 따라서 복지서비스를 받은 소비자가 지식이나 태도의 변화를 보일지라도 행동의 변화를 보이지 않는 것은 드문 일이 아니다. 그러나 지식이나 태도의 변화를 가격으로 얻더라도 궁극적으로 행동의 변화를 가격으로 얻어야 한다. 소비자가 무언가 행동으로 변화된 것을 보여야 복지기관은 그것을 기반으로 자원을 더 충분하게 얻을 수 있기 때문이다. 지식이나 태도의 변화는 행동의 변화로 가는 중간 단계이고, 이 중간 단계가 없으면 행동의 변화가 없기는 하지만, 그렇다고 소비자가 행동의 변화에 이르지 못하고 지식과 태도의 변화에만 머무른다면 복지기관에 큰 도움이 되지 못한다. 따라서 복지서비스를 받은 소비자들 중에 복지기관이 원하는 만큼 행동의 변화를 실천할 사람들이 누구이고 얼마나 되는지를 측정하고 관리하는 일은 가격관리에서 매우 중요하다.

이런 측면에서 **고객자산**은 가격관리의 측면에서 꼭 이해해야 할 개념이다. 완전한 고객이란 복지기관이 원하는 대로 알고, 좋아하고, 행동하는 사람이다. 불완전한 고객이란 알고 있거나 좋아하고 있지만 행동하지 않는 사람이다. 고객자산이란 그렇게 완전한 고객과 불완전한 고객의 규모를 의미한다. 이 규모가 클수록 복지기관은 원하는 자원을 획득할 기회를 더 얻게 된다.

교환을 통해 복지기관이 얻고자 하는 행동의 변화는 크게 두 가지로 나눌 수 있다. 하나는 소비자가 교환의 대상이 되는 특정 복지서비스 프로그램의 취지와 목적에 부합하는 행동을 취하는 것이다. 다른 하나는 소비자가 복지기관의 고객으로서 행동을 취하는 것이다. 복지기관은 복지서비스를 제공하면서, 그 서비스에 부합하는 행동을 소비자에게 암묵적, 명시적으로 요구할 수 있다. 가령, 생활지원, 재활, 상담 등의 서비스를 제공하면서 자립행동이나 금연, 금주 또는 자원봉사 참여 등과 같이 개인적, 사회적 차원의 여러 행동을 요구할 수 있다. 이런 행동으로의 변화는 관련 복지서비스 프로그램의 성과를 높여, 복지기관의 사명구현과 자원획득에 기여한다.

고객으로서의 행동은, 예를 들어, 소비자가 복지기관에 충성적인 태도를 갖고 오랫동안 지속적으로 복지기관과 여러 교환을 행하는 것이다. 아래에서 서술되듯이, 고객으로의 행동은 복지기관의 자원획득에 많은 기여를 한다. 통상적으로, 교환에서 복지기관이 소비자에게 어떤 행동의 변화를 요구할 때, 복지기관은 위에서 언급된 두 가지 행동의 변화를 모두 동시적으로 요구하기 마련이다. 다만, 상황에 따라 그 두 가지 중 어느 하나가 더 강조되어 요구될 수도 있다.

위 두 가지 행동의 변화 중 고객에 관한 것은 경쟁이 심화되는 복지서비스 시장에서 특별히 중요한 의미를 갖는다. 소비자가 고객화된다면 복지기관의 자원확보는 장기적으로 안정화될 수 있기 때문이다. 장기적으로 안정적인 자원확보는 경쟁 속에서 생존, 성장하기 위한 필수조건이 된다. 이하에서 고객의 개념과 그것이 왜, 어떻게 복지기관의 자원이 될 수 있는지 살펴보기로 한다.

9 3 고객자산의 축적과 가격

현실적으로, 복지기관이 교환의 발생 시점이나 그 미래에 소비자로부터 받을 수 있는 가격의 상당 부분은 소비자가 고객으로서 행동하는 것이다. 이런 고객행동은 무형적 재화로서 필요시 복지기관의 사업에 유용한 자원으로 전환된다. 고객이란 복지기관과 교환을 관계적으로 하는 소비자라고 정의할 수 있다. 이 정의에서 가장 중요한 말은 '**관계적 교환**'이다. **Macneil**의 정의에 따르면, 교환에 미래성(futurity)이 있을 때 그 교환은 관계적 교환이 된다.[3] 여기서 미래성이란 교환 당사자가 미래에도 교환 상대방과 또 다시 교환할 것을 고려하여 현재의 교환을 결정하고 수행하는 것을 의미한다. 예를 들어, 미래에 또 다시 교환할 것을 생각하여 현재의 가격을 낮출 수 있다. 이 경우 그 교환은 관계적이다. 또 하나의 예로, 현재의 교환에는 필요 없지

---

3) Macneil, Ian R. (1978), "Contracts: Adjustment of Long-Term Economic Relations under Classical, Neoclassical, and Relational Contract Law," *Nw. U. L. Rev.*, pp. 854-905.

만 미래에 또 다시 교환할 것을 예상하여 교환 당사자는 상대방과 친분을 쌓을 수 있다. 현재의 교환에서 지나치게 자신의 이익만을 고집하지 않는 것도 교환을 관계적으로 가져가겠다는 입장의 한 표현이다. 현재의 교환에서 서로 양보하여 미래의 교환에서 모두 다 큰 이익을 실현하고자 하는 것도 관계적 교환의 특징이다. 즉, 관계적 교환에서 교환 당사자는 현재의 교환에서 나오는 이익과 미래의 교환에서 나오는 이익 모두를 합한 총 이익을 극대화하려고 한다.

관계적 교환에 대비되는 교환은 시장적 교환이다. 시장에서 교환 당사자 모두는 미래에 또 다시 서로 교환할 것을 생각하지 않는다. 교환 당사자 모두는 현재의 교환이 끝나면 그 이후에 서로 다시 볼 수 없다고 가정한다. 이런 가정 속에서, 교환 당사자 모두는 현재의 교환에서 얻을 수 있는 이익을 극대화하려고 한다. 즉, 현재의 교환에서 가장 적게 주고 가장 많이 받을 궁리만 한다. 그리하여 시장적 교환을 추구하는 자는 매 교환마다 가능하면 더 적게 주고 더 많이 받을 수 있는 교환 상대방을 찾아 나선다.

고객자산을 축적한다고 함은 더 강한 관계적 교환을 추구하는 복지소비자들을 더 많이 확보하는 것을 의미한다. 더 강한 관계적 교환이라고 함은, 교환 당사자가 더 먼 미래까지 더 많이 반복적으로 교환할 것을 생각하며 현재의 교환에 임하는 것을 뜻한다. 고객을 자산으로 보는 이유는 여러 가지가 있다. 그중 두 가지만 예시적으로 살펴보자. 먼저, 고객이 많으면 새로운 복지사업의 기회를 쉽게 얻을 수 있다. 예를 들어 어떤 기관의 출산장려 프로그램을 이수한 소비자는 그 이후 출산과 관련된 다양한 복지서비스를 필요로 한다. 당장은 육아와 관련된 것이 될 수 있고 먼 미래에는 데이케어(day care)에 관한 것일 수도 있다. 일단 그 소비자를 고객으로 확보하면, 추후 큰 노력 없이 그를 육아나 데이케어 프로그램에 가입시킬 수 있다. 특히 유사한 프로그램이 늘어나 기관 간에 경쟁이 치열해진다면, 그렇게 큰 노력 없이 그 소비자를 유치할 수 있다는 것은 기관 생존과 성장에 매우 의미 있는 일이 될 것이다.

두 번째로, 고객은 마케팅 비용을 줄여 준다. 바로 위에서 서술한 바와 같이 고객은 스스로 경쟁 복지기관이나 영리업체 대신에 자 기관의 프로그램에 가입함으로써 마케팅 비용을 줄여 준다. 더 나아가서, 고객은 스스로 자 기관의 프로모터 (promoter)로 나서기도 한다. 가령, 자 기관이 새로이 만든 프로그램을 자발적으로 주위에 알리고 권유하는 행동을 함으로써 그 프로그램의 성공에 기여할 수 있다. 아니면 평소에도 자 기관을 주위에 알리고 칭찬하여 자 기관의 인지도나 이미지를 고양하는 데 공헌할 수 있다. 물론 소비자들의 특징과 동향을 스스로 자 기관에 알려주어 마케팅조사 비용을 절약시켜 줄 수도 있다. 특히, 그렇게 알려 준 정보는 새로운 프로그램의 개발과 홍보에 매우 도움이 될 수 있다. 이런 면에서 그런 고객의 정보전달은 마케팅조사를 넘어서 마케팅 전 영역의 활동을 효율적으로 만들어 준다.

고객자산을 체계적으로 축적하려면, 먼저 현재뿐만 아니라 미래에 고객으로 삼을 소비자와 무엇을 주고받을지 결정해야 한다. 가장 이론적으로는 교환의 상대방이 되는 소비자로부터 복지기관이 얻을 재화와 효용, 그리고 복지기관이 소비자에게 제공할 재화와 효용을 결정해야 한다. 이렇게 주고받을 재화와 효용에 따라 고객을 분류하면, 각 고객군으로부터 창출될 현재와 미래의 자산을 식별하고 관리할 수 있다. 예를 들어, 복지사업의 두 가지 유형인 가족복지사업과 지역사회조직사업을 생각해 보자. 복지기관과 소비자가 교환을 통해 서로 제공하는 재화와 효용은 그 두 가지 사업 간에 차이가 있을 것이다. 따라서, 복지기관은 그 두 가지 사업에 따라 고객을 분류하고, 각 고객군과 주고받을 효용과 재화를 결정하여 고객자산을 축적하고 관리해야 한다. 물론 언제나 사업마다, 프로그램마다 고객군을 나누어 고객자산을 관리할 필요는 없다. 고객의 특징이나 교환될 재화와 효용의 성격에 따라서, 사업이나 프로그램들 간의 유사성을 판단하여, 유사성이 높은 프로그램들이나 사업들을 하나로 묶고, 여기에 맞추어 고객군을 재조정할 수 있다. 그리하여 그 재조정된 고객군에 따라 고객자산을 축적, 관리할 수 있다.

Reichheld의 **NPS(Net Promoter Score)**는 고객자산의 축적, 관리의 예를 아주 간명하게 보여 준다. NPS는 추천의도를 산정한 점수이다.[4] 가령, 특정 복지서비스 프로그램에 대해서 NPS를 산정한다고 생각해 보자. 이 경우에, 그 프로그램에 참여한

---

4) Reichheld, Fred (2006), "The Microeconomics of Customer Relationships," *MIT Sloan Management Review*, Vol. 47 No. 2 (Winter), pp. 72-78.

적이 있는 사람들을 대상으로 그 서비스의 참여를 다른 사람에게 추천할 의향이 있는지를 물어본다. 그리하여 응답한 사람들 중 긍정적으로 응답한 사람의 비율에서 부정적으로 응답한 사람들의 비율을 뺀다. 이렇게 빼고 남은 비율을 NPS로 삼을 수 있다. Reichheld의 실증적 분석에 의하면, NPS와 해당 사업의 성장성 간에는 매우 높은 상관관계가 있다고 한다. 즉, NPS는 현재 확보하고 있는 고객이 사업의 미래 성장에 얼마나 기여할 수 있는지를 알려 준다. 이 기여는 고객이 해당 기관과 반복해서 교환을 함으로써 이루어지기도 하고 또는 다른 복지소비자로 하여금 해당기관과 교환할 것을 추천함으로써 이루어지기도 한다. 그리하여 NPS를 이용하여 현재 확보하고 있는 고객이 미래에 창출할 수 있는 유·무형의 금전적, 비금전적 수익의 규모를 추정해 볼 수 있다. 이런 측면에서 NPS의 수준은 곧 고객자산의 수준을 반영한다.

9 4 가격 개념의 사례
- 월계종합사회복지관과 아름다운 이웃

1. 배경

월계종합사회복지관은(이하 월계복지관으로 칭함) 2002년 아름다운 이웃[5]이라고 명명된 지역사회의 상부상조 프로그램을 출범하였다. 이 프로그램은 기부업체들을 모아, 이들로 하여금 재능, 서비스, 물품 등을 지역의 어려운 사람들에게 제공하게 하는 것이었다. 초기에는 주로 월계동 지역의 음식점이나 이미용업체들이 기부업체로 참여하였고, 이용자가 직접 점포에 가서 물품이나 서비스를 제공받거나 월계복지관이 물품을 받아 이용자에게 전달하기도 하였다. 초기의 성공으로 2005년에는 노

---

5) 서울시복지재단 (2010), **브랜드마케팅하기**, pp. 126-142.

원구 종합사회복지관이 참여하였다. 그리하여 당 프로그램은 노원구 전역으로 확대되었고, 동시에 기부업체도 음식점, 이미용업체에서 세탁소와 같은 청결업, 노래방이나 기원, 당구장 같은 여가문화업, 학원과 같은 교육업, 병원, 의류업, 생필품판매업 등으로 확대되었다. 그후 더욱 성장하여 급기야는 2008년에 사업이 서울시로 이관되어, 서울시 주관으로 서울시 전역의 복지관련 기관들과 상점들로 프로그램이 확대되었다.

이하에서는 서울시로 사업이 이관되기 전까지, 월계복지관이 월계동 지역을 중심으로 아름다운 이웃 프로그램을 출범하고 성장시키는 단계까지만 고려, 검토하기로 한다. 물론 2005-2007년 동안에 노원구 종합사회복지관이 월계복지관과 같이 아름다운 이웃 프로그램을 영위했지만, 프로그램의 지역적 관련성을 고려하여, 월계동 지역에서는 월계복지관이 전속적으로 프로그램을 운영했다고 생각한다. 그리하여 월계복지관이 자신의 관내에서 아름다운 이웃 프로그램을 창안하고 성장시켰다는 상황 설정 내에서 사례를 검토하기로 한다.

2. 아름다운 이웃과 기부자 간의 교환 - 제품과 가격

당 프로그램은 두 종류의 교환을 추구하고 있다. 하나는 기부자와의 교환이고 다른 하나는 이용자와의 교환이다. 여기서는 기부자와의 교환만을 생각해 보기로 한다. 이 교환에서 기부자는 지역사회의 어려운 사람들에게 필요한 물품과 서비스를 아름다운 이웃에 제공한다. 반면 아름다운 이웃이 기부자에게 제공하는 것은 그가 원하는 재화, 서비스와 효용이다. 여기서 기부자가 원하는 효용은 무엇이고, 이 효용을 창출하기 위해 기부자에게 주어지는 재화, 서비스는 무엇인지 분석해 볼 필요가 있다.

기부업체가 받는 유·무형의 재화, 서비스는 보람 있는 봉사체험의 기회, 이용자의 칭찬, 구매추천을 포함한 홍보효과, 기부자 네트워크 가입에 따른 타 업체와의 소통과 협조, 후원영수증에 따른 조세절감 등의 여러 가지를 들 수 있다. 이런 유·무형의 재화, 서비스를 통해 기부업체가 얻을 수 있는 효용은 기능적인 것일 수도 있고, 아니면 상징적인 것일 수도 있다. 매출증대에 도움을 받거나, 아니면 잠재적, 현시적 고객의 증대 또는 새로운 사업기회의 확보 등과 같은 것은 기능적인 효용이 될 것이다. 지역사회에 대한 소속감, 지역사회로부터의 인정(approval), 타 업체와의 연대, 기부업체로서 자존감 확보 등과 같은 것은 상징적인 것이 될 수 있다. 기부업체의 대부분은 해당 지역의 중소기업이나 소상공업체이다. 교환에서 아름다운 이웃은 기부업체의 대표자나 핵심 구성원이 추구하는 기능적, 상징적 효용을 창출해 주어야 한다.

아름다운 이웃의 성공은, 아름다운 이웃 측이 기부라는 교환 행위를 통해 기부자가 얻기 원하는 재화, 서비스와 효용이 무엇인지를 잘 이해하는 데 달려 있다. 더 나아가 기부자가 그런 재화, 서비스와 효용에 얼마나 가치를 크게 느끼는지에 달려 있다. 왜냐하면, 기부는 일방적인 것이 아니기 때문이다. 기부자에게 제공하는 것으로 아름다운 이웃은 기능적 재화, 서비스와 효용보다는 상징적인 것을 강조하였다. '서로에게 아름다운 이웃'이라는 말에 녹아 있듯이 지역 공동체의 정체성(identity)과 관련된 상징적 효용이야말로 아름다운 이웃이 기부자에게 1차적으로 창출해 주고자 하는 하는 효용이다. 그리고 제공하는 재화, 서비스는 이런 효용의 창출을 위한 것이다. 가령, 아름다운 이웃이 기부업체들 간의 연대를 위한 간담회를 개최했다면, 이는 기부업체에 대한 서비스 제공으로, 이 서비스는 연대감과 공동체적 일체감이라는 상징적 효용을 창출하기 위함이다.

초기에 사업이 부진했던 것을 고려할 때, 애당초 그러한 상징적 효용을 추구하는 기부자는 월계동 지역에 그다지 많지 않았던 것으로 판단된다. 그러나 결과적으로 아름다운 이웃은 그런 상징적 효용을 환기하고, 전달하여 기부자들을 늘려 나아갔다. 이런 면에서 아름다운 이웃은 소위 신시장을 개척한 것이다.

3. 브랜드와 촉진

아름다운 이웃의 촉진전략적 방향은 공동체적 효용을 추구하도록 기부자를 환기시키는 데 있다. 이런 촉진의 첫 출발은 브랜드명의 결정이다. 아름다운 이웃이라는 프로그램 이름은 그 자체가 공동체 지향적인 상징성을 내포하고 있다. 프로그램 이름이 중요한 것은 그 이름을 접할 때마다 사람들은 머릿속에서 의식적으로, 무의식적으로 공동체와 관련한 아름다움에 대해 여러 생각을 하게 되고 이런 생각은 공동체적인 상징적 욕구를 환기시킬 수 있다. 사업주체인 월계복지관은 복지관보다는 아름다운 이웃을 강조하였다. 그리고 사업의 구체적 내용을 장황히 설명하기보다, 아름다운 이웃의 의미나 취지를 먼저 강조하였다. 기부자들에게는 아름다운 이웃의 현판을 부착하게 하고, 가능하면 자신의 사업활동에 아름다운 이웃을 활용하도록 권유하였다. 그리하여 정체성, 사회적 연대 등과 관련된 상징적 효용을 환기하는 데 초점을 두었다.

아름다운 이웃을 더 효과적으로 전달하기 위하여, 그리하여 공동체적인 상징적 효용을 더 잘 환기하기 위하여, 다양한 상징물들을 이용할 수 있다. 아름다운 이웃이라는 이름이나 그 이름과 관련된 의미를 나타내는 심볼, 로고, 캐릭터, 음악적 요소 등을 만들어 이용하면, 아름다운 이웃이라는 주제를 더 효율적으로 더 강력하게 사람들에게 학습시킬 수 있다. 그러나 당 사례에서 이런 상징물들의 활용은 이루어지지 않았다.

공동체 지향의 상징적 효용을 환기시키고 교환에 응하도록 아름다운 이웃 측이 행한 여러 촉진활동들은 네 가지 면에서 큰 장점을 갖고 있다. 첫째, 대면소통을 강조하였다. 잘 준비된 프로그램 소개물을 지참하고 기부 대상자를 찾아가 일대일의 대면소통을 통해 욕구환기와 프로그램 가입을 권유하였다. 소위 상징적 재화일수록, 재화에 대한 객관적 정보로서 품질과 효용을 이해시키는 것은 훨씬 더 어렵다. 이 경우에, 대면소통을 통해 그 품질과 효용을 믿게 해 주는 것이 훨씬 더 효과적이다. 가령, 대면소통을 통해 신뢰감과 친밀감을 조성하고 이를 바탕으로 품질의 우수성을 그냥 믿게 하는 것이 더 효과적이다.

둘째, 작은 교환부터 응할 것을 권유하였다. 소위 'trial and purchase'의 촉진을 수행하였다. 가치를 제대로 못 느끼거나 가치를 제대로 알 수 없는 상징적인 효용을 얻기 위한 교환에 처음부터 쉽게 응하는 사람들은 별로 없을 것이다. 그리하여 조금씩 상징적 효용을 느끼며 그 효용에 대한 욕구를 개발하도록 제한된 수준의 기부를 권유하였다. 그리고 일단 기부가 이루어지고 나면 더 큰 기부를 권유하는 촉진을 행하였다. 작은 기부가 이루어진 후에 더 큰 기부를 성사시키려면, 작은 기부 후에 그 기부에 대한 보상을 충분히 느낄 수 있도록 해야 한다. 이를 위한 일이 피드백

(feedback)이다. 아름다운 이웃의 촉진이 갖는 세 번째 장점은 바로 피드백이다. 여기서 피드백이란 기부에 대해 감사하는 행동이거나(예를 들어 방문, 전화, 서신 등을 통한 감사의 표시) 또는 기부 후에 발생할지도 모르는 불평과 불만을 처리하는 것이다. 또는 기부로 혜택을 받은 이용자나 지역공동체의 모습이나 상황을 전달하여 기부자의 효용을 증대시키는 것이다. 네 번째 장점은 이용자를 통한 공동체적 효용의 환기이다. 이용자들로 하여금 적극적으로 기부자를 칭찬하고, 지역사회를 위한 봉사에 참여하도록 하였다. 이에 기부자는 자신의 기부가 공동체에 기여했음을 확실히 알게 되고, 그리하여 자신이 추구하는 공동체적 효용의 체험을 더욱 확신하게 되었다.

4. 유통

기부자는 서비스나 물품을 자신의 업체 내에서 직접 제공하거나, 아니면 사업 주체인 월계복지관 측에 전달하였다. 물품을 전달받은 월계복지관 측은(필요한 경우 포장이나 재처리를 하여) 그것을 이용자에게 전달하였다. 이용자는 가능한 한 자신의 거주지 인근에서 서비스와 물품을 받을 수 있게 하였다. 한편, 기부자의 기부사항과 이용자의 필요사항을 분석하여 양쪽을 연결해 주고자 노력하였다. 이런 연결을 위하여 아래에 서술되는 바와 같이 고객관계관리 시스템이 운영되었다. 이 모든 것은 기부자의 유통부담도 덜어 주고 동시에 이용자의 편의성도 제고시켜 주었다.

5. 효용창출을 위한 기부자, 이용자 관리

기부자가 아름다운 이웃으로부터 얻는 효용은 자질 있는 기부자들이 많이 참여할수록 커진다. 자질이 있는 사업자만이 아름다운 이웃에 참여할 수 있다는 인식이 널리 퍼지면, 기부자는 공동체 지향적인 자존감이나 사회적 인정감을 더욱 높게 느낄수 있다. 그리하여 아름다운 이웃은 지속적으로 기부자에 대한 모니터링과 평가를 시행하여 자질 있는 기부자만을 당 프로그램에 참여시키고자 노력하였다. 그리고 표적 기부자를 대상으로 고객관계관리 시스템을 구축하였다. 여기서 고객이란 아름다운 이웃의 지속적인 교환 상대자로, 무엇보다도 공동체 지향적인 상징적 욕구가 강한 집단이다. 이 집단은 강한 상징적 욕구로 말미암아 기부자로서 자질이 떨어지는 행위를 하지 않는다.

기부자에 대한 고객관계관리 시스템은 기부자가 공급하는 서비스와 물품을 정확하게 예측하는 데에도 그 목적이 있다. 기부자별 기부 서비스와 물품의 종류, 양이나 기부시점, 유통방법 등의 여러 사항에 대해 미리 예측을 하여 이용자가 자신의 형편과 필요에 맞게 서비스와 물품을 사용할 수 있도록 노력하였다.

아름다운 이웃은 일종의 양면시장 전략을 추구하였다. 기부자가 늘어나면 이용자가 늘어나고, 그러면 다시 기부자가 늘어난다. 그렇게 되면, 아름다운 이웃은 기부자와 교환에서도 더 많은 대가를 얻고, 동시에 이용자와의 교환에서도 더 많은 대가를 얻는다. 이런 양면시장의 논리를 염두에 두어, 아름다운 이웃은 이용자들 간의 당 프로그램에 대한 구전활동을 촉진하였다. 이 구전활동에는 물론 기부자를 널리 알리는 것이 포함되어 있다. 좋은 기부자를 많이 소개해야 이용자가 더 많이 몰려오기 때문이다. 이 경우 기부자 역시 자신의 사업에 도움을 받게 된다.

6. 성과평가

가장 핵심적인 성과평가의 기준은 아름다운 이웃이 기부자로부터 얻은 재화이다. 이 재화로는 기부 물품과 서비스, 아름다운 이웃을 널리 알려 준 것(그리하여 브랜드 인지도와 이미지 제고에 도움을 준 것)을 대표적으로 들 수 있다. 이런 재화를 통해 아름다운 이웃은 지역공동체 구축이라는 문제를 해결할 수 있었다. 즉, 효용을 얻었다. 이와 함께 아름다운 이웃은 기부자와 이용자 집단을 하나의 자산으로 확보하였다. 더 구체적으로는 이 집단과 여러 가지 방면으로 지속적인 교환을 할 수 있는 영업권을 무형자산으로 얻었다. 동시에 이 집단을 대상으로 브랜드자산을 구축하였으며, 이들로부터 협조, 봉사의 노력 등을 얻었다. 특히 협조의 일환으로 아름다운 이웃에 대한 구전을 들 수 있다. 성과평가를 위해서는 이상에서 제시된 것들을 계량화하는 작업이 필요하다. 그리고 더 나아가서 계량화된 성과지표에 영향을 미치는 마케팅 관련 선행변수들을 결정하고, 이 선행변수들과 성과지표들 간의 관계를 분석해야 한다.

당 사례에서, 아름다운 이웃의 브랜드자산은 의미 있게 축적된 것으로 나타났다.

지역공동체구축 프로그램의 브랜드로서 인지도와 이미지를 많이 축적하였다. 궁극적으로 이런 브랜드자산은 서울시 사업으로의 확장과 브랜드 확장의 기초가 되었다. 지역공동체 구축도 의미 있게 실현되었다. 기부자와 이용자의 숫자라는 양적 지표에서도 그 구축이 이루어졌지만, 기부자와 이용자 간의 긴밀한 상호소통이라는(가령, 이용자의 감사편지 보내기, 이용자의 적극적인 자원봉사 참여 등) 질적 지표에서도 그 구축은 이루어졌다.

7. 토론문제

>> 아름다운 이웃이 이용자로부터 받은 재화와 서비스는 무엇인지 생각해 보십시오. 그리하여 아름다운 이웃이 그 재화와 서비스를 기반으로 얻은 효용은 무엇인지 토론해 보십시오.

>> 아름다운 이웃이 수행한 촉진활동의 주요 특징들을 정리하십시오.

CHAPTER 10

촉진
관리

복지기관은 평가와 통제에서 고려되는 사항들을 체계적으로 정리하여 갖고 있어야 한다. 그리고 이 정리된 사항들에 기초하여 하나의 감사(audit) 형식으로 촉진 캠페인의 마지막 단계에서 일관성 있는 평가, 통제의 활동을 수행하여야 한다. 이렇게 각 캠페인마다 시행된 평가와 통제의 결과물은 촉진 캠페인이 거듭되면서 축적되고, 이 축적된 결과물은 촉진활동 전반에 있어서 복지기관이 갖고 있는 장점과 약점을 파악하는 데 매우 도움이 된다.

촉진(promotion)은 복지서비스에 관한 정보를 제공하고, 그 서비스의 구매, 이용을 설득하는 활동이다. 정보 제공은 객관적 내용을 전달하는 것이고 설득은 태도와 행동의 변화를 이끌어 내려는 주관적인 것이다. 정보 제공과 설득이라는 측면에서, 촉진은 **마케팅커뮤니케이션**(marketing communication)이라고 지칭되기도 한다. 이하에서는 그런 커뮤니케이션 활동의 내용과 방법에 대해서 살펴보기로 한다.

10 1 촉진의 의의 - 정보 제공과 설득

촉진의 효과를 체계적으로 정리한 '**Hierarchy of Effects**' 모형에 따르면,[1] 〈도표 10-1〉과 같이, 촉진은 소비자로 하여금 복지기관이 공급하는 서비스를 알게 하고, 좋아하게 하여, 궁극적으로 구매하게 하는 것이다. 소비자로 하여금 복지서비스를 알게 한다는 것은 (1) 그 서비스가 어떤 제품군(product category)에 소속하고, (2) 제품군 내에서 경쟁자와의 차별성은 무엇인지 인식시키는 것이다. 복지기관이 공급하는 특정 서비스는 하나의 제품이다. 제품군이란 그 제품이 속해 있는 범주를 말한다. 예를 들어, 가사지원 서비스는 하나의 제품군이다. 각 복지기관이 가사지원 서비스로서 공급하는 것은 하나의 제품이다. 하나의 제품군 내에서 각 복지기관은 나름대로의 제품을 갖고 서로 경쟁한다.

그렇게 서비스를 알게 하기 위해서, 복지기관은 소비자에게 복지서비스의 특징들에 관한 정보를 제공하여, 소비자가 그 특징들 각각에 대해 **신념**(belief)을 갖도록 한다. 복지서비스의 특징은 속성, 편익 또는 효용에 관한 것으로, 신념이란 복지서비스의 특징에 대한 소비자의 주관적 확신이다. 예를 들어, 어떤 복지기관이 공급하는

---

1) Lavidge, Robert J., and Gary A. Steiner (1961), "A Model for Predictive Measurements of Advertising Effectiveness," *Journal of Marketing*, Vol. 25, Issue 6, Oct. pp. 59-62.

가사지원 서비스에 대해, 소비자는 80%의 확신 속에서 그 서비스가 고객맞춤형이라고 인식할 수 있다. 그러면 그 복지기관의 가사지원 서비스에 있어서, 고객맞춤형이라는 특징에 대해 소비자가 갖고 있는 신념은 0.8이다.

소비자가 어떤 복지기관의 서비스를 안다는 것은 곧 그것에 대해 신념들을 갖고 있다는 것을 말한다. 신념들에 기초하여, 소비자는 그 복지서비스가 소속한 제품군을 인식하거나, 그 복지서비스의 차별성을 인식한다. 따라서, 촉진활동을 효율적으로 수행하려면, 복지기관은 복지서비스 제품에 대한 신념들 중 제품군과 차별성의 인식에 필요한 것들이 무엇인지 정확히 알아야 한다.

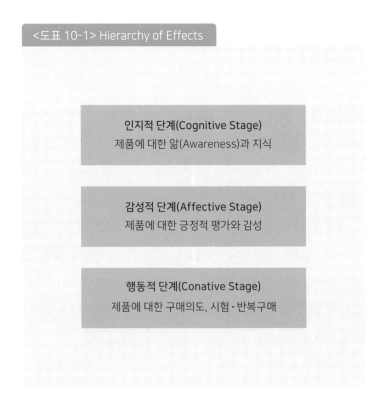

<도표 10-1> Hierarchy of Effects

인지적 단계(Cognitive Stage)
제품에 대한 앎(Awareness)과 지식

감성적 단계(Affective Stage)
제품에 대한 긍정적 평가와 감성

행동적 단계(Conative Stage)
제품에 대한 구매의도, 시험·반복구매

소비자가 위와 같이 복지서비스에 대해 알게 되면, 다음으로 그것에 대해 **태도**를 갖게 한다. 태도는 복지서비스에 대한 전반적인 평가이다. 복지서비스에 대해 대체적으로 얼마나 좋아하는지, 호감을 갖는지 또는 신뢰하는지 등이 모두 복지서비스에 대한 태도를 의미한다. 어떤 복지서비스에 대한 태도는 그 서비스에 대한 신념들이 종합, 정리되어 만들어진 긍정적 또는 부정적 평가이다. 어떤 복지기관의 가사지원 서비스가 갖는 특징들로서 신속성, 공감성, 맞춤성을 생각해 보자. 그 가사지원 서비스에 있어서, 신속성, 공감성, 맞춤성에 대한 소비자의 신념들이 강할수록 그리고 이세 가지 특징들에 대해 소비자가 느끼는 선호도나 중요도가 클수록, 그 가사지원 서비스에 대한 소비자의 긍정적 태도는 커질 것이다. 가령, 공감성에 대한 소비자의 신념을 강화하거나 또는 공감성에 대한 소비자의 선호도나 중요도를 높이면, 그만큼 그 가사지원 서비스에 대한 소비자의 긍정적 태도는 커질 것이다.

위와 같이 개별적 신념에 변화를 주어 긍정적 태도를 강화하기보다는, 복지서비스에 긍정적인 감성을 이입하여 그것에 대한 태도를 고양시킬 수 있다. 이러한 긍정적 감성 이입의 예로서, 소비자가 신뢰하거나 좋아하는 유명인을 복지서비스의 홍보대사로서 소비자에게 반복적으로 보여 줄 수 있다. 이 경우에, 복지서비스의 개별적 특징에 대해 별다른 설명이 없더라도, 그런 반복적 접촉을 통해 유명인에 대한 긍정적 감성이 복지서비스로 전이될 수 있다. 그리고 전이된 감성으로 복지서비스에 대한 긍정적 태도가 강화될 수 있다.

다른 경우로, 복지서비스를 알리는 행사나 캠페인에 참가한 소비자는 그 행사나 캠페인에서 따뜻한 긍정적 감성을 느낄 수 있다. 이 경우에, 소비자는 복지서비스의 개별적 특징에 대해 잘 알지 못해도, 그렇게 느낀 감성은 복지서비스에 이입될 수 있다. 복지서비스로 이입된 긍정적 감성은 궁극적으로 복지서비스에 대한 긍정적 태도를 강화시킨다.

경쟁을 하는 여러 복지서비스들 중에서 특정의 것에 대해 확실히 제일 좋은 태도를 갖고 있는 소비자는 특별한 일이 없는 한 그것을 선호하여 구매하게 된다. 그러나 그렇게 특정의 것에 확실히 제일 좋은 태도를 갖고 있지 않은 경우에, 소비자는 비슷하게 좋아하는 여러 복지서비스들 중에 어느 하나를 선택, 구매하게 된다. 이때, 각 복지기관은 자 기관의 서비스를 구매하도록 소비자를 설득해야 한다. 이러한 구매 설득에 따라 소비자는 시험구매를 해 보고 반복구매를 할 수 있다.

시험구매를 유발하기 위하여 복지기관은 서비스의 특징을 소개, 설명하며 동시에 시험구매에 수반되는 위험을 감수하는 대가로 여러 인센티브를 소비자에게 제공해야 한다. 가령, 서비스를 구매하지 않고 한시적으로 체험을 하게 한다든지, 서비스를 구매하기까지 소비자가 부담하는 비용의 일부를 줄여 준다. 이같이 인센티브로서 구매 설득하는 것을 판매촉진이라고 일컫는다.

복지기관의 서비스가 좋은 제품이라면, 시험구매 후 사용을 통해 소비자는 그 서비스에 대해 긍정적 신념과 태도를 강화할 것이다. 그리고 이는 자발적인 **반복구매**로 이어질 것이다. 그러나 만약 반복구매로 이어질 만큼 신념과 태도가 강화되지 못했다면, 복지기관은 다시 서비스의 소개와 설명 그리고 인센티브 제공을 통해 반복구매를 유발시켜야 한다. 이러한 반복구매의 유발을 위한 촉진활동은 소비자가 자발적으로 반복구매를 할 때까지 지속되어야 한다.

1차 반복구매, 2차 반복구매 식으로 반복구매의 횟수가 늘어날수록 반복구매의 유발을 위한 촉진노력은 적어져야 한다. 만약 촉진노력을 동일하게 유지하거나 늘려서 반복구매를 이어 간다면, 여러 번의 반복구매를 통해서도 소비자의 긍정적 신념과 태도는 강화되지 않을 것이다. 서비스를 소개, 설명하는 복지기관의 지나친 노력에 따라 마지못해 반복구매를 했거나, 아니면 반복구매를 유발하기 위해 제공되는 인센티브에 매력을 느껴 반복구매를 하였기 때문이다. 이러한 경우에, 촉진 노력이 줄어들거나 사라지면 반복구매는 더 이상 기대하기 어렵게 된다.

반복구매의 횟수가 많아지면서 자발적 구매경향이 커지면, 그만큼 소비자는 구매한 복지서비스를 다른 경쟁 서비스들보다 높게 평가하는 것으로(즉, 신념과 태도가 높은 것으로) 이해할 수 있다. 궁극적으로 소비자가 완전히 자발적으로 반복구매를 하게 되면, 복지서비스에 대한 소비자의 긍정적 신념과 태도는 경쟁 서비스 어느 것보다도 확실히 높아진 것이다. 그리하여 촉진의 목표는 달성된 것으로 본다. 그렇게 완전히 자발적으로 복지기관의 서비스를 반복구매하는 소비자를 '**고객**'이라고 지칭한다.

현실에서, 촉진은 언제나 꼭 〈도표 10-1〉의 모형에 따라 진행되지 않는다. 즉, 알게 하고, 좋아하게 하여, 시험구매를 하게 하고, 반복구매를 하게 하는 순서대로 진행되지 않는다. 그 모형은 현실에서 어느 정도 변화되어 적용되기 마련이다. 예를 들어, 어떤 복지기관이 지자체와 협의하여 노인을 위한 혁신적 건강증진 프로그램을 출시했다고 하자. 이 경우에, 〈도표 10-1〉의 모형에 따라서 먼저 노인들에게 그 혁신적 프로그램을 알리고, 설명하는 것은 바람직하지 않을 수 있다. 그 프로그램이 너무 혁신적이어서 생소하게 느껴질 수 있고, 그러면 노인들은 그 프로그램에 대해 관심이 없거나 또는 이해하기 어려울 수 있기 때문이다.

반면에, 행사나 인센티브의 제공을 통해 노인들을 모아 놓고 그 혁신적 프로그램의 일부를 체험시키는 것이 고객 만들기에 더 바람직할 수 있다. 처음부터 그 프로그램을 설명하고 이해시키는 것보다, 비용을 부담시키지 않고 그 프로그램을 시험적으로 경험시키는 것이 더 나을 수 있다. 이런 시험적 경험으로 긍정적 느낌을 얻은 노인들은 이후에 제공되는 프로그램의 안내나 설명에 귀를 기울일 것이다. 그리하여 복지기관은 더 손쉽게 노인들에게 프로그램을 알리고 긍정적 태도를 고양시킬 수 있다. 다음으로 긍정적 태도를 가진 노인들을 대상으로 인센티브의 제공이나 프로그램에 대한 호소력 있는 설명으로 반복구매를 이끌어 낼 수 있다.

위의 예에서, 촉진은 시험구매, 인지, 태도, 반복구매의 순서로 진행된다. 복지서비스에 대해 미처 충분히 학습되지 않은(즉, 그다지 많이 알지도 않고, 특별한 감정도 없는) 소비자들에게 먼저 시험구매를 시킨다. 다음으로 시험구매자들에게 복지서비스를 충분히 학습시켜 그들 중 가능하면 많은 사람들을 반복구매로 유도한다. 이는 〈도표 10-1〉의 모형과는 다른 것이다. 현실에서는 그와 같이 상황에 맞추어 반복구매로까지 가는 과정을(즉, 고객화되는 과정을) 탄력적으로 바꾸어 촉진 과업을 수행해야 한다. 위의 예와 같이, 소비자가 복지서비스에 대해 관심이나 경험이 많지 않으면, 먼저 시험구매를 통해 복지서비스를 경험시키는 것이 촉진목표를 달성하는 데 더 바람직할 수 있다.

요컨대, 촉진이란 복지기관의 서비스를 알고, 좋아하며, 구매하게 만드는 일련의 과정적 활동이다. 단순히 일회성으로 소비자를 자극하여 복지서비스의 매출을 증진하는 활동은 그런 과정적 촉진의 개념에서 멀어질 수 있다. 교환에 임하기 위해 소비자는 복지서비스에 대해 학습을 해야 하고, 촉진은 소비자가 그러한 학습을 하도록 도와주는 커뮤니케이션 활동이다. 이런 면에서 촉진은 마케팅커뮤니케이션이라고도 지칭된다.

촉진관리의 내용 체계는 〈도표 10-2〉와 같이 상황 분석, 목표 수립, 메시지 결정, 매체 결정, 촉진믹스(promotions mix) 결정, 예산 결정, 평가와 통제로 나누어 볼 수 있다. 〈도표 10-2〉에서 **상황 분석**은 각 과정적 단계의 촉진활동에 필요한 정보를 얻는 활동이다. 상황 분석 이외의 나머지 촉진활동들을 위에서 아래로의 일방적 흐름으로 정리한 것은 설명의 편의에 따른 것이다. 현실적으로는 단계별로 제시된 여러 활동들이 동시적으로 같이 수행되기도 하고 또는 한 단계의 활동에서 문제가 생기면 그 이전의 단계에서 수행된 활동을 수정하여 다시 수행하기도 한다.

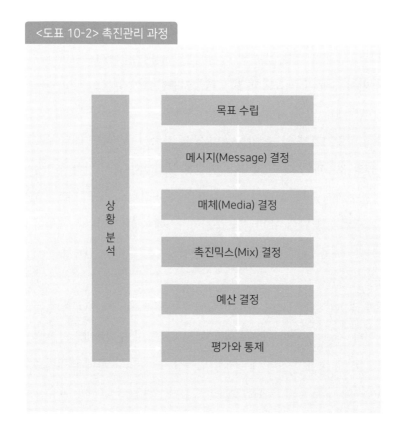

<도표 10-2> 촉진관리 과정

상황 분석

목표 수립

메시지(Message) 결정

매체(Media) 결정

촉진믹스(Mix) 결정

예산 결정

평가와 통제

목표 수립은 촉진을 통해 얻고자 하는 효과를 여러 상황적 요인들에 맞추어 결정하는 것이다. 촉진목표는 복지서비스에 대한 인지도, 태도, 구매(이용) 의도 등의 기준에 따라 설정된다. 목표 수립에 영향을 미치는 상황적 요인들은 표적 소비자집단, 경쟁자 그리고 복지기관 등의 특징과 관련이 있다. 물론, 촉진활동의 수행 일정도 상황적 요인에 해당한다. 가령, 촉진 일정이 빠듯한지, 아니면 여유가 있는지도 목표 수립에 영향을 준다.

촉진은 일회성 설득 커뮤니케이션과 구별된다. 촉진은 소비자가 알고, 좋아하고, 구매하게 만드는 일련의 과정적 활동이다. 복지기관은 촉진 캠페인(campaign)의 시작과 끝을 설정하고 이 시작과 끝 사이의 과정적 단계들을 시간적으로 계획한다. 그리고 각 단계의 촉진활동과 목표를 결정한다.

목표 수립의 예를 들어 본다면, 촉진 캠페인의 첫 3개월 동안은 대량매체(mass media)를 이용해 광고를 집행하고, 표적 소비자집단의 30%로부터 인지도를 확보할 수 있다. 다음 3개월 동안은 인터넷 광고를 집행하여 30%의 인지도를 70%로 늘리고, 동시에 표적 소비자집단의 20%로부터 긍정적 태도를 확보할 수 있다. 이 이후의 3개월 동안은 시험구매를 유인하는 판매촉진을 집행하여, 표적 소비자집단의 40%로부터 긍정적 태도를 확보할 수 있다. 마지막 3개월 동안은 반복구매를 유인하는 판매촉진을 집행하여, 표적 소비자집단의 10%로부터 충성적인 구매의도를 확보할 수 있다. 즉, 촉진 캠페인이 끝나면 표적 소비자집단의 10%를 고객으로 확보할 수 있다.

메시지(message)는 하나의 표현물로서, 복지서비스의 이용을 권유하기 위한 객관적 정보와 주관적 주장을 담고 있다. 저개발국가의 불우어린이를 위한 기부를 권유하는 광고의 표현물이나 장애인 배려를 강조하는 공익광고의 표현물과 같은 것이다. 여기서 객관적 정보란 복지서비스를 구성하는 속성, 편익 그리고 효용에 관한 정보를 의미한다. 그리고 메시지에 담긴 주장이란 복지서비스의 구매를 설득하는 주관적 이야기를 뜻한다. 주장은 객관적 정보에 근거할 수도 있고 아니면 그런 근거 없이 주관적으로 이루어질 수도 있다. 메시지 결정은 객관적 정보와 주관적 주장의 내용을 선택하고, 그 내용의 표현 방식을 선택하는 것이다.

매체(media)는 메시지를 소비자에게 전달하는 수단이다. 일반적으로 매체에는

TV, 라디오, 신문, 잡지, 전단, 옥외광고판, 영업인력(salesforce) 등의 여러 전통적 매체와 함께 인터넷과 모바일에 기반한 신매체가 있다. 소위 SNS는 신매체의 일종이다. 전통적 매체를 이용해 메시지를 전달하는 촉진활동에는 대량광고나 홍보 등으로 지칭되는 것들이 있다. 일반적으로, 복지기관은 하나 또는 그 이상의 메시지를 전달하기 위해 여러 매체들을 혼합하여 사용한다. 이렇게 혼용되는 매체들의 집합을 **매체믹스(media mix)**라고 지칭한다. 가령, 인적매체, 대량매체, 인터넷매체, 모바일 매체 등이 적당하게 혼용되어 하나의 메시지가 전달될 수 있다. 매체 결정이란 이런 매체믹스의 요소들을 선택하고 어떻게 집행할 것인지를 결정하는 것이다.

촉진믹스(promotions mix)란 촉진목표의 효율적 달성을 위하여 다양한 촉진수단들을 적절하게 혼용하는 것을 의미한다. 매체를 이용하여 메시지를 전달하는 촉진수단들에는 광고(advertising), 홍보(publicity), 판매촉진(sales promotion), 인적영업(personal selling) 등이 있다. 예를 들어, 촉진수단들 중에는, 복지서비스를 널리 알리는 데 효율적인 것이 있는 반면, 복지서비스의 구매를 자극하는 데 효율적인 것이 있다. 이런 점이 고려되어, 하나의 촉진 캠페인에서 여러 촉진수단들이 적절히 혼용될 수 있다.

예산 결정이란 메시지와 매체를 집행하는 데 필요한 비용을 중심으로, 촉진 캠페인 전체에 소요되는 비용을 결정하는 것이다. 여기에는 상황 분석을 하기 위한 시장조사 비용, 촉진활동의 결과를 측정 및 평가하는 비용 등도 포함된다.

평가와 통제는 촉진 캠페인의 결과를 평가하고 개선 방안을 찾는 것이다. 촉진믹스를 집행하여 메시지가 매체를 통해 전달되면, 메시지 수용에 따른 촉진효과를 측정하여 계획된 목표대로 촉진효과가 발생했는지 평가해야 한다. 평가의 결과는 차기 촉진 캠페인의 계획과 집행에 반영된다. 물론 평가는 비용 대비 효과에 기초해 이루어진다. 촉진효과는 계획대로 얻어졌지만, 비용이 예산을 초과했다면, 비용초과의 이유를 찾고, 그 문제의 개선안을 모색한다.

10 3 상황 분석

상황 분석은 목표 수립, 메시지 및 매체의 결정과 집행, 촉진믹스의 결정과 집행, 예산의 결정과 집행에 필요한 정보를 얻는 일이다. 이러한 정보는 크게 복지소비자, 복지기관과 사업, 경쟁자 그리고 거시적 환경에 관한 것으로 나누어 볼 수 있다.

복지소비자에 관한 정보로는 복지서비스의 구매동기, 지식과 태도, 쇼핑과 선택행태, 그리고 이용행태를 생각해 볼 수 있다. 이와 함께 소비자의 매체접촉행태도 소비자에 관한 정보로서 고려된다.

구매동기란 복지서비스를 이용해 소비자가 해결하고자 하는 문제와 관련이 있다. 문제해결의 내용과 방법에 따라 구매동기는 달라진다. 복지서비스의 이용목적은 구매동기를 반영한다. 지식이란 복지서비스의 특징과 문제해결 능력에 대해 학습한 결과이다. 소비자는 그런 학습의 결과를 기억처에 체계적으로 저장하고, 필요시 인출하여 사용한다. 태도는 복지서비스에 대한 전반적 평가이다. 태도는 선택을 결정하는 하나의 중요한 요인이다. 어떤 복지서비스에 대한 태도가 다른 것보다 긍정적이면, 그것이 다른 것보다 우선적으로 선택될 가능성은 높아진다. 쇼핑과 선택행태는 동기, 지식, 태도에 기초하여 여러 경쟁 복지서비스들을 알아보고 그것들 중 하나를 선택, 구매하는 것이다. 이용행태란 복지서비스를 소비하는 과정과 관련이 있다. 이 소비과정을 통해 문제해결에 도달하는 것을 이용행태라고 말할 수 있다.

매체접촉행태는 접촉하는 매체의 종류와 그 이용수준에 따라 분석된다. 가령, 소비자는 SNS의 매체들 중 특정의 것을 다른 것들보다 더 사용할 수 있거나 또는 TV보다는 인터넷매체에 올려진 광고를 더 선호할 수 있다. 더 나아가, TV매체 내에서도 드라마나 오락 프로그램보다는 시사교양 프로그램을 더 선호할 수 있다. 이런 매체접촉행태에 대한 정보는 소비자에게 메시지를 전달할 매체의 선택에 매우 유용하다.

소비자에 관한 정보는 촉진 캠페인의 각 단계에서 유용하게 사용된다. 예를 들어, 소비자의 구매동기를 알게 되면 메시지의 수립과 집행을 효과적으로 수행할 수 있다. 만약 어떤 복지서비스를 이용하고자 하는 소비자의 구매동기가 매우 높다면, 그 서비스에 대한 소비자의 학습욕구는 높아진다. 그 복지서비스가 자신에게 매우 필요하다는 생각을 갖고 있기 때문이다. 이 경우에, 메시지가 지루하게 많은 정보를 전달하여도 소비자는 노력을 들여 그 메시지에 주목을 하고 메시지 내용을 학습하려고 한다. 반면 복지서비스를 이용하고자 하는 구매동기가 낮다면, 소비자는 적은 정보를 간결하게 전달하는 복지서비스의 메시지에 대해서도 잘 주목하지 않는다. 구매동기의 수준을 고려하여, 복지기관은 메시지에 담길 정보의 양이나 질과 메시지의 전달 방식을 결정할 수 있다.

복지기관과 사업에 관한 정보는 복지기관 내부의 인력, 조직구조와 경영관리시스템, 가용자원의 배치 그리고 사업의 종류, 크기, 특징 등과 관련이 있다. 이러한 정보에 기초하여 복지기관은 촉진 캠페인에서 해야 할 것과 할 수 있는 것 그리고 얻을 수 있는 것 등의 여러 사항들을 알아보고 결정할 수 있다. 경쟁자에 관한 정보는 경쟁 서비스와 그 사업주체, 경쟁구조, 경쟁자의 강점과 약점, 경쟁행태 등에 관한 것이다.

거시적 환경이란 복지기관이나 경쟁자가 통제할 수 없는 요인들을 의미한다. 통제할 수 없는 요인이란 개별 복지기관이나 경쟁자가 무엇인가 작위적으로 변화를 줄 수 없는 요인이다. 가령, 복지소비자의 생활습관은 그렇게 변화를 줄 수 없는 요인이다. 개별 복지기관이 일반적인 복지소비자의 생활습관을 바꾸는 것은 매우 어렵기 때문이다. 거시적 환경에는 사회문화적 환경, 정치적 환경, 경제적 환경, 법제도적 환경 등이 있다. 복지기관은 이러한 환경에 맞추어 가며 촉진 캠페인을 운용해야 한다. 아주 구체적인 예의 하나로, 광고나 판매촉진을 규제하는 법제도가 있다. 복지기관은 촉진 캠페인의 활동이 이러한 법제도에 부합하는지 따져 보아야 한다.

〈도표 10-3〉은 이상에서 서술된 것을 간략하게 정리하여 제시한다. 상황 분석에서는 각 범주의 정보를 더 세세하고 구체적으로 정리하여 분석해야만 한다.

<도표 10-3> 상황 분석 요인

복지소비자	구매동기, 지식, 태도 쇼핑과 선택행태 미용행태, 매체접촉행태
복지기관	내부인력, 조직구조 경영관리시스템 가용자원의 배치 사업의 종류와 크기, 특징
경쟁자	경쟁 서비스와 사업주체 경쟁구조 경쟁자의 강, 약점 및 경쟁행태
거시적 환경	사회문화적 환경 정치적, 경제적 환경 법제도적 환경

10 4 목표 수립

목표 수립이란 표적시장을 대상으로 일정 계획기간 동안 달성할 촉진효과를 결정하는 것이다. 여기서 촉진효과란 표적시장의 소비자들이 촉진 캠페인을 통해 해당 복지서비스를 얼마나 알고, 좋아하고, 구매하는지를 의미한다. 〈도표 10-4〉는 어느 복지기관이 새롭게 출시할 노인정신건강상담 프로그램에 대한 촉진목표를 예시적으로 보여 주고 있다.

그 도표에서, 촉진 캠페인의 첫 2주에 설정된 목표는 복지기관의 활동지역에 거주하는 노인 10,000명 중 3,000명이 새롭게 출시된 상담 프로그램을 알게 하는 것이다. 이를 위해 복지기관은 노인이 거주할 가능성이 높은 15,000가구의 주소를 입수

한다. 그리고 첫 2주 동안에 그 15,000가구에 2회 반복적으로 우편 안내문을 발송하여 새로운 상담 프로그램을 소개한다. 동시에, 지역TV 방송을 통해 1주일에 4번씩 총 8회(4회×2주)에 걸쳐 새로운 상담 프로그램을 안내한다. 추가적으로, 복지기관이 기존에 확보하고 있는 고객의 전화번호 데이터베이스에서 노인 또는 노인과 같이 사는 것으로 추정되는 사람을 5,000명 선택하여, 모바일로 새로운 상담 프로그램의 안내물을 전송한다. 이렇게 우편, 지역TV, 모바일 안내를 하면, 해당 활동지역의 노인 10,000명 중 30%인 3,000명이 평균 1.5번씩 새로운 상담 프로그램의 안내에 접하고 이에 따라 새로운 상담 프로그램이 무엇이고 어떤 특징을 갖고 있는지 알게 된다.

<도표 10-4> 상담 프로그램 촉진목표 예

기간	촉진활동	촉진목표
1-2주	- 15,000 노인 가구에 우편안내 2회(주 1회 x 2주) 발송 - 지역TV 방송에서 8회(주 4회 x 2주) 안내 - 5,000명에 모바일을 통한 안내문 전송	- 30% 인지도(상담 프로그램을 알게 됨) - 10,000명 중 3,000명이 평균 1.5회 안내물 접촉
3-4주	- 15,000 노인 가구에 체험행사 우편안내 2회(주 1회 x 2주) 발송 - 지역TV 방송에서 4회(주 2회 x 2주) 안내	- 3% 긍정적 태도(상담 프로그램에 호의적) - 인지한 3,000명 중 300명이 긍정적 태도를 형성
5주	- 300명을 확인, 등록권유 우편과 전화 각 1회 - 15,000 노인 가구에 등록권유 우편 1회 - 등록권유 옥외광고	- 1%(100명) 상담 프로그램 등록 - 60명은 3-4주 차에서 긍정적 태도를 형성한 300명 중 일부 - 40명은 우편광고나 옥외광고를 접하고 등록한 노인 소비자

표적청중:
✔ 시장(복지기관 활동지역)의 노인소비자 10,000명
✔ 노인소비자 거주 가능성 가구 15,000가구

다음으로, 3-4주 차에 들어가면, 첫 2주 동안에 우편물을 보냈던 15,000가구에 우편물을 2회 발송하여 새로운 상담 프로그램을 체험할 수 있는 행사를 알린다. 동시에 지역TV 방송에도 1주에 2번씩 총 4회(2회×2주)에 걸쳐 그 체험행사를 안내한다. 이미 새로운 상담 프로그램을 알고 있는 3,000명의 노인들은 그렇지 않은 노인들보다 체험행사에 더 관심이 높을 것이다. 그리하여 그 3,000명 중 300명은 체험행사의 우편안내를 접하고 행사에 참석한다. 그러면 이 300명의 노인들은 체험행사의 참석을 통해 새로운 상담 프로그램에 대해 더 알게 되고, 그것에 대해 상당히 긍정적인 태도를 갖는다. 즉, 3-4주 차에 들어가면, 300명의 노인들은 새로운 상담 프로그램에 대해 상당히 긍정적인 태도를 갖는다.

체험행사가 끝나고 5주 차에 들어가면, 새로운 상담 프로그램에 등록을 권유하는 안내를 한다. 이 안내에는 '등록 시 무료 점심식사 3회 제공'이라는 내용도 포함된다. 3-4주 차에서 상당히 긍정적인 태도를 갖게 된 300명에게는 전화와 우편으로 각 1회씩 등록권유가 이루어진다. 동시에, 최초에 우편안내를 보냈던 15,000가구에게도 등록권유의 우편을 보낸다. 또한 복지기관의 활동지역에서 교통량이 많은 곳을 선택하여 등록권유의 옥외광고도 이루어진다.

그리하여, 5주 차가 끝나는 시점에 100명이 새로운 상담 프로그램에 등록한다. 이 100명 중 60명은 3-4주 차에서 긍정적 태도를 갖게 된 300명 중 20%이다. 나머지 40명은 옥외광고나 우편안내를 접하고 등록한 사람들이다. 물론 이 40명 중의 일부는 1-2주 차에 우편안내나 TV광고를 1-2회 접했을 수도 있다.

〈도표 10-4〉에서 촉진 캠페인의 계획기간은 5주이다. 1-2주 차 목표는 해당 활동지역의 노인들 중 3,000명으로 하여금 새로운 상담 프로그램을 알게 하는 것이다. 3-4주 차 목표는 3,000명 중 10%인 300명이 새로운 상담 프로그램에 대해 긍정적 태도를 갖도록 하는 일이다. 5주 차의 목표는 긍정적 태도를 가진 300명 중 60명이 실제로 새로운 상담 프로그램에 등록하게 하는 것이다.

요약하면, 5주 차 동안에 촉진 캠페인은 새로운 상담 프로그램을 알고, 좋아하여, 구매하는 노인을 최소한 60명 확보해야 한다. 물론, 새로운 상담 프로그램에 등록하지는 않았지만, 어느 정도 새로운 프로그램을 알거나 좋아하는 노인들은 실제로 등록한 노인들보다 많을 것이다. 어느 정도 아는 노인들은 최소한 3,000명이 되며, 어느 정도 좋아하는 노인들은 최소한 300명은 된다. 필요한 경우, 이렇게 알거나 좋아하는 노인들의 숫자들도 촉진 캠페인의 궁극적 목표에 넣을 수 있다.

〈도표 10-4〉에서는 알고, 좋아하고, 구매하는 경우를 상정하여 촉진목표를 구상해 보았지만 실제로는 이보다 더 자세하게 상황에 맞추어 촉진목표를 수립해야 한다. 예를 들어, (1) 어느 정도 알고, (2) 시험구매하고, (3) 잘 알며 다소 좋아하고, (4) 상당히 좋아하고, (5) 반복구매하고 (6) 매우 좋아하며 반복구매하는 식으로 단계를 구체적으로 더 세분화하여 목표를 수립할 수 있다. 그리고 각 단계의 목표는 계량적으로 구체성 있게 설정되어야 한다. 가령, 위의 네 번째 단계에서(상당히 좋아하는 단계), 촉진목표는 표적소비자층의 60%가 5점 척도로 주어지는 '좋아함'의 설문에서 3점 이상 응답하는 것이 될 수 있다.

10 5 메시지 결정

메시지(message)는 복지기관이 소비자에게 전달하려는 언어적·비언어적, 시각적·음성적(때로는 감각적) 표현물이다. 메시지는 복지서비스에 대한 객관적 정보나 구매설득을 위한 주관적 주장으로 구성된다. PC나 모바일 기기 또는 TV 화면에 광고가 뜨면, 그 광고 안에 담겨서 보여지고 들리는 것들은 모두 하나의 메시지를 구성한다. 라디오 광고에서 일정 시간 동안에 들리는 모든 것도 일종의 메시지이다. 신문광고나 잡지광고와 같은 인쇄광고 안에 담겨 있는 모든 것도 일종의 메시지이다. 옥외의 간판이나 네온사인을 통해 전달되는 것도 일종의 메시지이다. 판촉이나 행사의 경우도 마찬가지이다. 판촉이나 행사를 진행하는 요원, 그런 진행에 사용되는 물품이나 (예로 대형 스크린, 전시 공간과 기구 등이나) 유인물 등을 통해 소비자에게 표현, 전달되는 모든 것도 메시지이다.

　메시지의 결정은 두 가지 측면에서 이루어진다. 하나는 내용(contents)에 대한 결정이고 다른 하나는 내용을 전달하는 양식(style)에 대한 결정이다. 메시지 내용은 복지서비스의 특징에(속성, 편익, 효용 등에) 관한 객관적 정보와 주관적 주장이다. 복지서비스의 제품군과(가령, 장애인건강증진 서비스, 결손가정의 청소년학습증진 서비스 등과 같이), 차별적 장점이 객관적 정보로서 메시지를 통해 소비자에게 전달된다. 또한 복지서비스에 대해 긍정적 태도와 행동을 갖도록 소비자를 설득하는 주관적 주장도 메시지에 담긴다.

　메시지에 담기는 복지서비스의 특징은 속성이 될 수도 있고, 아니면 속성을 경험하여 소비자가 얻는 결과가(즉, 편익이나 효용이) 될 수도 있다. 예를 들어, 노약자정신건강치유의 프로그램에서 사용되는 어떤 공감적 상담기법은 서비스 프로그램을 구성하는 하나의 속성이다. 속성을 메시지 내용으로 전달한다고 함은 그 상담기법의 특징이 무엇이고 어떻게 프로그램 참여자에게 적용되는지를 이야기하는 것이다. 가령, 상담자의 자격과 능력 또는 상담도구의 작동과정과 우수성 등을 전하는 것이다. 한편, 소비자가 그 상담기법을 경험하여 얻는 긍정적 결과가 메시지의 내용이 될 수도 있다. 예를 들어, 그 상담기법이 소비자에게 가져다준 심리적 상태나 생활의 변화가 메시지에 담길 수 있다.

　복지기관은 표적 소비자의 특징을 고려하여 복지서비스의 속성을 메시지 내용으로 삼을 수도 있고, 아니면 편익이나 효용을 메시지 내용으로 삼을 수 있다. 가령, 복지서비스의 속성이 상대적으로 이해하기 어렵거나, 복지서비스에 대한 소비자의 관심이 낮다면, 속성을 말하는 것보다 속성으로 말미암아 얻어지는 편익이나 효용을 말하는 것이 바람직할지도 모른다.

　메시지 양식(style)이란 메시지의 내용을 어떻게 표현하여 전달하는지에 관한 것이다. 일반적으로 메시지 양식은 크게 **이성적(rational) 메시지**와 **감성적(emotional) 메시지**로 나누어진다. **이성적 메시지**는 복지서비스의 특징을 객관적으로 서술하여, 소비자가 그에 대해 인지적으로 잘 학습할 수 있게 한다. 가령, 가사지원 서비스가 어떤 지원 항목들로 구성되어 있고, 월 몇 회 제공된다는 식으로 서비스의 속성, 편익 그리고 효용 등을 있는 그대로 서술한다. 물론 이런 서술도 상황에 따라 다양하게 변화될 수 있다. 예를 들어, 소비자의 학습을 돕기 위해 다른 경쟁자의 서비스와 비교하여 서술할 수 있고, 아니면 해당 서비스의 장점뿐만 아니라 단점도 솔직하게 서술할 수 있다.

복지서비스가 감성적 문제해결보다 기능적 문제해결을 지향할 때, 이성적 메시지의 효과적 집행이 요구된다. 가령, 복지서비스가 생계형 직능교육이나 구휼적인 성과를 지향한다면, 그런 교육이나 구휼의 내용이 구체적으로 무엇이고 어떻게 도움이 되는지 객관적으로 서술한 메시지가 그렇지 않은 것보다 더 바람직할 수 있다. 이때, 소비자들이 복지서비스에 대해 사전지식이 많고 관심이 큰 경우에, 이성적 메시지는 효과적일 수 있다. 많은 정보를 처리할 능력과 동기부여가 크기 때문이다.

감성적 메시지는 소비자가 복지서비스의 특징을 감성적으로 느낄 수 있게 표현, 전달한다. 공부방 프로그램에서 공부방 이용의 편리성보다는 공감적 분위기를 강조하려면, 그 분위기를 느끼며 행복해하는 청소년의 모습을 메시지에 담아내야 한다. 상담 서비스의 경우에, 상담자와 피상담자 간의 친밀성이 강조점이라면, 상담의 현장에서 보여지는 양자 간의 친밀하고 따뜻한 모습을 메시지에 담아내야 한다.

감성적 메시지는 복지서비스와 소비자의 특징이나 촉진현장의 상황에 따라 다양하게 변화될 수 있다. 가령, 긍정적 감성보다는 부정적 감성을 전달하여 전달효과를 극대화하는 메시지도 있다. 음주운전이나 마약에 관련된 공익광고는 대체적으로 긍정적인 감성보다는 부정적인 감성을 유발하는 메시지를 사용한다. 감성적 메시지들 중에는 복지서비스에 대한 객관적 정보를 거의 담고 있지 않은 것도 있고, 어느 정도 담고 있는 것도 있다.

감성적 메시지는 복지서비스의 특징들을 분석적으로 하나씩 이야기하기보다는 복지서비스를 이용해 얻는 전반적인 편익이나 효용을 강조할 때 효과적이다. 특히, 복지서비스의 심리적, 상징적 효용을 표현, 전달하는 경우에, 감성적 메시지는 이성적인 것보다 효과적일 수 있다. 레크리에이션 교실의 예에서, 교습 내용과 강사 그리고 부수적 활동들과 같이 그 교실의 구성요소들을 이야기하는 것보다, 그 교실에 참가하면 사회적 연대감이나 삶의 재미를 느낄 수 있음을 이야기하는 것이(즉, 감성적 메시지가) 더 효과적일 수 있다. 복지서비스의 내용이 좀 복잡하거나 소비자의 복지서비스에 대한 학습 능력이나 동기가 낮을 때, 복지서비스가 무엇인지 자세히 말하는 것보다는 복지서비스를 이용하면 어떤 행복한 결과를 얻을 수 있는지 말하는 것이 더 설득적이다. 이런 경우에 감성적 메시지는 매우 효과적이다.

10 6 매체 결정

매체(media)란 메시지를 전달하는 수단이다. 주요 매체에는 인쇄매체, 방송매체, 인터넷매체, 모바일매체 등이 있다. 인쇄매체는 신문이나 잡지 또는 전단지와 같이 정보나 설득내용을 종이에 활자화하여 전달하는 매체이다. 방송매체는 전통적인 라디오나 TV와 같이 전파신호를 이용해 소통하는 매체를 뜻한다. 인터넷매체는 유·무선망을 통하여 디지털신호로 소통하는 매체이다. 모바일매체는 이동하는 자를 대상으로 언제 어느 때나 소통을 가능하게 해 주는 매체로, 디지털신호를 전달하는 무선데이터통신이나 와이파이에 기반한다.

물론, 매체는 위에서 제시된 것보다 목적에 따라 얼마든지 더 세세히 분류하여 정리할 수 있다. 가령, 인터넷이나 모바일매체 안에도 이메일, SNS 등 다양한 종류의 하위 매체들이 존재한다. TV매체의 경우도 프로그램별로 하위 매체를 나누어 볼 수 있다. 뉴스, 드라마, 다큐멘터리, 예능 등과 같은 범주에 따라 TV매체의 하위 매체들을 정리해 볼 수도 있다. 또는 어떤 방송국의 8시 뉴스와 같이 특정 프로그램을 하나의 매체로 생각해 볼 수도 있다.

매체는 쌍방적인 것인지 아닌지에 따라 구분될 수도 있다. 쌍방적 매체는 복지기관과 소비자가 실시간으로 대화하며 정보나 설득내용을 교환할 수 있게 한다. 인터넷이나 모바일 기기에 기반한 SNS매체는 쌍방향 소통을 가능케 한다. 콜센터도 하나의 매체이다. 콜센터를 통해 복지기관은 소비자와 쌍방향, 실시간으로 소통을 할 수 있다.

사용할 매체를 결정할 때 우선적으로 고려해야 할 요인은 효율성이다. 더 낮은 비용으로 더 많은 표적 소비자들에게 메시지를 전달할 수 있는 매체는 그만큼 효율적이다. 예를 들어, 새로운 복지서비스 제품의 안내물을 우편으로 보낼 때 1인당 1,000원이 소요된다고 상정하자. 그리고 우편 안내물을 받은 소비자들 중 50%만이 제대로 읽는다고 가정하자. 만약 1,000명의 소비자들이 우편 안내물을 읽기 원한다면, 2,000명에게 우편 안내물을 보내야 한다. 그들 중 50%만이 받은 안내물을 읽기 때문이다. 이 경우에, 200만 원(1,000원×2,000명)이 우편 안내물의 발송 비용으로 소요된다. 즉, 우편 전단을 매체로 사용할 경우 매체 비용으로 200만 원이 소요된다.

반면, 지역TV 방송에서 새로운 복지서비스 제품을 안내하는 데 지불되는 비용은 100만 원이라고 상정하자. 그리고 TV 안내를 보고 그 신제품이 무엇인지 제대로 아는 소비자가 1,000명이라고 상정하자. 이 경우에, 지역TV 방송을 매체로 사용하면, 우편 전단을 매체로 하는 경우보다 비용을 50% 절감하고 동일한 촉진효과를 얻을 수 있다. 그리하여 다른 모든 조건이 같다면, 효율성 측면에서 우편 전단보다는 지역TV를 매체로 선택해야 한다.

매체 결정 시 중요하게 고려해야 할 또 하나의 요인은 매체와 메시지 간의 적합성이다. 이러한 적합성의 판단에는 여러 사항들이 고려된다. 먼저, 소비자의 정보처리 통제 여부를 생각해 볼 수 있다. 예를 들어, 방송매체를 통해 실시간으로 전달되는 메시지나 행사장의 진행자를 통해 실시간으로 전달되는 메시지는 소비자가 자신이 원하는 속도로 듣고, 보고, 이해하기 매우 어렵다. 빨리 전달되는 메시지는 빠르게, 늦게 전달되는 메시지는 늦게 따라갈 수밖에 없다. 한번에 정보를 많이 주면 그만큼 많은 노력으로 정보를 받아들여야 하고, 그렇지 않으면 여유를 갖고 정보를 받아들일 수 있다.

이렇듯이 TV나 라디오와 같은 방송매체에서 소비자의 정보처리 통제 수준은 매우 낮다. 반면, 신문이나 잡지 또는 메시지를 저장할 수 있는 인터넷 기반 매체에서,

소비자는 비교적 자신이 원하는 속도에 따라 메시지의 정보를 받아 처리할 수 있다. 천천히 읽거나 볼 수 있고, 바쁘면 나중에 다시 찾아서 읽거나 볼 수 있다. 즉, 소비자의 정보처리 통제 수준이 높다.

메시지에 많은 정보가 담기고 소비자가 그 정보를 잘 처리해 학습하기 원할 때는, 소비자의 정보처리 통제 수준이 높은 매체를 이용해 메시지를 전달해야 한다. 복지서비스의 여러 특징들과 효과를 소비자가 시간을 두고 체계적으로 잘 이해하기 원한다면, 잡지나 전단과 같은 인쇄매체를 사용하는 것이 바람직하다.

한편, TV나 라디오와 같은 방송매체나 다양한 동영상을 전달할 수 있는 인터넷 기반의 매체는 메시지를 감각적이고, 동적이며, 미적으로 전달할 수 있다. 예를 들어, 영화나 드라마의 일부처럼 다양하고 풍성한 표현기법들을 동원해 메시지를 전달할 수 있다. 따라서 메시지에 복지서비스의 감성적 특징을 담거나, 별로 관심이 없는 소비자로 하여금 메시지에 관심을 두도록 메시지를 매력적으로 제작할 경우에는, 그런 방송매체나 인터넷 기반의 매체를 사용하는 것이 바람직하다.

매체의 신뢰성도 메시지와 매체 간의 적합성을 살펴보는 데 고려해야 할 주요 기준이다. 신문, 전문잡지와 같은 것은 TV나 라디오보다 비교적 신뢰가 더 가는 매체이다. 상업용 제품들 중에서도, 소비자가 일회성 재미나 느낌을 얻기 위해 별 큰 생각없이 구매하는 것들이 있는데, 이런 제품들에 대한 촉진메시지는 비교적 신뢰도가 높지 않은 매체를 통해 전달되어도 큰 문제가 없다. 그러나 소비자가 숙고해서 구매하는 고품질 고가격의 제품에 대한 촉진메시지는 신뢰도가 높은 매체를 통해 이루어져야 한다. 그래야 신중한 제품 선택을 위해 정확하고 믿을만한 정보를 원하는 소비자에게 메시지는 더 긍정적으로 수용될 수 있다.

이상에서, 몇 가지 중요한 매체 특성들을 고려하며 매체 선택에 대해 논의해 보았다. 실무 현장에서 매체 선택을 위해 고려해야 할 요인들은 위에서 언급된 것 이외에도 매우 많고 다양하다. 특히, 과거와는 달리 오늘날에는 IT 기반의 양방향 매체들이 지속적으로 쏟아져 나오고 있다. 그리하여 매체 선택의 폭이 더욱 넓어지고 있고, 동시에 작은 예산으로도 얼마든지 광역적으로 다양하게 촉진활동을 수행할 수 있게 되었다. 물론, 낮은 비용으로 고품질의 메시지를 전달할 수 있는 매체들도 많아져 가고 있다.

10 | 7 촉진믹스(Promotions Mix) 결정

촉진수단은 광고(advertising)나 홍보(publicity)에서 판매촉진(sales promotion)과 인적영업(personal selling)에 이르기까지 다양하게 존재한다. **광고**란 대가를 지불하고 구입한 대량매체(mass media)를 통해 불특정 다수의 청중에게 메시지를 전달하는 수단이다. 대량매체는 전통적으로 TV, 라디오, 신문, 잡지로 분류되어 왔다. 그러나 오늘날에는 인터넷과 모바일을 기반으로 대량매체가 다양화되고 있다. 대표적인 예가 포털 사이트(portal site)에 게재되거나 모바일 앱을 이용하여 전달하는 광고이다.

홍보는 상황적으로 다양하게 사용되는 개념이다. 비영리, 공공 부문에서는 광고, 판매촉진, 인적영업 등의 모든 촉진수단들을 포괄하는 개념으로 사용되기도 한다. 실천적 관점에서, 홍보는 사용 대가를 지불하지 않는 매체를 이용하여 메시지를 전달하는 촉진수단이라고 생각해 볼 수 있다. 여기에는 언론사나 방송사의 협조를 얻어 기사나 프로그램 속에 메시지를 넣어 전달하는 것도 포함된다. 홍보 주체는 이런 전달을 위해 언론사나 방송사에 공식적으로 대가를 지불하지 않는다. 메시지는 그런 기사나 프로그램의 내용에 해당하기 때문이다.

판매촉진은 소비자로 하여금 어떤 행동을 하도록 하여, 복지서비스에 대한 정보나 주장을 수용하게 한다. 일반적으로, 그런 행동유발을 위해서 인센티브(incentive)가 소비자에게 제공된다. 가격할인이나 선물 증정 등의 인센티브를 제공하여 시험적 구매행동이나 체험을 유발시키는 것은 전형적인 판매촉진에 해당한다.

예를 들어, 복지기관은 새로운 서비스의 시험적 경험을 소비자에게 권유하며, 그 경험을 위해 소비자가 지불하는 비용을(예로, 교통비나 식사비 또는 시간에 대한 기회비용이나 부정적 경험 등을) 경제적으로 보상해 줄 수 있다. 그런 서비스의 시험적 경험을 통해 소비자는 서비스의 특징에 대한 정보를 얻고, 서비스에 대해 긍정적 느낌을 체득한다. 복지서비스의 소개와 시연을 위해 행사를 개최하는 것도 전형적인 판매촉진에 해당한다.

인적영업(personal selling)이란, 개별 영업요원이라고 지칭되는 개인이 개별 소비자나 또는 한 집단의 소비자들과 접촉하여 메시지를 전달하는 촉진수단이다. 영리적인 경우에, 유통매장의 영업사원이나 행사장의 요원은 메시지를 전달하는 전형적인 영업요원이다. 사무실이나 가정을 방문하면서 복지서비스 프로그램을 안내하고 그 참가를 권유하는 사람이 있다면, 그 사람은 인적영업을 수행하고 있는 것이다.

촉진믹스란 광고에서 인적영업에 이르는 다양한 촉진수단들을 확보하여, 그것들을 촉진목표에 따라 적절하게 배합하여 운용하는 것을 말한다. 〈도표 10-5〉는 촉진수단들을 크게 두 가지 기준에 따라 분류하였다. 하나는 촉진수단이 대량전달적인지 아니면 개별전달적인지의 여부이다. 다른 하나는 촉진수단이 소비자에게 경제적 보상을 제공하는지의 여부이다. 경제적 보상은 정보탐색이나 시험적 체험에 수반되는 비용과 위험에 대한 대가이다.

<도표 10-5> 촉진수단의 분류

		전달방식	
		대량전달: 메시지 수신자를 특정하지 않음 불특정 다수에 대해 동일 메시지 일방적 전달	개별전달: 메시지의 수신자를 특정함 개별 수신자에 맞춰진 메시지 쌍방적 소통
경제적 보상	메시지 수용에 대한 경제적 보상이 있음	(예) 판매촉진 행사	(예) 구매보상 제공 인적영업
	메시지 수용에 대한 경제적 보상이 없음	(예) 4대 매체 광고	(예) SNS 맞춤형 구매컨설팅

　　대량전달적 촉진수단은 동일한 메시지를 다수의 불특정 복지소비자들에게 일방적으로 전달한다. 대표적인 것으로 TV, 라디오, 신문, 잡지 등의 대량매체(mass media)를 이용한 광고나 홍보를 들 수 있다. 대량광고를 위해서 복지기관은 메시지를 내보낼 매체의 공간이나 시간을 구매한다. 대량홍보의 경우에, 복지기관은 메시지를 내보낼 매체의 공간이나 시간을 구매하지 않는다. 대신에 언론사나 방송사 또는 인터넷 포털과 같은 매체의 기사나 프로그램 또는 그 밖의 편집물에 메시지를 삽입한다. 예로, 새로운 복지서비스에 대한 소개를 지역신문사 기자에게 부탁하여 기사화하거나 또는 지역TV 방송의 프로그램에 복지서비스에 대한 소개가 들어가게 할 수 있다.

　　대량광고와 홍보는 여러 면에서 서로 장단점을 갖고 있다. 대량홍보에서, 복지기관의 메시지는 공공 매체기관의 기사나 프로그램에 삽입된다. 그리고 이 메시지의 삽입은 기사나 프로그램의 취지나 내용에 맞추어 이루어진다. 따라서 구매한 매체 공간이나 시간에 메시지를 삽입하는 대량광고에 비해, 대량홍보는 더 객관적인 인식과 긍정적인 반응을 소비자로부터 얻어 낼 수 있다. 그러나 복지기관은 메시지를 삽입할 기사나 프로그램을 충분히 통제할 수 없다. 이에 따라 복지기관의 메시지 제작, 운영이나 표적청중의 선택에는 일정한 한계가 있기 마련이다. 대량광고의 경우에 이런 한계는 많이 줄어든다. 복지기관은 기관의 목적이나 상황에 맞추어 매체를 구매하기 때문이다.

인터넷이나 모바일매체를 통한 광고나 홍보에도 대량전달적인 것이 있다. 가령, 누구라도 접근할 수 있는 포털 사이트에 배너광고를 띄운다면, 이 광고는 대량전달적인 성격을 갖게 된다. 누구나 접근할 수 있는 온라인(online) 신문기사에 복지서비스를 소개하는 홍보도 대량전달적인 성격을 갖는다.

개별전달적 촉진수단은 특정 개인이 누구인지를 확인하여, 그 개인의 특성에 맞추어 메시지를 만들고, 전달한다. 하나의 예로, 고객자료를 숙지한 촉진 담당자는 콜센터, 우편, 인터넷, 모바일 등의 매체를 이용하여, 특정 개인과 접촉하고 그 개인의 특징과 상황에 맞추어 복지서비스에 대한 정보를 제공하며 서비스 이용을 권유할 수 있다. 개별전달적 촉진수단은 소비자와 실시간의 쌍방소통을 지향한다. 그리하여 맞춤형으로 촉진활동을 수행을 하며, 소비자의 의견과 요구에 즉각적으로 그리고 충실히 대응할 수 있다.

개별전달적 촉진수단의 전형적인 예로 인적영업을 들 수 있다. 복지기관의 인적영업 담당자는 소비자와 개별적으로 접촉하여 수요 상황과 특성에 맞추어 서비스 관련 메시지를 전달한다. 물론, 인적영업은 텔레마케팅과 같이 전화로 이루어질 수 있고 또는 이메일, SNS, 화상회의 도구와 같은 IT 기반의 방법으로 이루어질 수도 있다.

촉진에서 경제적 보상을 소비자에게 제공하는 이유는 촉진에 대한 반응을 높이는 데 있다. 즉, 소비자의 메시지 수용을 제고하는 데 있다. 대표적인 예로 시험구매를 유인하는 가격할인 행사를 들 수 있다. 어떤 새로운 복지서비스가 출시되었고, 동시에 그 복지서비스의 가격을 20% 할인해 주며 시험구매를 권유하였다고 하자. 이러한 행사에서 메시지는 시험구매를 권유하는 것이고, 20%의 가격할인은 권유에 응하는 것에 대한 경제적 보상이다. 20% 가격할인의 보상을 통해서, 출시 초기에 더 많은 소비자들이 시험구매를 통해 새로운 복지서비스를 알게 된다.

기존 복지프로그램에 대해 아직은 긍정적 생각이나 느낌이 강하지 않은 소비자들에게도 구매를 유인하는 가격할인 행사를 전개할 수 있다. 이러한 가격할인은 별로 긍정적이지 않은 복지프로그램의 이용에 대해 소비자들이 부담하는 비용과 위험을 경감시켜 준다. 그리하여 소비자들의 시험적 이용이나 재이용을 유인한다. 소비자들은 그런 이용을 통해 복지서비스를 더 잘 알고 긍정적인 판단을 할 수 있다.

또 하나의 예로서, 소비자들을 모아 놓고, 복지서비스 프로그램을 소개하는 행사를 들 수 있다. 이런 행사에서 약간의 선물이나 오락의 기회가 제공될 수 있다. 이렇게 제공되는 것 모두는 넓은 의미에서 경제적 보상이라고 볼 수 있다. 복지소비자는 시간, 노력 그리고 때로는 금전을 들여 그런 소개 행사에 참여하는데, 만약 이런 참여를 통해 자신에게 유익한 정보나 설득적 메시지를 얻지 못한다면 손해만 보는 셈이다. 복지기관은 행사에서 경제적 보상을 제공함으로써 그런 손해에 대한 복지소비자의 부담을 덜어 주게 된다.

이상에서 서술된 것 이외에도 경제적 보상이 촉진에 대한 반응을 높여 주는 이유들은 많다. 복지기관은 그런 이유들을 잘 따져서 촉진수단에 경제적 보상을 수반시킬 것인지 그리고 수반시킨다면 어떤 내용으로 얼마만큼 수반시킬 것인지를 결정해야 한다. 경제적 보상이 너무 작으면 촉진효과를 충분히 낼 수 없지만, 그렇다고 너무 많은 경제적 보상도 바람직하지 않다. 복지기관에 부담을 더해 주기도 하지만 소비자의 관심을 복지서비스보다 보상으로 돌리는 부정적 효과가 있기 때문이다.

촉진에서 경제적 보상으로 제공하는 것들은 대체적으로 가격할인, 추가 제공, 부가 제공으로 분류될 수 있다. 가격할인은 복지서비스 구매에 대한 금전적 부담을 줄여 주는 것이다. 추가 제공은 동일 가격으로 복지서비스를 더 많이 제공해 주는 것이다. 가령, 재활치료 서비스를 1달 가격에 1달 반 동안 이용할 수 있게 한다면, 이는 추가 제공에 해당된다. 부가 제공은 동일 가격으로 복지서비스 이외의 다른 혜택을 제공하는 것이다. 재활치료 서비스 이용자에게 필요장비의 일부를 무료로 이용하게 해 주거나 건강검사를 받게 해 준다면, 이는 부가 제공에 해당된다. 물론, 위의 세 가지 경제적 보상을 적절히 혼합하여 활용할 수도 있다. 예로서, 가격할인과 함께 부가 제공을 수반하는 촉진수단을 활용할 수 있다.

경제적 보상을 수반하는 촉진수단들 중에는 복지서비스에 대한 정보나 주장을 거의 전달하지 않는 것들도 있다. 이런 것들은 시험구매나 재구매를 권유하며 경제적 보상의 제공을 고지하는 데 그친다. 가령, 어느 특정 시기에, 일정 조건에 따라 구매하면 얼마의 가격할인이 있다는 식의 고지만 하는 촉진수단이 있다. 반면, 다른 어떤 촉진수단은 경제적 보상과 함께 복지서비스에 대한 정보와 주장을 비교적 많이 전달한다. 흔히 접할 수 있는 예로서, 복지서비스에 대해 많은 내용을 알려 주며, 동시에 가격할인을 고지하는 광고물을 들 수 있다.

경제적 보상을 수반하는 촉진수단을 개발하는 경우에, 경제적 보상의 질적, 양적 수준과 함께 복지서비스를 소개하는 내용의 질적, 양적 수준을 결정하는 것은 매우 중요한 문제이다. 이러한 결정에 따라 촉진효과가 달라질 수 있기 때문이다. 예를 들어, 시험구매에 대한 경제적 보상을 제공하더라도 복지서비스에 대한 정보나 주장을 많이 전달하는 촉진수단은 비효과적일 수 있다. 정보나 주장에 대한 학습이 번거로워서 소비자는 촉진수단에 관심을 두지 않을 수 있고, 이에 따라 시험구매도 제대로 발생하지 않을 수 있다.

일반적으로, 경제적 보상을 제공하며 구매나 행사 참여와 같은 행동을 유인하는 촉진수단은 판매촉진이라고 지칭된다. 그러나 광고나 홍보 또는 인적영업과 같은 촉진수단에도 행동유인을 위한 경제적 보상이 수반될 수 있다. 이 경우에 그런 촉진수단과 판매촉진과의 구분은 모호해진다.

요컨대, 촉진믹스란 촉진목표의 효율적 달성을 위해 여러 다양한 촉진수단들을 혼용(mix)하는 것이다. 촉진믹스는 촉진예산의 결정에 큰 영향을 미친다. 촉진수단의 구입과 활용에 촉진예산의 큰 부분이 할애되기 때문이다.

10 8 예산 결정

　　예산이란 촉진활동에 지출되는 자원의 규모를 의미한다. 가장 원칙적으로, 예산은 알고, 좋아하고, 구매하게 만드는 촉진목표에 맞추어 결정된다. 가령, 표적 소비자 집단의 80%가 새로운 서비스 프로그램을 인지해야 한다는 목표를 정한다면, 촉진예산은 이런 목표에 맞추어 결정되어야 한다. 그 80%의 목표에 다가갈 수 있는 양적, 질적 수준의 메시지를 제작하고 이 메시지를 계획기간 내에 전달할 매체를 구입, 운용하는 데 충분한 예산이 확보되어야 한다. 당연히 그 목표가 80%에서 60%로 떨어진다면, 예산도 그만큼 낮게 결정될 수 있을 것이다. 동시에, 예산은 복지기관이 가용할 만한 자원 내에서 결정되어야 한다. 아무리 바람직한 목표라 할지라도, 그 목표 도달에 필요한 자원을 갖고 있지 못하다면 그리고 자원을 추가적으로 확보할 수 없다면, 목표는 가용할 수 있는 자원의 범위 내에서 조정되어야 한다. 이러한 측면에서, 촉진목표와 예산은 서로 불가분의 관계에 있다.

　　따라서, 적절한 예산 결정을 위해서는, 예를 들어, 인지도 80%가 복지기관에 가져다주는 이익과 80%의 인지도를 확보하는 데 소요되는 예산을 비교해야 한다. 설명을 위해, 1,000만 원의 촉진예산을 사용하면 80%의 인지도와 100명의 서비스 프로그램 가입자를 확보한다고 상정해 보자. 한편, 확보할 인지도가 60%로 낮아지면, 촉진예산으로는 300만 원이 필요하고 서비스 프로그램 가입자는 80명이 된다고 상정해 보자.

　　인지도가 80%에서 60%로 떨어지면(20%만큼 감소하면) 예산은 1,000만 원에서 300만 원으로 줄어들고(700만 원만큼 감소하고), 프로그램 가입자는 100명에서 80명으로 줄어든다(20명만큼 감소한다). 이 경우에 복지기관은 예산을 1,000만 원으로 해서 인지도 80%와 가입자 100명을 확보하는 것이 전략적으로 타당한 것인지, 아니면 예산을 300만 원으로 낮추어 인지도 60%와 가입자 80명을 확보하는 것이 타당한 것인지 따져 보아야 한다. 어쩌면 예산을 300만 원으로 결정해 80명의 가입자만을 확보하는 것이 경제적으로 더 타당할지도 모른다.

좀 더 개념적인 입장에서, 성과와 지출예산의 비교는 한계비용(marginal cost)과 한계수익(marginal revenue)의 개념에 따라 설명될 수 있다. 촉진예산은 한계비용이 한계수익을 초과하지 않는 범위 내에서 결정되어야 한다. 여기서 한계수익은 촉진목표와 관련해 생각하면 된다. 그리하여, 추가적으로 예산을 투여하여 추가적으로 촉진목표가 달성되었다면, 추가적 목표 달성이 복지기관에 가져다주는 금전적, 비금전적 가치는 추가적으로 투여한 예산보다 같거나 높아야 한다. 만약 그렇지 않다면, 굳이 추가적으로 예산을 투여할 필요가 없을 것이다. 실제의 현장에서, 추가적으로 투여된 예산과 추가적으로 달성된 목표의 금전적, 비금전적 가치를 측정하는 일은 쉽지 않다. 그럼에도, 한계수익이 한계비용보다 높은지를 따져 보는 일은 중요하다. 예산 결정의 과정에서 자칫 비용을 무시하고 성과만 높이 내고자 하는 불합리한 일들을 미연에 방지할 수 있기 때문이다.

촉진효과는 지속적이기 때문에, 이 지속적 측면을 촉진예산의 결정에 반영하는 것은 매우 중요하다. 예를 들어, 어떤 특정한 연도에 촉진을 통해 80%의 인지도를 확보했다면, 다음 해에도 그 80%의 인지도 중 상당 부분이 남기 마련이다. 가령, 다음 해에 아무런 촉진활동을 하지 않더라도 그 80%의 인지도 중 60%는 남아 있을 수 있다. 즉, 다음 해에 인지도 조사를 하면 48%(0.8×0.6)의 인지도가 나타날 수 있다. 물론 그다음의 다음 해에는 48%까지는 아니지만 그 48%의 상당부분이 인지도로 남아 있을 수 있다. 이런 식으로 그 80%의 인지도는 촉진활동이 이루어진 당해 연도에만 존재하다 소멸하는 것이 아니다. 해가 지남에 따라 서서히 소멸하다가 해가 상당히 지나간 어느 시점에 완전히 소멸하게 된다. 인지도는 사람의 기억과 관련되어 있고, 기억은 하루아침에 없어지는 것이 아니기 때문이다.

그리하여 만약 어느 특정 연도에 1,000만 원을 소요해 인지도 80%를 얻고, 다음 해에는 그 인지도의 60%에 해당하는 48%의 인지도가 남았다면, 1,000만 원 중 60%인 600만 원은 소진되지 않고 다음 해에 남아 있는 셈이다. 다시 말해서, 촉진예산 1,000만 원 중 촉진을 시행한 첫 해에 400만 원만 사용하고, 600만 원은 다음 해로 이월한 셈이다. 만약 촉진활동이 여러 기간에 걸쳐 이루어진다면, 이러한 예산의 이월을 고려하여 각 기간의 예산과 전체 예산을 책정하는 것이 바람직하다.

이상의 내용은 **투자수익률**(ROI: return on investment)이라는 개념에 따라 좀 더 논리적으로 설명될 수 있다. 알고, 좋아하고, 구매하게 만드는 성과는 일단 만들어지면, 오랫동안 서서히 없어지면서 복지서비스의 판매에 도움을 준다. 이런 측면에서, 촉진에 투여된 예산은 그 투여 이후 상당한 기간 동안 이익을 가져다주는 투자로서 이해될 수 있다. 만약 어떤 한 해에 촉진예산으로 10억 원을 집행하고, 이 집행에 따라 소비자로 하여금 알고, 좋아하고, 구매하게 한 성과는(즉, 달성된 촉진목표는) 그 성과발생 이후 10년 간 매년 10%씩 일정하게 없어진다면, 촉진예산 10억 원은 10년을 바라보는 투자가 된다. 그리고 10억 원이라는 투자에 대한 수익은 촉진성과의 가치에 따라 산정된다.

현실에서, 촉진성과의 크기와 시간적 소멸을 계량적으로 측정하는 것은 어려운 일이다. 그러나 투자수익률과 관련해 위에서 제시한 원리들을 촉진예산 결정에 적용해 보는 것은 중요하다. 그런 적용을 통해 촉진예산 결정과 집행의 합리성을 파악할 수 있기 때문이다. 이 경우에, 단기적 시각에 따라 촉진예산을 과다하게 또는 지나치게 작게 책정, 집행하는 위험성을 줄일 수 있다.

복지프로그램으로부터 창출되는 수익은 촉진예산의 결정에 영향을 미친다. 이런 수익의 전형적인 예로서, 소비자가 복지프로그램에 가입하며 지불하는 금전적, 비금전적 대가나, 복지프로그램에 대한 공공보조금을 들 수 있다. 많은 경우에, 복지프로그램의 수익은 촉진예산의 주요 기준이 된다. 가장 상식적인 경우로, 그 수익에 비례하여 촉진예산을 편성할 수도 있다. 그러나 수익에 비례한 촉진예산의 결정에는 큰 단점이 있다. 잘 운영되어 크게 성장하는 복지서비스 프로그램에는 더 많은 예산이 할당되고 그렇지 못한 것에는 더 작은 예산이 할당되는 문제를 초래하기 때문이다. 이 경우에, 현재는 작고 활성화되지 못했지만 미래 성장성이 큰 복지프로그램에 충분한 촉진예산이 할당되지 못할 수도 있다. 반면 현재는 크게 운영이 잘되지만 곧 정체기에 빠질 복지프로그램에는 지속적으로 지나치게 많은 예산이 할당될 수도 있다.

경쟁도 예산 결정에서 영향을 미친다. 같은 복지서비스 시장에서 상당히 장기적으로 경쟁해야 할 복지기관들이 있다면, 이 경쟁자들의 촉진예산을 고려하여 자 복지기관의 촉진예산을 결정할 수 있다. 예를 들어, 경쟁자들과 자 복지기관 간의 차이를 고려하여 경쟁자들의 촉진예산보다 일정 수준 더 높거나 낮게 촉진예산을 결정할 수 있다. 만약 경쟁자의 촉진예산보다 지나치게 적은 예산을 집행하면, 소비자의 인지도나 충성도 면에서 점차 뒤처질 수 있고 이는 곧 중장기적 경쟁력의 약화로 이어질 수 있다. 반면 경쟁자들의 예산보다 지나치게 많은 예산을 집행하면 자원의 낭비를 가져올 뿐 아니라 지나친 촉진활동으로 역풍을 맞을 수도 있다. 가령, 소비자의 인지도나 충성도가 포화점을 넘어 감소될 수도 있고, 경쟁자를 민감하게 자극하여 불필요하게 경쟁을 심화시킬 수도 있다.

이상에서 예산 결정의 주요 방법들을 개괄적으로 살펴보았다. 그러나 예산 결정 방법은 그러한 방법들에만 국한되지 않는다. 특히, 전략적 고려에 따라 예산 결정의 원리와 방법은 얼마든지 탄력적으로 변화될 수 있다. 예를 들어, 새로운 복지프로그램에 대한 수요가 불확실한 상황에서 촉진활동이 전개되어야 한다면, 예산 결정은 과거의 경험이나 증거에 기반하여 이루어지기보다 미래지향적으로 위험을 감수하며 이루어질 수 있다. 이 경우에, 만약 그 위험 요인들을 감수하며 적극적으로 수요를 창출하고자 한다면, 촉진예산도 그에 맞추어 확대되어야 한다. 여기에서, 위험 요인들을 평가하고 그 평가결과를 촉진예산의 결정에 반영하는 것은 쉽지 않은 일이 될 것이다. 위에서 제시한 일반적 촉진예산 결정의 방법들이 그대로 적용되기는 어려울 것이다. 촉진예산의 결정에는, 그런 일반적 방법들과 함께 다른 방법들이 다양하게 강구되어야 할 것이다.

10 9 평가와 통제

평가는 촉진 캠페인의 실제 성과를 측정하여, 이 실제 성과를 목표와 비교하는 것이다. 평가는 효과성 평가와 효율성 평가로 나누어 볼 수 있다. **효과성 평가**란 복지서비스를 알게 하고, 좋아하게 하며, 구매하게 하는 목표에서 실제로 도달한 것을 비교, 분석하는 것이다. 가령, 인지도 80%를 목표로 삼았으나 실제로 60% 도달에 그쳤다면, 그 미달만큼 촉진의 효과성은 떨어지는 것이다. 이렇듯이, 효과성 평가란 목표와 실제 도달치를 살펴보는 데 그 핵심이 있다. 효율성 평가란 촉진활동에 소요된 성과 대비 비용을 파악하는 것이다. 가령, 인지도 1%를 창출하는 데 100만 원이 소요될 것으로 예상했는데, 실제로 120만 원이 소요되었다면 그 차액인 20만 원만큼 비효율성이 창출된 것이다.

효과성 평가는 수립된 촉진목표가 제대로 달성되었는지 살펴보는 것이다. 따라서 촉진목표를 구체적으로 정확하게 수립해야만 효과성 평가를 수행할 수 있다. 표적청중을 명확히 결정하여 인지도, 태도, 행위의도 등의 여러 지표들에 따라 촉진목표를 구체적으로 설정하지 않는다면, 촉진 캠페인이 끝난 후에 효과성 평가를 제대로 할 수 없다.

이와 같이 효과성 평가를 제대로 하지 못하면, 여러 문제점들이 발생할 수 있다. 현실에서 많이 나타나는 문제점으로, 효과성 평가가 매출 중심적으로 이루어지는 것을 들 수 있다. 가령, 복지기관 내의 많은 사람들은 촉진을 통해 복지프로그램의 가입자가 많아지면 촉진이 효과적이라고 생각을 할 수 있다. 이 경우에, 촉진을 통해 복지프로그램에 대해 알고, 좋아하여, 구매하는 일련의 과정을 실현하겠다는 정상적인 생각은 무시될 수 있다. 대신에, 어떻게 해서라도 촉진을 통해 복지프로그램의 가입자 숫자를 늘려야겠다는 생각이 팽배하게 된다.

당연히 여기에는 많은 폐해가 도사리고 있다. 촉진에 따라 무리하게 복지프로그램의 가입자 숫자만 늘어난다면, 미처 제대로 알고 평가하지도 못한 채 복지프로그램에 가입한 소비자들이 많아질 수 있다. 이 소비자들은 그 프로그램이 자신들의 기대에 못 미친다고 생각할 수 있고, 이에 따라 실망과 함께 복지기관으로부터 이탈할 수 있다.

또는, 잘 알지도 못하고 미처 호감도 느끼지 못하는 복지소비자를 복지프로그램에 가입시키려면, 무리를 해야만 할 수도 있다. 지나친 보상을 제공하거나 강력한 감성적 호소의 메시지를 전달해야 할 수도 있다. 그런 보상이나 호소가 당장의 프로그램 가입자 유치에는 도움이 될 수 있지만, 중장기적으로 부메랑이 되어 복지기관에 부정적 영향을 줄 수 있다. 보상의 제공이나 호소를 위해서 복지기관은 많은 비용을 지불할 수 있다. 또는 복지소비자로 하여금 프로그램 가입의 이유를 프로그램의 우수성보다 그런 보상의 제공이나 호소에서 찾게 할 수 있다.

효율성 평가는 촉진의 성과 대비 비용을 평가하는 것이다. 이를 위해서, 복지기관은 지역매체 광고, 전단 배포, 행사 등과 같은 각 촉진활동마다 세부적으로 비용지출 항목들을 규정하여 각 항목별 비용을 측정해야 한다. 그리고 해당 촉진활동이 만들어 내는 인지도나 긍정적 태도와 같은 촉진성과를 구체적으로 정확하게 측정해야 한다. 각 촉진활동의 성과 대비 비용은 예산에 따라 평가됨이 가장 쉽고도 무난할 것이다. 즉, 효과는 목표에 맞추어 달성되었으나 예산이 초과되었다면 해당 촉진활동은 효율적이지 못할 것이다. 예산에서 규정된 비용이 가장 효율적인 것이라면, 그렇게 예산에 따라 촉진의 효율성을 평가하는 것은 합리적일 것이다.

그러나 예산에서 규정된 비용이 언제나 최소의 비용으로 규정된 것은 아니다. 복지기관 자신의 과거 경험이나, 경쟁 복지기관의 과거 경험 또는 촉진활동의 일반적 관행 등과 같은 여러 실증적 정보에 바탕을 두고, 촉진예산을 과학적으로 편성하였다 하더라도, 그 예산에서 규정된 비용이 최소의 것이라고 보기 어려운 경우도 있다. 따라서, 집행된 촉진비용이 예산된 것보다 낮더라도, 복지기관은 집행된 비용 중에서 더 절약할 수 있는 부분이 있는지 잘 따져 보아야 한다.

촉진의 효과성과 효율성을 평가하였다면, 마지막으로 촉진의 통제 활동에 들어간다. 통제란 개선될 점들을 제시하고, 가능하면 그 개선의 방법도 제시하는 것이다. 여기서 개선될 점이란 당연히 효과성 평가와 효율성 평가에서 드러난 문제점들이다. 예를 들어, 효과성 평가를 통하여 복지기관은 더 적합한 표적청중이 누구인지를 알아낼 수 있다. 애초에 촉진목표로 설정된 인지도 및 긍정적 태도의 수준이 너무 높거나 낮다는 것도 알 수 있다. 아니면, 인지도나 긍정적 태도의 측정지표가 적합하지 않다는 것이 밝혀질 수도 있다.

이런 것들이 다음 기의 촉진 캠페인에 반영되면, 표적청중의 선택이나 촉진성과의 목표치 결정이 더욱 타당하게 이루어질 수 있다. 효율성 평가에 따른 통제는 금전적,

비금전적 비용의 절감에 관한 것이다. 효율성 평가를 통하여 특정 매체의 사용에 너무 높은 비용이 지불되었거나 또는 사용된 매체들의 청중들이 지나치게 중복되었다는 것이 밝혀질 수 있다. 특정 행사에 있어서도, 촉진성과에 비해 너무 높은 비용이 소요되었거나, 지나치게 자주 행사가 집행되었다는 문제점이 드러날 수 있다. 이런 점들에 대해서 개선점들이 강구되어 다음 기 촉진 캠페인에 반영되어야 할 것이다.

복지기관은 평가와 통제에서 고려되는 사항들을 체계적으로 정리하여 갖고 있어야 한다. 그리고 이 정리된 사항들에 기초하여 하나의 감사(audit) 형식으로 촉진 캠페인의 마지막 단계에서 일관성 있는 평가, 통제의 활동을 수행하여야 한다. 이렇게 각 캠페인마다 시행된 평가와 통제의 결과물은 촉진 캠페인이 거듭되면서 축적되고, 이 축적된 결과물은 촉진활동 전반에 있어서 복지기관이 갖고 있는 장점과 약점을 파악하는 데 매우 도움이 된다.

CHAPTER 11
유통
관리

유통경로는 하나의 협업체로서 그 구성 주체들은 개별적 성과보다 우선적으로 협업체의 성과를 극대화시키는 데 초점을 두어야 한다. 이를 위해서, 전문성에 입각하여 유통과 관련된 자신의 역할을 분담해야 하고, 서로 간의 소통과 조정 속에서 협업체의 규범과 문화를 고양해 나아가야 한다. 이 경우에만, 복지서비스의 유통경로는 소비자 지향적으로 움직일 수 있다.

유통(distribution)이란 재화나 서비스가 생산자로부터 최종사용자에게 도달하게 하는 것이다. 이것을 마케팅적 관점에서 해석한다면, **유통**이란 생산된 재화나 서비스를 최종사용자가 쉽고 편하게 구매하여 사용하게 하는 활동이다. 최종사용자의 입장에서 유통을 생각해 보면, 유통이란 재화나 서비스의 구매와 사용을 위해서 최종사용자가 감수하는 비용과 불편을 줄여 주는 활동이다. 이하에서는 유통의 실체와 그 관리를 복지서비스의 상황에서 이해해 보기로 한다.

11 1 복지서비스 유통의 의의

서비스는 무형적이고 보관할 수 없기 때문에, 생산과 동시에 유통되는 것이 일반적이다. 그리하여 생산자가 곧 유통을 담당하는 경우도 적지 않다. 예를 들어, 공부방 프로그램의 경우, 그 운영자가 복지기관에 소속된 인력이라면 공부방 서비스를 생산하고 유통하는 주체는 복지기관이 된다. 또는, 생산자가 생산 활동의 일부만 담당하고 나머지 생산 활동과 유통 활동은 생산자가 아닌 유통주체가 담당하기도 한다. 복지기관은 서비스의 생산 활동 중 일부만 담당하고 나머지 생산 활동과 유통 활동을 제3의 기관에 위임할 수도 있다.

무의탁 노년층에게 의료 서비스를 제공하는 복지프로그램의 경우에, 복지기관은 그 프로그램의 개발과 기획 그리고 사후평가만을 담당하고, 최종적인 의료 서비스의 생산과 유통은 의료기관에 위임하며 필요한 금전적, 비금전적 자원을 제공할 수 있다. 이 경우에, 그 의료 서비스 프로그램의 개발과 기획 그리고 사후평가는 생산 활동의 일부라고 볼 수 있다. 따라서 복지기관은 생산 활동의 일부를 담당하고, 의료기관은 나머지 생산 활동과 함께 생산의 최종 산출물인 의료 서비스의 유통을 담당한다.

생산과 동시에 유통이 이루어지고, 생산과 유통이 동일 주체에 의해 담당되더라도, 생산과 유통은 서로 성격이 다른 활동이다. 따라서 이하에서는 복지서비스의 유통에 대한 이해를 돕는 데 꼭 필요한 경우가 아니면 복지서비스의 생산에 대한 내용은 서술하지 않는다.

복지서비스의 구매와 사용을 용이하게 해 주는 것은 또 다른 서비스의 일종이다. 유통은 이런 서비스를 생산하는 활동이라고 정의된다. 하나의 예로서, 가사지원 프로그램을 생각해 보자. 여기서 유통이란 복지소비자가 그 프로그램에 가입하여 혜택을 받을 수 있게 해 주는 활동이다. 이런 활동의 하나로서 복지기관의 담당자는 소비자의 가정을 방문하여 가사지원 프로그램을 안내하고 그 프로그램의 등록에 필요한 절차를 밟게 도와준다. 물론, 복지기관의 담당자는 그 프로그램에 가입한 소비자에게 청소나 식사 또는 외출 등과 관련된 여러 혜택들을 소비자의 요구에 맞추어 제공한다. 이때, 소비자는 여러 가사지원 혜택들 중에서도 자신에게 더 필요한 것을 더 많이 요구할 수 있다. 또는 자신에게 편리한 시점과 장소에서 그 혜택들을 제공받고자 요구할 수 있다. 그리고 혜택을 얻는 데 필요한 정보나 도움을 요구할 수 있다. 더 나아가, 가사지원 혜택들을 받으며 느끼는 불편함이나 문제점을 청취하고 개선해 달라고 요구할 수도 있다.

정리하면, 소비자는 복지서비스의 종류, 품질적 특징, 분량, 구매 시간 및 장소, 구매에 필요한 정보나 조력 등의 여러 측면에서 자신이 원하는 바에 따라 불편을 겪지 않고 복지서비스를 구매, 사용하고자 한다. 유통이란 그 여러 측면에서 소비자가 원하는 바에 따라 편리하게 복지서비스를 구매, 사용할 수 있게 해 주는 활동이다. 그렇게 원하는 바에 따라 복지서비스를 편리하게 구매, 사용할 수 있게 해 주는 것은, 복지서비스와는 별개의 또 다른 서비스이다. 이러한 서비스는 **경로서비스(channel service)**라고 지칭되는데, 여기서 경로는 유통경로를 의미한다.

경로(channels)는 생산된 복지서비스가 소비자에게 전달되는 통로이다. 조직적인 관점에서, 이 통로는 복지서비스의 전달을 위해 각자의 기능을 수행하는 주체들의 협업체이다. 복지기관과 소비자 그리고 이 양자 이외의 제3의 주체가 협업체의 구성원이 될 수 있다. 이러한 제3의 주체는 **중개자(intermediaries)**라고 지칭된다. 그 협업체의 구성원들은 상호 조정과 협력 속에서 각자의 기능을 수행하고, 이런 기능수행의 결과로 경로서비스를 창출한다.

예를 들어, 장애인재활치료 프로그램을 운영하는 복지기관은 재활치료를 직접 수행할 수도 있고, 아니면 제3의 전문기관에 위탁할 수도 있다. 직접 수행하는 경우에, 경로는 복지기관과 소비자로 구성된다. 그러나 제3의 전문기관에 위탁하는 경우에, 경로는 복지기관, 재활치료 전문기관 그리고 소비자로 구성된다. 이때, 재활치료 전문기관은 유통 중개자가 된다.

요컨대, 유통은 곧 경로서비스의 창출이라고 간략히 정의할 수 있다. 〈도표 11-1a〉와 〈도표 11-1b〉는 경로서비스의 창출로서 유통의 과정적 모습을 보여 주고 있다. 〈도표 11-1a〉에서 복지서비스는 복지기관에서 생산되어 소비자에게 바로 전달된다. 이 경우에 유통은 복지기관과 소비자 간에 분담된다. 노년층상담 프로그램의 경우, 복지기관은 특정 장소에 상담시설과 인력을 배치해 놓고, 이를 알고 찾아온 소비자에게 상담 서비스를 제공할 수 있다. 한편, 소비자는 그 상담 서비스가 자신에게 적합한 것인지 복지기관에 문의하고, 만약 그렇다면 복지기관에 찾아와 그 서비스 프로그램에 등록할 수 있다. 그리고 상담 서비스가 제공되는 장소에 방문해 그 서비스를 받을 수 있다.

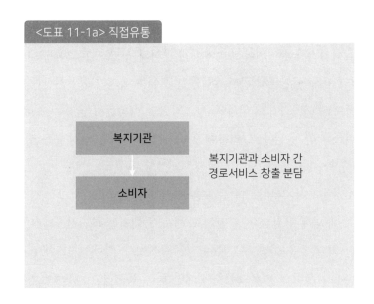

<도표 11-1a> 직접유통

복지기관

소비자

복지기관과 소비자 간
경로서비스 창출 분담

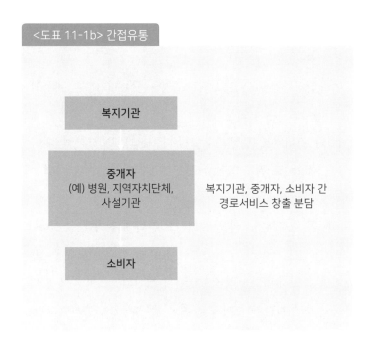

<도표 11-1b> 간접유통

복지기관

중개자
(예) 병원, 지역자치단체,
사설기관

복지기관, 중개자, 소비자 간
경로서비스 창출 분담

소비자

이 경우에, 그렇게 서비스에 대한 문의나 등록을 받고, 특정 장소에 상담시설과 인력을 배치하여 운영하는 것은 복지기관의 유통활동에 해당한다. 한편, 상담 서비스를 받기 위한 문의나 등록 그리고 장소적 이동 등은 소비자의 유통활동에 해당한다. 여기서 소비자는 자신을 위해 자신이 스스로 그런 유통활동을 수행하는 것이다. 만약 소비자가 그런 유통활동을 수행하지 않는다면 그 활동들은 복지기관에 의해 수행된다. 가령, 복지기관의 직원이 소비자에게 찾아와 상담 프로그램에 대해 안내하고 그 프로그램의 등록을 완결해 준다. 이 완결 후에는 복지기관의 시설과 인력이 소비자가 있는 곳으로 배치되어 소비자는 장소적으로 이동하지 않고 자신이 있는 곳에서 상담 서비스를 받게 된다. 그리하여 소비자가 담당하는 유통활동은 상대적으로 미미하게 된다.

<도표 11-1b>에서 복지서비스의 유통은 복지기관, 하나 또는 그 이상의 중개자들 그리고 소비자에 의해 담당된다. 간단히 말해서, 중개자란 복지기관과 소비자 사이에서 복지서비스의 흐름을 이어 주는 독립적인 주체이다. 장애인재활치료 서비스의 경우 복지기관은 그 서비스 프로그램을 설계만 하고 독립적인 재활치료병원에게 치료

서비스의 생산과 유통을 위임할 수 있다. 그리고 치료 서비스가 재활치료병원에 의해 제대로 생산, 유통되었는지 평가할 수 있다. 이때 재활치료병원은 복지기관과 함께 복지서비스의 생산주체가 되지만 동시에 유통주체도 된다. 물론 소비자도 유통의 상당한 일부나 미미한 일부를 분담하게 된다. 가장 단순한 소비자의 유통활동 중 하나는 치료를 위해 재활치료병원에 오거나 그 병원에 오기 전에 치료를 받는 데 필요한 사항들을 준비하는 것이다. 이러한 준비에는 필요한 행정적 절차를 밟는 것도 포함된다.

때로는 재활치료병원과 함께 지역자치단체가 유통주체로서 역할을 할 수 있다. 재활치료 프로그램을 지역에 알리고 프로그램의 지원자를 찾아내어 그 지원자의 프로그램 등록을 도와줄 수 있다. 만약 이런 일을 지역자치단체가 하지 않는다면, 복지기관이나 재활치료병원 그리고 소비자가 그 일을 나누어 분담하거나 그들 중 일부가 전담해야 한다. 이런 측면에서, 지역자치단체는 재활치료 서비스의 중개자가 된다.

중개자에는 복지기관과 소비자를 이어 주는 자도 있고 중개자와 중개자를 이어 주는 자도 있으며 중개자와 소비자를 이어 주는 자도 있다. 위의 재활치료 프로그램의 경우, 복지기관으로부터 서비스의 생산과 유통을 위임받은 지역의 대규모 재활치료병원은 다시 지역의 여러 작은 병원들을 모집하여 이 병원들에게 인력과 자원을 공급하며 서비스 생산과 유통을 위임할 수 있다. 대규모 재활치료병원은 복지기관과 소규모병원들을 이어 주고 실제로 소비자와 접촉하여 서비스를 전달하는 주체는 소규모병원이 된다. 일반적으로 이런 유통적 상황을 놓고, 대규모병원은 도매활동을 수행하고 소규모병원은 소매활동을 수행한다고 지칭한다.

더 나아가, 재활치료 프로그램을 전국적으로 시행하는 복지기관이 전국을 3개의 대권역으로 나누어 각 대권역마다 하나의 대형병원에 서비스의 생산과 유통을 위임했다고 생각해 보자. 그리고 이 대형병원은 다시 자기의 권역를 여러 중권역들로 나누고 각 중권역마다 하나의 중형병원에 서비스의 생산과 유통을 위임했다고 생각해 보자. 다음으로, 중권역을 담당하는 각 중형병원은 자기의 권역 내에 소재하는 여러 소형병원들에게 서비스의 생산과 유통을 위임했다고 생각해 보자. 이 경우에 중권역의 서비스 유통을 담당하는 중형병원은 대형병원이라는 중개자와 소형병원이라는 중개자를 이어 주는 역할을 한다.

이상과 같이, 복지기관, 중개자 그리고 소비자라는 주체들은 하나의 협업체를 이루어 소비자가 복지서비스를 구매하고 사용하는 데 필요한 경로서비스를 창출한다. 그리고 이러한 협업체를 유통경로라고 지칭한다. 위의 예에서, 복지기관, 대형병원, 중형병원, 소형병원 그리고 소비자는 하나의 협업체를 이루어 소비자가 재활치료 서비스를 구매, 사용할 수 있게 각자의 역할을 수행한다. 이때 소비자는 자신을 위해 자신에게 맡겨진 역할을 수행한다. 장소적 이동을 하거나 정보를 얻거나, 아니면 이용에 필요한 서류작성을 하는 것이 그 역할 수행의 예이다.

복지서비스는 하나가 아닌 복수의 유통경로들을 통해 소비자에게 전달될 수 있다. 복지기관은 위의 재활치료 서비스 경로 이외에, 직접 전국의 몇 군데에 대형 재활치료센터를 건립할 수 있다. 그리고 특정 유형의 중증 재활치료 소비자를 대상으로 그 센터에서 직접 서비스를 제공할 수 있다. 이 경우에 서비스의 생산과 유통을 담당하는 주체는 복지기관과 소비자이다. 즉, 복지기관과 소비자가 중개자를 거치지 않고 서비스를 직접 주고받는 것이다.

복지기관, 중개자, 소비자와 같은 유통경로의 구성 주체들은 각자의 전문성에 입각하여 분담된 역할을 수행해야 한다. 각자에게 전문적인 역할만을 수행하여야 그 역할 수행에 소요되는 비용을 최소화할 수 있다. 전문성이 없는 역할을 수행하게 되면, 그 수행에 많은 비용을 사용하고, 이는 곧 유통경로 전체의 비효율성으로 직결된다.

유통경로라는 협업체 전체의 비용 최소화를 위해, 유통경로의 각 구성 주체는 자신에게 전문적이지 못한 역할을 그 역할에 전문적인 다른 구성 주체에게 넘겨야 한다. 가령, 소비자에게 복지서비스 프로그램을 알리고 모집하는 일은 복지기관보다 그 소비자와 접촉이 많은 특정 비영리단체가 더 효율적으로 수행할 수 있다. 이 경우에, 그런 일을 복지기관이 직접 담당한다면 그 비영리단체가 담당했을 때와 비교하여 불필요한 비용이 더 발생할 수 있다. 따라서 그렇게 알리고 모집하는 일이 복지기관에서 그 비영리기관으로 위임될 때 유통경로라고 하는 협업체 전체의 효율성은 높아진다.

전문성에 따른 역할 분담을 위해, 유통경로의 구성원들은 끊임없이 서로 소통하고 각자의 역할을 조정해야 한다. 이러한 소통과 조정이 없으면, 경로서비스의 창출을 위한 특정 역할에 어떤 유통경로 구성원이 전문적인지 알 수가 없어 결국 전문적인 구성원에게 그 역할이 맡겨지기 어려울 수 있다. 또한 소통과 조정의 부재는 역할 수행의 불필요한 중복을 초래할 수도 있다. 즉, 둘 이상의 다른 유통경로 주체들이 동일한 역할을 불필요하게 중복하여 수행하는 경우가 발생한다.

하나의 예로서, 같은 복지서비스 프로그램을 놓고 프로그램의 안내와 가입자 모집이 복지기관, 지역자치단체 그리고 관련 비영리단체에 의해 동시에 수행되는 경우를 들 수 있다. 이 경우에 복지소비자는 같은 내용의 안내나 가입 권유를 이 기관 저 단체로부터 중복적으로 불필요하게 받을 수 있다. 이로 인해 복지서비스의 유통비용은 더 소요되고 복지소비자의 불편은 더 커질 수 있다.

유통경로라는 협업체가 효율적으로 움직이려면, 각 구성 주체는 자신의 개별적 목표보다 협업체의 목표를 우선적으로 추구해야 한다. 즉, 전체의 파이(pie)를 키워서 자신의 몫를 키우려는 입장을 유지해야 한다. 자신의 개별적 성과를 극대화하기 위해서 타 구성 주체의 성과를 저하시키고, 더 나아가 유통경로 전체의 성과를 저하시킨다면, 개별적 성과 극대화의 추구를 자제해야 한다. 이런 자제가 있어야만 유통경로 전체의 성과가 극대화되고 궁극적으로 각 구성 주체의 개별적 성과도 극대화된다. 이를 위해서 유통경로라는 협업체 내에서는 하나의 공동체나 조직을 추구하는 규범이나 문화가 있어야 한다.

요컨대, 유통경로는 하나의 협업체로서 그 구성 주체들은 개별적 성과보다 우선적으로 협업체의 성과를 극대화시키는 데 초점을 두어야 한다. 이를 위해서, 전문성에 입각하여 유통과 관련된 자신의 역할을 분담해야 하고, 서로 간의 소통과 조정 속에서 협업체의 규범과 문화를 고양해 나아가야 한다. 이 경우에만, 복지서비스의 유통경로는 소비자 지향적으로 움직일 수 있다.

경로서비스는 복지서비스의 구매와 사용을 용이하게 해 주는 것으로, 유통경로라는 협업체가 소비자에게 생산, 제공하는 것이다. 위에서 서술된 바와 같이 복지소비자도 자신을 위해 많든지 적든지 간에 스스로 경로서비스를 생산한다. 복지소비자는 경로서비스의 생산자이자 소비자이다. 경로서비스는 〈도표 11-2〉에 나타난 바와 같이 대략 6가지로 나누어 볼 수 있다.[1]

〈도표 11-2〉 6가지 경로서비스

1. 분량 (Lot Size)	구매 분량을 맞추어 줌
2. 시간적 편의성 (Time Convenience)	주문과 인도(delivery) 간의 시간 간격을 맞추어 줌
3. 장소적 편의성 (Spatial Convenience)	온라인, 오프라인 구매장소로의 이동거리를 맞추어 줌
4. 구색 (Assortment and Varieties)	살펴보고 구매하기 원하는 종류와 형태를 맞추어 줌
5. 정보 제공 (Information Provision)	구매와 사용에 필요한 정보를 제공함
6. 고객서비스 (Customer Service)	대면 또는 원격으로 접촉하며 구매와 사용을 도와줌

6가지의 경로서비스 중 첫 번째로는, **구매 분량의 적정성**과 관련된 경로서비스를 들 수 있다. 원하는 분량(lot size)만큼만 소비자가 복지서비스를 구매할 수 있게 해

---

1) Coughlan, Anne T., Erin Anderson, Louis W. Stern and Adel I. El-Ansary (2006), *Marketing Channels*, Pearson Education, Inc., Upper Saddle River: New York.

주는 것이다. 하나의 예로서, 복지소비자는 적당한 기간 동안 규칙적으로 매회 적정 분량의 교육훈련을 받고자 원할 수 있다. 이때 매회에 그런 적정 분량으로 적당한 기간 동안 소비자에게 교육훈련이 제공된다면 구매 분량의 조정이라는 경로서비스가 소비자에게 제공된 것이다. 또 다른 예로서, 재활치료 서비스의 경우를 들 수 있다. 소비자가 감당할 분량의 재활치료 서비스를 적당한 시간적 간격마다 제공한다면, 구매 분량의 조정이라는 경로서비스는 적정하게 이루어진 것이다.

둘째, **시간적 편의성**(time convenience)의 제공을 들 수 있다. 시간적 편의성은 재화나 서비스의 주문시점과 실제 인도시점 간의 시간적 차이와 관련이 있다. 예를 들어, 주문 10분 후에 재화나 서비스가 인도되길 원하는 주문자에게 실제로 10분 후에 그 인도가 이루어졌다면, 주문자에게 시간적 편의성은 완벽하게 제공된 것이다. 물론, 빠른 인도를 원하는 주문자에게는 그만큼 빨리 인도가 이루어져야 시간적 편의성은 완벽하게 제공된다.

시간적 편의성은 원하는 시점에서 복지서비스를 구매하여 사용함을 의미한다. 가령, 매우 아프거나, 가정적으로 큰 위기가 닥쳤을 때 소비자는 관련 복지서비스를 절실히 필요로 한다. 이렇게 아프거나 위기가 있을 때 지체 없이 소비자가 복지서비스를 충분히 받는다면 소비자는 복지서비스의 이용에서 시간적 편의성을 완벽하게 제공받은 것이다.

셋째, **장소적 편의성**(spatial convenience)의 제공을 들 수 있다. 이는 원하는 장소에서 소비자가 복지서비스를 이용할 수 있게 해 주는 것이다. 가령, 재가복지 서비스의 경우 복지기관의 담당자는 거동이 불편한 소비자의 주거지를 방문하여 서비스를 제공한다. 이는 복지기관에 의한 장소적 편의성 제공이 극대화된 경우이다. 많은 경우 소비자는 복지서비스의 제공 장소까지 스스로 이동하기 마련이다. 이런 이동은 소비자가 자신을 위해 스스로 장소적 편의성이라는 경로서비스를 창출한 것이다. 그렇게 이동하는 만큼 소비자도 유통경로라는 협업체의 구성 주체로서 경로서비스를 창출한 것이다.

넷째, **구색 갖추기**(assortments and varieties)를 들 수 있다. 이는 소비자가 많은 종류의 다양한 복지서비스를 살펴보고 자신이 원하는 것을 잘 선택할 수 있게 해 주는 것이다. 복지기관이 많은 종류(varieties)의 복지서비스를 제공하고, 동시에 한 종류의 복지서비스 내에서도 다양한 형태(assortment)의 것들을 제공하면 소비자는 그만큼 충분히 살피고 골라서 자신에게 가장 잘 맞는 복지서비스를 선택할 수 있다.

　가령, 여가활동을 즐기려는 노년층 복지소비자에게 미술, 음악, 댄스, 게임의 4가지 프로그램을 제공하는 복지기관은 미술, 음악의 2가지 프로그램을 제공하는 복지기관보다 소비자에게 더 큰 선택의 여지를 제공한다. 또한 같은 음악 프로그램이라 하더라도 트로트, 팝송, 재즈, 국악의 4가지 프로그램을 제공하는 복지기관은 트로트, 팝송의 2가지 프로그램을 제공하는 복지기관보다 소비자에게 더 큰 선택의 여지를 제공한다. 선택의 여지가 클수록 소비자는 자신에게 맞는 여가활동 프로그램을 더 잘 고를 수 있다. 더 나아가, 선택의 여지가 크면, 소비자는 자신의 욕구에 맞추어 여러 개의 프로그램을 한 번에 다 구매할 수도 있다. 음악의 장르 내에서 팝송과 재즈의 2가지 프로그램에 가입할 수도 있고, 또는 이 2가지 음악 프로그램과 함께 게임 프로그램에 가입할 수도 있다. 이렇게 한 번에 여러 프로그램을 이용함으로써 소비자는 자신의 욕구를 더 잘 충족시킬 수 있다.

　다섯째, **정보의 제공**(information provision)을 들 수 있다. 이는 복지서비스의 선택, 구매, 사용에 필요한 정보를 소비자에게 제공해 주는 것이다. 정보 제공은 일종의 소비자 교육이라고 이해될 수도 있다. 소비자는 자신의 욕구와 잘 부합하는 복지서비스가 무엇인지(why and what to buy) 결정하고, 이 복지서비스를 어떻게 구매할 것인지(how to buy) 결정한다. 이러한 결정을 위해 소비자는 복지서비스의 속성, 편익, 효용 등에 관한 정보와 함께 복지서비스의 쇼핑(shopping)에 도움이 되는 정보가 필요하다. 또한 복지서비스의 적절하고 바른 이용을 위해서도 정보가 필요하다. 소비자는 여기저기 찾아다니며 직접 그러한 정보를 얻기도 한다. 아니면 복지기관이나 그 밖의 유통주체들이 그러한 정보를 체계적으로 정리하여 소비자에게 제공해 주기도 한다. 그렇게 자신이 직접 정보를 찾아다니는 만큼, 소비자는 유통경로의 구성 주체가 되어 자신을 위해 스스로 경로서비스를 창출한다.

　여섯째, **고객서비스**(customer service)의 제공을 들 수 있다. 고객서비스란 복지기관이나 중개자와 같은 유통주체가 소비자와 접촉하고(interact) 소통하며 복지서비스의 구매, 이용을 용이하게 해 주는 것이다. 많은 경우, 고객서비스의 제공은 정보의 제공과 함께 이루어진다. 소비자의 요청에 따라 복지기관의 직원이 소비자에게 가장 알맞은 복지프로그램들을 소개하고 추천하는 것은 정보와 함께 고객서비스가 제공되는 경우이다. 복지기관의 콜센터 직원이 소비자의 요청에 따라 복지프로그램의 특징을 알려 주며 그 프로그램의 가입을 도와주는 것도 정보와 함께 고객서비스가 제공되는 예이다.

고객서비스의 내용은 매우 광범위하다. 복지기관이나 그 밖의 유통주체가 소비자의 쇼핑 중에 소비자와 접촉하고 소통하면서 어떤 편의라도 소비자에게 제공하면 곧 고객서비스가 제공된 것으로 정의된다. 이런 측면에서, 고객서비스라는 경로서비스는 위의 첫째에서 다섯째까지 제시된 경로서비스에 해당되지 않는 모든 다른 경로서비스를 지칭한다고 이해하여도 무방하다.

이상에서 서술된 6가지의 경로서비스를 생산하기 위해서, 유통주체는 여러 기능을 수행하는데, 이러한 기능은 **경로기능**(channel flows)이라고 지칭된다. 가령, 복지서비스의 생산과 유통에 필요한 인력과 자원을 필요한 시점에 바로 구할 수 없는 경우가 있다. 그리하여 그 인력과 자원은 필요한 시점 이전에 미리 확보되어야 한다. 이렇게 미리 확보하는 것은 경로기능 중의 하나로서, 이 경로기능이 잘 수행되어야 복지서비스는 소비자가 원하는 시점에 바로 전달될 수 있다. 즉, 시간적 편의성의 경로서비스가 생산될 수 있다. 이하에서는 여러 경로기능이 서술된다.

11│3 경로기능

경로기능은 〈도표 11-3〉과 같이 8가지로 분류될 수 있다.[2] 첫째, **물적소유(physical possession)**를 들 수 있다. 개념적으로 물적소유는 유통시킬 대상을 보관하고 수송하는 것이다. 그러나 무형적 서비스는 일반적으로 생산과 동시에 유통과 소비가 이루어져서, 전통적 개념의 보관과 수송이 가능하지 않다. 따라서 복지서비스에서 물적소유라는 기능은 주로 다음의 세 가지로 이해할 수 있다. 먼저, 복지서비스의 유통에 필요한 물적수단을 보관하고, 운송하는 것을 들 수 있다. 가령, 가사지원의 물품이나 도구 또는 교육과 상담에 필요한 교재나 도구를 미리 확보, 보관하여 필요시 전달하는 것을 들 수 있다.

<도표 11-3> 8가지 경로기능

1. 물적소유 (Physical Possession)	보관, 수송
2. 법적소유 (Ownership)	법적 소유권 확보 및 관리
3. 촉진 (Promotion)	정보 제공과 설득
4. 협상 (Negotiation)	거래상의 입장조율, 분쟁해결
5. 금융 (Financing)	자금 제공 (예: 재고부담, 외상거래)
6. 위험 부담 (Risking)	거래상의 손실 방지, 부담 (예: 가격보증, 보험제공)
7. 주문 (Ordering)	주문접수 및 처리
8. 지불 (Payment)	대금 지불과 수령, 채무 회수

---

2) Ibid.

다음으로, 복지서비스의 생산, 유통에 사용되는 무형의 지적 자산을 확보, 관리하는 것도 물적소유에 해당될 수 있다. 이러한 지적 자산의 예로서, 교육훈련이나 상담에 관한 콘텐츠(contents)를 들 수 있다. 복지서비스의 유통에 종사하는 인적 자원을 유지, 관리하는 것도 물적소유에 포함될 수 있다. 인적 자원은 복지서비스의 유통에 필요한 노하우(know-how)를 갖고 있으므로, 인적 자원을 확보하고 있는 것은 곧 무형의 물적 자원인 노하우를 보관하고 있는 것으로 이해할 수 있다. 마지막으로, 그런 인적 자원을 미리 확보, 관리하여 관련 프로그램이 시작되면 필요한 장소로 필요한 만큼 동원하는 것도 물적소유의 기능에 해당될 수 있다. 이런 물적소유의 기능은 구매분량의 조정, 시간적 편의성 그리고 장소적 편의성이라는 경로서비스를 만들어 내는 데 기여한다.

둘째, **법적소유(ownership)**를 들 수 있다. 개념적으로 법적소유는 물적소유의 대상에 대한 법적 소유권을 확보, 유지하는 기능이다. 따라서 복지서비스의 법적소유란 그것의 생산과 유통에 필요한 물적, 인적 자원에 대한 법적 권리를 확보, 유지하는 것이다. 그런 물적, 인적 자원에는 복지서비스에 대한 법적 재산권, 복지서비스의 생산과 유통에 사용되는 물적 수단, 노하우, 콘텐츠에 대한 법적 재산권, 고용 관련 권한 등이 포함된다. 가령, 상담, 교육훈련의 서비스에서 그 서비스의 생산과 유통에 사용되는 도구나 교재, 지적 사용권에 대한 법적 소유권을 확보, 유지하는 것은 법적소유의 기능에 해당한다. 그리고 복지서비스의 유통에 투여되는 인력에 대한 사용자로서의 법적 권리를 확보, 유지하는 것도 법적소유의 기능에 해당한다.

소유의 기능을 물적인 것과 법적인 것으로 나누는 가장 큰 이유들 중 하나는 물적소유의 기능을 맡는 유통주체와 법적소유의 기능을 맡는 유통주체가 다를 수도 있기 때문이다. 예를 들어, 가사지원 서비스의 유통에 사용되는 여러 소모재를 어떤 공급자로부터 받아 오는 복지기관을 하나 생각해 보자. 그리고 일정 기간이 지난 후에 복지기관은 소모한 부분에 대해서만 가격을 지불하고 소모하지 않은 부분은 공급자에게 다시 반환한다고 하자. 이 경우에, 복지기관은 공급받은 소모재에 대해 물적소유의 기능만 수행하고 법적소유의 기능은 수행하지 않을 수 있다. 복지기관은 공급받은 일정 기간 동안에 소모재를 보관, 관리하지만(즉, 물적소유의 기능을 수행하지만) 법적 소유권은 그 공급자가 계속 갖고 있을 수 있다. 다만, 소모한 부분에 대해서만 그 사후에 법적 소유권을 이전받고 가격을 지불할 뿐이다.

위의 예에서, 공급자는 납품된 소모재에 대해 법적소유의 기능만 수행하고 물적소유의 기능은 수행하지 않는다. 여기서 법적소유의 기능을 수행하는 공급자도 유통경로의 한 구성 주체가 된다. 복지기관은 지적 재산권이나 내구성 물적 자원을 어떤 공급자로부터 대가를 주고 빌려 와서 복지서비스의 생산과 유통에 활용할 수 있다. 가령, 교육훈련 서비스나 상담 서비스의 제공에 활용할 수 있다. 이 경우에, 물적소유의 기능은 복지기관이 수행하고 법적소유의 기능은 그런 지적 재산이나 물적 자원의 공급자가 수행한다.

이렇게 물적소유와 법적소유의 기능이 분리되어 각각 다른 유통주체에 의해 수행되는 것은 비용 절감 때문이다. 유통에 필요한 인적, 물적 자원에 대한 법적 소유권을 갖고도 그 자원을 100% 활용하지 않는다면 법적 소유권자는 그만큼 기회손실을 감수해야 한다. 이를 고려해 법적 소유권자는 대가를 받고 그 자원을 사용하게만 하고 사용자가 처분하거나 훼손한 부분에 대해서만 그 사후에 법적 소유권을 이전할 수 있다.

또한 물적, 인적 자원을 갖고 있다 보면 그 가치가 훼손되는 경우도 발생한다. 그리고 이러한 가치 훼손에 따른 손실은 원칙적으로 법적 소유권자가 감수하기 마련이다. 만약 법적소유를 하여 그런 손실을 크게 감수할 수 있다면, 그 자원 모두에 대한 법적 소유권을 미리 확보하지 않고 물적 소유권만을 확보하는 것이 유리하다. 사후에 사용하거나 처분한 만큼만 법적 소유권자에게 대가를 지불하면 되기 때문이다.

셋째, **촉진(promotion)**을 들 수 있다. 촉진은 소비자에게 복지서비스에 대한 정보를 제공하고 그것의 구매를 설득하는 것이다. 만약 소비자가 스스로 복지서비스에 대한 정보를 찾고 그 서비스의 구매를 생각해 본다면, 그만큼 소비자가 촉진이라는 경로기능을 수행하는 것이다. 때로 복지서비스의 생산자인 복지기관이 제3자에게 촉진을 위임하고 그 제3자가 소비자를 대상으로 촉진을 수행하기도 한다. 복지기관은 제3자와 협업의 형태로 촉진이라는 경로기능을 수행할 수 있다. 예를 들어, 급식 프로그램의 촉진활동을 복지기관이 직접 수행할 수 있다. 아니면, 복지기관은 관런 행정기관이나 비영리단체에 필요한 정보와 자원을 제공하면서 그 프로그램에 대한 촉진활동을 요청할 수 있다. 그러면 그 기관이나 단체들이 소비자를 상대로 촉진활동을 수행하게 된다.

넷째, **협상(negotiation)**을 들 수 있다. 유통경로라는 협업체의 구성원들은 협업의 범위, 내용, 절차 등의 여러 사항들을 놓고 서로의 입장을 조율해 각자의 권리와 의무를 결정해야 한다. 또한 각자의 역할 수행 중 발생하는 충돌을 조화롭게 해결해야 한다. 협상이란 협업체의 유지와 운영에 필요한 그런 결정과 충돌 해결의 활동이다. 복지기관이 비영리기관에게 촉진활동을 위임한다면, 이 위임에서 복지기관이 비영리단체에게 제공할 정보와 자원이 무엇인지를 결정해야 한다. 이를 위해 복지기관과 비영리단체는 각자의 입장을 조율해야 한다. 또한 비영리단체가 복지기관을 위해 성취해야 할 촉진성과의 수준도 결정해야 한다. 여기에서도 각자의 입장에 따른 조율이 필요하다. 이런 일련의 조율은 협상의 한 예라고 볼 수 있다. 물론 유사한 조율이 복지기관과 소비자 또는 복지기관이 아닌 유통 중개자와 소비자 간에도 발생한다.

다섯째, **금융(financing)**을 들 수 있다. 금융이란 자금을 빌려주고 이자라는 가격을 지불받는 것이다. 낮은 이자를 지불하며 자금을 빌릴 수 있는 주체는 그렇게 자금을 확보하여 다른 주체에게 더 높은 이자를 받으며 자금을 빌려줄 수 있다. 그리고 그 이자의 차이를 이익으로 취할 수 있다. 또는 보유한 금전에 대한 기회손실이 큰 주체는 그 기회손실을 줄이기 위해 다른 주체에게 적당한 이자를 받고 금전을 빌려줄 수 있다.

복지기관이 서비스의 생산, 유통에 필요한 물적 자원이나 지적재산권을 구입했을 때, 그 대금 지급을 일정 기간 늦추었다면 그 공급자는 복지기관을 위해 금융 기능을 수행한 것이다. 물론 그 공급자는 대금 지급이 늦어지는 것을 감안해 공급가격을 높일 수 있다. 이렇게 높아진 가격은 곧 금융활동에 대한 대가가 된다. 반대로, 복지기관이 그 공급자의 어려운 사정을 감안하여 당장 필요한 것 이상으로 구매량을 늘렸고 구매 대금도 외상 없이 바로 지급하였다면, 복지기관은 그 공급자를 위해 금융활동을 수행한 것이 된다. 당장 필요하지 않은 것을 구매하고 구매 대금도 바로 지급하였으므로 복지기관은 일종의 재고를 안고 가는 것이고 이 재고에 해당하는 금액만큼 복지기관은 그 공급자에게 돈을 빌려준 셈이 된다. 여기서 당연히 복지기관이 지급하는 구매 대금은 그런 금융에 대한 대가를 감안하여 낮아지게 된다.

　복지기관은 제3의 기관에게 촉진 기능을 위임할 수도 있고, 서비스 생산, 유통에 필요한 물적 자원의 보관, 수송을 위임할 수도 있다. 이때 복지기관은 그 제3의 기관에게 경비를 지불해야 하는데, 만약 이 경비 지불을 늦추었다면 그 제3의 기관은 복지기관을 위해 금융 기능을 수행한 것이다. 한편 소비자와 복지기관 사이에도 금융 기능이 존재한다. 만약 소비자가 복지기관의 교육훈련 프로그램에 대한 가입비나 시설 이용에 대한 요금을 미리 납부하였다면, 그만큼 소비자는 복지기관을 위해 금융 기능을 수행한 것이다.

　여섯째, **위험 부담(risking)**을 들 수 있다. 이 기능은 유통 과정에서 발생할지도 모르는 손실을 떠맡는 것이다. 복지서비스 프로그램에 예상한 만큼 소비자가 가입하지 않는 것은 위험 발생의 한 예이다. 이 경우 경제적 손실과 함께 책임 소재의 문제도 뒤따르게 된다. 그런 위험을 누가 어떻게 부담할지는 그 프로그램의 개발과 운영에 큰 영향을 미칠 수 있다. 또 다른 위험 발생의 예로 복지서비스 프로그램의 운영 중에 발생하는 돌발변수를 들 수 있다. 프로그램에 참가한 소비자에게 정신적, 신체적 위해가 발생할 수도 있고, 프로그램에 대한 자금 지원이 삭감될 수도 있다. 위험 부담의 기능은 복지기관과 함께 소비자가 수행하기도 하지만, 필요에 따라 제3의 기관이 수행하기도 한다. 가령, 복지서비스 프로그램의 특징상 소비자에게 신체적 위해가 발생할 수도 있다면, 보험기관과 의료기관이 일정 대가를 받고 그런 문제의 해결을 책임질 수 있다.

　일곱째, **주문(ordering)**을 들 수 있다. 주문이란 재화나 서비스의 구입의사를 밝히고, 구입절차를 완료하는 것이다. 주문은 주문을 내는 것과 주문을 받는 것으로 나누어질 수 있으며, 주문의 완결은 주문을 내는 주체와 받는 주체가 협업하여 이루어진다. 소비자가 복지기관이나 제3의 중개자에게 복지서비스 프로그램의 이용 의사를 밝히고 그 프로그램에 대한 등록절차를 완료한다면, 소비자는 주문이라는 기능을 수행한 것이다. 동시에 복지기관이나 제3의 중개자는 그 프로그램의 등록절차를 마련하여 운영한다. 이런 운영은 주문 기능의 수행에 해당한다.

주문이라는 경로기능의 수행에는 비용이 발생한다. 가령, 복지소비자는 주문사항을 정리, 검토해야 하며, 주문 시 발생할 문제도 대비해야 한다. 또한 상대방과 합의한 주문 절차를 잘 숙지하여 따라야 한다. 여기에는 금전적, 비금전적 비용이 따르기 마련이다. 복지기관이나 제3의 중개자는 그런 복지소비자의 주문비용을 줄여줄 수 있다. 예를 들어, 주문절차의 간소화나 표준화로 그렇게 할 수 있다. 그러나 복지기관이나 제3의 중개자는 비용을 들여 가며 그런 간소화나 표준화의 인프라를 개발, 운영해야 한다.

여덟째, **지불**(payment)을 들 수 있다. 지불이란 유통경로의 한 구성원이 다른 구성원으로부터 재화나 서비스를 얻고 반대급부를 제공하는 것이다. 지불이 완결되기 위해서는 지불의 조건과 형태 그리고 절차 등과 관련한 여러 활동이 수행되어야 한다. 그리고 이 활동에는 비용이 수반된다. 지불하고 받는 양쪽 경로 구성원들은 그 활동과 비용을 분담한다. 그 구성원들 각자는 지불 기능 중 자신이 더 효율적으로 수행할 수 있는 부분을 맡아 궁극적으로 지불 기능의 수행에 따라 발생하는 비용을 최소화해야 한다.

때로는 지불의 양 당사자와 함께 은행이나 신용카드 회사 또는 기타의 결제전문업체가 지불 기능의 상당 부분을 담당하기도 한다. 이러한 제3의 지불 담당 중개자는 지불 기능의 수행에 따라 발생하는 비용을 최소화시켜준다. 가령, 소비자가 여가복지강습 프로그램의 참가비를 신용카드로 지불한다면, 복지기관은 일일이 소비자를 상대로 참가비를 현금으로 수납하는 번거로움을 덜게 된다. 소비자도 신용카드로 참가비를 지불하면, 현금을 갖고 복지기관이 제시한 일정 양식에 맞추어 참가비를 지불하는 수고로움을 덜 수 있다.

이 밖에도, 지불 기능에는 미수금 회수라는 활동도 포함된다. 가령, 복지기관으로부터 위임받아 서비스를 전달하는 유통 중개자는 이 전달에 대한 대가를 복지기관에서 받거나 또는 소비자로부터 받게 된다. 이때 어떠한 이유에서라도 그 유통 중개자는 정해진 시점과 조건에서 그 대가를 제대로 받지 못하는 경우가 있다. 그러면 받지 못한 대금을 받기 위해 상대방과 조율하고 무언가 조치를 취하게 된다. 여기에도 당연히 비용이 뒤따르게 된다. 만약 이 회수 비용이 높아지면 미수금 회수에 전문적인 업체가 유통경로에 참여하여 미수금 회수에 효율성을 제고할 수도 있다. 이러한 채권회수 주체도 유통 중개자의 일종이 된다.

이상에서 경로서비스를 생산하기 위해 수행되는 기능들을 8가지로 분류해 보았다. 대부분의 현실에서 이 8가지의 기능은 서로 분리되어 수행되지는 않는다. 즉, 상황에 따라 어떤 하나의 기능은 또 다른 하나의 또는 그 이상의 기능들과 서로 연관되어 동시에 수행되기도 한다. 대표적인 예로, 물적소유와 법적소유 기능의 동시적 수행을 들 수 있다. 소비자가 재활치료에 필요한 도구를 복지기관으로부터 구입하였다면, 그 도구의 물적, 법적 소유권은 동시에 복지기관으로부터 소비자에게 이전된 것이다. 이 경우 복지기관은 물적, 법적으로 그 도구를 넘겨주는 기능을 수행하고, 소비자는 그 도구를 넘겨받는 기능을 수행한다. 즉, 물적, 법적소유의 기능이 동시적으로 복지기관과 소비자에 의해 수행된 것이다.

좀 더 시사성 있는 예로, 복지기관이 치료 프로그램이나 시설의 정기 이용료를 신용카드로 받는 것을 들 수 있다. 이 경우에 지불, 금융, 촉진, 위험 부담의 4가지 기능들이 복지기관과 소비자 그리고 유통 중개자에 의해 동시적으로 수행된다. 복지기관의 입장에서 이용자 개인으로부터 일일이 이용료를 현금으로 수납하는 것은 번거로운 일이 될 수 있다. 또한 소비자에게도 복지기관의 수납 절차에 따라 지정된 장소로 가서 이용료를 납부하는 것이 번거로울 수 있다. 이때 신용카드 결제를 활용하면 이러한 번거로움이 많이 줄어들 수 있다. 또한 신용카드로 결제한 소비자는 신용카드 결제일까지 이용료를 후불로 한 셈이다. 이 경우에 소비자는 신용카드 회사를 통해 금융혜택을 받은 것이다. 물론 복지기관도 신용카드 결제 수수료를 카드 회사에 지불하므로 소비자에게 금융혜택을 제공하는 데 참여한 것이다.

이런저런 사정으로 소비자가 복지기관에 대금을 지불할 일이 생길 수 있다. 만약 소비자가 경제적 사정이 나빠져 차일피일 대금의 지불을 미룬다면 복지기관은 대금을 받기 위해 여러 가지 노력을 해야만 한다. 가령, 자주 연락을 해서 소비자의 경제적 사정을 알아보며 지불을 설득해야 한다. 이런 노력은 지불을 받기 위한 기능의 일부로, 이 때문에 복지기관은 비용을 부담하게 된다. 때로는 소비자가 아예 대금을 지불하지 않는 경우도 있다. 이때 복지기관은 대금을 떼일 위험에 처한 것이다. 만약 소비자로 하여금 대금을 신용카드로 분할 납부하게 한다면, 소비자와 복지기관 모두 금융적 혜택을 받게 된다. 또한 복지기관은 이용료를 떼일 위험도 피할 수 있다. 이 경우에, 신용카드 회사는 금융, 지불, 위험 부담의 역할을 상당 부분 떠맡게 된다. 그 대신 신용카드 수수료의 형태로 그 역할 수행에 대한 대가를 받는다.

11 4 경로구조

경로는 위의 8가지 기능을 나누어 수행하는 주체들로 구성되어 있는 하나의 협업체이다. 일반적으로 복지서비스의 생산자인 복지기관, 소비자 그리고 유통 중개자가 협업체의 구성원들이다. 유통 중개자의 예로서, 지불 기능, 금융 기능 그리고 위험 부담 기능을 수행하는 신용카드 회사를 들 수 있다. 복지기관의 서비스 프로그램을 소개해 주는 지역자치단체나 비영리기관도 촉진 기능을 수행하는 유통 중개자이다.

한 지역에서, 복지기관으로부터 의뢰를 받아 소비자에게 의료 서비스를 제공하는 의료기관도 유통 중개자이다. 소비자에게 의료 서비스를 제공한다는 의미에서 하나의 서비스 소매상이라고 볼 수 있다. 이런 의료기관은 의료 서비스에 대한 법적소유의 기능을 수행하며 동시에 소비자와의 접점에서 의료 서비스를 창출하여 전달하는 물적소유의 기능도 수행한다. 제공된 의료 서비스에 대한 소비자의 불평 행동도 감수해야 하므로 이런 면에서는 위험 부담의 기능도 수행한다. 이 밖에도 여러 다른 기능들이 의료기관에 의해 수행될 수 있다.

최적의 경로구조는 필요한 경로서비스를 최소의 비용으로 창출한다. 그런데, 고비용이라도 필요한 경로서비스를 생산해 내지 못하는 경로는 현실에서 지속적으로 존재하기 어렵다. 따라서 경로구조의 최적화는 현실적으로 경로서비스 생산비용의 최적화에 달려 있다. 즉, 효율성에 따라 경로구조의 최적화 여부를 평가하게 된다.

경로구조의 효율성을 가늠하는 주요 요인들 중 하나는 경로기능 수행의 분업화이다. 각 경로기능은 그 기능에 가장 전문적인, 그리하여 최소 비용으로 수행할 수 있는 주체에 의해 담당되어야 한다. 그러나 분업화는 기능 수행주체들 간의 소통과 조정을 요구한다. 만약 이런 소통과 조정에 너무 많은 비용이 소요되면, 분업화를 통한 비용 절감은 아무런 의미가 없게 된다. 이 경우에, 전문성은 떨어지더라도 하나 또는 아주 소수의 주체들이 여러 경로기능들을 수행하는 것이 효율적이다. 많은 주체들이 경로기능을 수행하지 않음으로써, 경로기능 수행주체들 간의 소통과 조정에 금전적, 비금전적 비용이 적게 소요되기 때문이다.

복지소비자에 필요한 경로서비스의 양적, 질적 수준이 높을수록 그 창출을 위한 경로기능도 더 전문적으로 더 많이 수행되어야 한다. 가령, 장소적 편의성이나 시간적 편의성을 높이려면, 복지서비스의 제공 장소나 시설도 늘리고 관련된 인력의 숫자도 늘려야 한다. 더 나아가, 그 인력의 전문성도 제고되어야 한다. 즉, 물적소유, 법적소유, 금융, 위험 부담 등을 포함한 여러 경로기능들이 더 많이 더 전문적으로 수행되어야 한다.

이렇게 높은 수준의 경로서비스를 창출해야 하는 경우에, 복지기관과 소비자의 두 주체가 경로기능을 나누어 수행하는 것은 비효율적이다. 이 두 주체는 경로기능을 효율적으로 수행하는 데 필요한 역량을 축적하기 어렵기 때문이다. 복지기관의 핵심사업은 복지서비스의 생산이지, 생산된 복지서비스의 유통은 아니다. 소비자도 자신의 최종적인 문제해결을 위하여 복지서비스를 사용하는 데 역량을 집중해야 한다. 따라서 특별히 예외적인 경우가 아니라면 복지기관이나 소비자 모두 복지서비스의 유통에 전문적이기 어렵다. 한마디로, 복지기관과 소비자는 각자의 본업 이외에 유통이라는 것을 전문적으로 겸업하기 어렵다.

여러 시각에서, 복지기관이 높은 수준의 경로서비스를 창출하는 것은 복지기관의 핵심사업에 역행될 수 있다. 예를 들어, 소비자는 여러 경쟁 복지기관들이 제공하는 다양한 서비스들을 비교하여 선택하기 원할 수 있다. 즉, 구색(assortment and varieties)과 관련해 복지소비자는 높은 수준의 경로서비스를 원할 수 있다. 이때 복지기관의 입장에서 자 기관의 복지서비스와 함께 여타 경쟁 기관의 복지서비스를 소개하며 이용을 권유하는 것은 현실적으로 힘든 일이다.

높은 수준의 경로서비스를 창출해야 하는 경우에, 전문적 역량을 가진 제3의 유통 중개자가 그 창출을 위한 경로기능을 담당하는 것이 효율적이다. 이 경우에, 경로서비스 창출에 전문적이지 않은 복지기관과 소비자는 매우 제한된 범위 내에서 경로기능을 수행하게 된다. 아주 단순하게 말한다면, 복지서비스 생산은 복지기관의 일이고, 경로서비스 창출은 유통 중개자의 일이며, 복지서비스 이용은 소비자의 일인 것이다. 각자 자기의 전문성에 맞는 일에만 전념하는 것이 효율적이다.

그러나 복지소비자를 위해 창출되어야 할 경로서비스의 수준이 낮다면, 경로서비스의 창출을 전문적인 제3의 유통 중개자에게 맡길 필요가 없다. 창출되어야 할 경로서비스가 얼마 되지 않으므로, 복지기관과 소비자는 각각 복지서비스를 생산하고, 이용하면서 동시에 경로서비스의 창출에 필요한 기능을 분담하여 효율적으로 수행할 수 있다.

물론, 복지기관과 소비자는 낮은 수준의 경로서비스를 창출하는 것조차도 효율적으로 수행하지 못할 수 있다. 그렇다 하더라도 복지기관과 소비자가 서로 분담하여 경로서비스를 창출하는 것이 바람직할 수도 있다. 만약 그 비효율성을 극복하기 위해 제3의 전문 중개자를 유통에 참여시키면, 이 중개자는 전문성에 기반하여 경로서비스 창출의 비용을 감소시킬 수 있지만, 이에 따라 그 중개자에게 지급되어야 하는 보상은 그 비용감소의 폭보다 클 수 있다. 이 보상이 더 크다면, 경로서비스의 창출은 전문성이 떨어지는 복지기관과 소비자에 의해 수행되고, 여기서 발생하는 비효율성은 그냥 감수되는 것이 바람직하다.

이런 시각에서 경로구조는 크게 **간접경로**와 **직접경로**로 나누어 살펴볼 수 있다. 물적소유, 법적소유, 촉진, 협상 등과 같은 특정 경로기능에 대하여, 그 기능의 대부분이 복지기관이나 소비자에 의해 수행되지 않고 제3의 전문적 중개자에 의해 수행될 수 있다. 이 경우에, 그 특정기능에 대한 유통경로는 구조적으로 간접경로이다. 가령, 정보 제공이라는 경로서비스를 창출하기 위해서는 촉진이라는 기능이 수행되어져야 한다. 만약 정보 제공의 양적, 질적 수준이 높아야 한다면, 복지기관과 소비자가 서로 분담하여 정보 제공이라는 경로서비스를 창출하는 것보다, 촉진에 전문적인 제3의 중개자가 촉진의 대부분을 담당하는 것이 효율적이다. 즉, 간접경로가 더 효율적 경로구조이다. 같은 이유에서, 물적소유, 법적소유, 위험 부담, 금융 등과 같은 나머지 각 기능에 대해서도 관련 경로서비스가 높은 수준으로 창출되어야 한다면, 복지기관과 소비자가 아닌 제3의 전문 중개자가 그 기능의 대부분을 담당하는 것이 (즉, 간접경로가) 그 기능수행의 효율성을 높일 수 있다.

일반적으로 도매상이나 소매상은 8가지로 분류되는 경로기능들의 대부분이나 전부를 수행하는 중개자이다. 보통 이러한 중개상을 **재판매업자(reseller)**라고 지칭한다. 도매상은 제조업자와 소매상의 가운데에 서서 경로기능의 전부나 대부분을 수행하는 중개자이고 소매상은 도매상과 소비자의 중간에 그렇게 하는 중개자이다. 가령, 의료복지 서비스의 경우에, 복지기관이 그 서비스와 관련된 모든 경로기능을 해당 지역의 의료기관에 위탁하였다면, 그 서비스의 경로구조는 간접경로가 된다. 그리고 위탁을 받은 의료기관은 복지기관과 소비자 가운데에 서서 경로기능을 수행하는 도매업자이자 소매업자가 된다. 즉, 도소매기능을 모두 수행하는 중개자인 것이다.

반면, 특정 경로기능을 맡는 전문적인 중개자가 없는 경우에, 경로구조는 그 기능에 대해 직접경로의 형태를 갖고 있다고 말할 수 있다. 이 경우 그 특정 경로기능은 복지기관이나 소비자에 의해 수행된다. 제조업자가 소비자에게 직접 판매하는 경우에, 경로기능의 대부분은 제조업자와 소비자에 의해 수행된다. 이때, 일반적으로는 소비자보다 제조업자가 경로기능의 대부분을 수행하기 마련이다. 만약, 복지기관이 제3의 중개자를 활용하지 않고 자 기관의 인력을 동원하여 복지서비스를 생산하고, 소비자를 모집하여 유통한다면 경로구조는 완전히 직접경로의 형태를 갖게 된다. 현상적으로 사회복지의 경로구조는 직접경로에 가까운 경우가 많다.

유통경로를 설계하고 운용함에 있어서, 복지기관은 직접경로와 간접경로 중 어느 한쪽을 지향하며 경로구조를 결정하게 된다. 이런 지향성 이외에, 경로구조의 결정과 관련한 또 하나의 고려사항은 **경로유형(channel type)**이다. 경로유형이란 유통중개자의 특징에 따라 달라진다. 가령, 간접경로의 경우에도 영리기업은 자사의 제품을 백화점에 납품해 팔 것인지 아니면 일반 도매상을 통해 소매상에 납품하여 팔 것인지 결정해야 한다. 백화점 경로는 하나의 경로유형이다. 일반 도매상과 소매상으로 이어진 경로도 또 하나의 경로유형이다.

복지기관의 경우에, 가족문제정신상담 서비스의 유통을 생각해 보자. 이 유통을 개인이 운영하는 소규모의 전문상담소에 위탁할 수도 있고, 아니면 다양한 정신문제의 상담을 수행하는 종합상담기관에 위탁할 수도 있다. 물론, 복지기관이 직접 가족문제에 전문적인 상담사를 채용해 그 상담 서비스를 유통시킬 수도 있다. 여기서, 개인이 운영하는 전문상담소나 종합상담기관은 각각 간접경로 유형의 하나이다. 복지기관이 상담사를 채용해 운영하는 것은 직접경로 유형의 하나이다. 노년층을 위한 여가 프로그램의 경우에도, 복지기관은 지역자치단체에 그 서비스의 유통을 위탁할 수 있고, 아니면 사설학원이나 교습소에 위탁할 수도 있다. 간접경로라 하더라도 경로유형은 얼마든지 달리할 수 있다.

이와 같이 경로구조는 경로유형에 따라 다양하게 개발될 수 있다. 어떤 경로유형을 선택할 것인지는 본질적으로 소비자가 원하는 경로서비스의 질적 내용과 양적 수준에 달려 있다. 만약 소비자가 가족문제와 함께 다른 문제에 대해서도 정신상담을 받기 원한다면, 가족문제정신상담 서비스의 유통은 가족문제만 전문적으로 다루는 소규모 개인상담소보다 종합상담기관에 위탁되는 것이 더 바람직할 것이다. 소비자의 요구에 따라 다양한 문제의 상담 서비스가 편리하게 제공될 수 있기 때문이다.

여가 프로그램의 경우에도 마찬가지이다. 소비자의 생활권 인근에 소재하는 다양한 사설학원이나 교습소에 그 서비스의 유통이 위탁되면, 소비자는 자신의 상황과 기호에 맞추어 편리하게 여가 프로그램을 이용할 수 있다. 반면, 지역자치단체에 여가 프로그램이 위탁되어 운영되면, 서비스의 품질은 더 일관성 있게 보장될 수 있다. 그리하여 낮은 서비스 품질로 인해 소비자가 낭패를 겪는 일은 적을 것이다. 또한, 여가활동 이외에도, 소비자는 지역자치단체에서 제공하는 공공 서비스에 관해서도 정보를 얻고 자신이 원하는 바에 따라 공공 서비스를 이용할 수 있다.

유통밀도(coverage)도 경로구조의 설계와 운용을 위해 고려해야 할 사항들 중 하나이다. 하나의 시장에서 소비자에게 특정 재화나 서비스를 판매하는 점포가 100군데 있다고 하자. 어떤 기업이 그 100군데 중 80군데에 자사 제품을 입점시킬 때, 그 기업의 유통밀도는 80%라고 말할 수 있다. **집중적 유통**(intensive distribution)은 유통밀도가 높은 경우이고, **선택적 유통**(selective distribution)은 유통밀도가 낮은 경우이다.

가령, 집중적 유통으로 생활지원 서비스를 제공하는 경우에, 다수의 유통주체들이 그 지역의 소비자들에게 생활지원을 수행함으로써 그만큼 복지기관은 소비자들과의 접점을 많이 확보하게 된다. 예를 들어 소비자는 10,000명인데 유통주체가 100곳이라면, 단순 산술적으로 유통주체 1곳이 소비자 100명(10,000÷100)을 접촉하게 된다. 한편, 유통주체가 50군데라면 그 숫자는 100명에서 200명으로 높아진다. 더 적은 소비자들과 접촉할수록, 유통주체는 소비자들과 개별적으로 더 빈번하게 접촉할 수 있다. 그리하여 소비자의 사정을 더 잘 알아볼 수 있고, 소비자에게 복지서비스의 이용을 더 많이 권할 수 있으며, 소비자가 더 편리하게 복지서비스를 이용할 수 있게 도와줄 수 있다.

그러나 집중적 유통은 복지기관에게 비용을 가중시킬 수 있다. 많은 유통주체들을 확보하고 관리해야 하기 때문이다. 또 하나의 문제점은 유통주체 간의 경쟁이다. 유통주체들은 소비자를 확보하고 복지서비스를 전달하여 그 대가를 받고 생존한다. 그런데 유통주체들이 많아질수록 각 주체가 확보할 수 있는 소비자의 숫자가 적어진다. 이는 곧 유통주체의 생존위협으로 이어진다. 따라서 유통주체들이 많아질수록 소비자를 확보하기 위한 유통주체 간의 경쟁이 심화된다.

이 경쟁에서 더 많은 소비자를 확보하기 위해 유통주체는 더 많은 비용과 노력을 소요해야 한다. 비용과 노력이 지나치게 커지면, 유통주체는 감당할 수 없고, 그렇게 되면 더 이상 유통활동을 정상적으로 수행할 수 없다. 이 경우에 유통주체는 소비자에게 필요한 편의를 온전히 제공해 주지 않거나, 소비자를 찾아보고 그 이용을 권유하는 데 등한시할 수 있다. 물론 모든 유통활동을 포기하고 떠날 수도 있다.

적은 숫자의 유통주체가 활동하는 **선택적 유통**(selective distribution)의 장점과 단점은 집중적 유통의 경우와 반대이다. 하나의 유통주체가 상대적으로 많은 소비자와 접촉하기 때문에 유통주체의 생존 기반인 소비자를 확보하기가 쉽고 따라서 유통활동에 대한 대가도 쉽게 많이 얻는다. 그리하여 유통주체는 소비자의 편의성 제고에 노력과 비용을 소요할 여유를 얻게 된다. 그러나 쉽게 생존 기반을 확보할 수 있으므로 유통활동에 전념하지 않을 수도 있다. 생존 기반이 확보된 상태에서 유통주체는 여유롭게 게으름을 피울 수도 있고 아니면 어떤 다른 사업에 노력과 비용을 소요할 수 있다. 이런 일이 지속적으로 발생하면 복지기관의 사업은 표적 소비자층을 충분히 확보하지 못하거나, 아니면 유통주체의 게으름과 태만 때문에 발생할 수 있는 소비자의 불만에 어려움을 겪을 수 있다. 그렇지만, 만약 유통주체들이 성실히 맡은 활동에 전념한다면 그리고 쉽게 많이 얻어 낸 대가의 상당 부분을 고객 개발이나 고객의 편의성 제고에 사용한다면, 복지사업은 목표한 대로 잘 성장, 안착된다.

11 5 경로관리

경로구조가 결정되었다는 것은 복지기관, 중개자, 소비자로 구성된 하나의 협업체가 이루어졌음을 의미한다. 이 협업체의 목표는 소비자가 원하는 경로서비스를 가장 효율적으로 창출하는 것이다. 그리고 이에 대한 대가를 협업체의 구성원들이 공정하게 나누어 갖는 것이다. 소비자가 대가를 나누어 갖는다는 것은 그만큼 적은 비용으로 복지서비스를 이용함을 의미한다. 이러한 협업체의 효율성과 공정성 추구는 쉽게 달성되지 않는다. 왜냐하면 많든지 적든지 간에 각 구성원이 자신의 기능을 효율적으로 수행하지 않기 때문이다. 여기에는 많은 이유들이 있다.

먼저, 협업체가 그러한 효율성을 달성하려면, 각 구성원은 자신이 전문적으로 수행할 수 있는 기능만 맡아야 한다. 그러나 구성원 간의 소통과 조정의 부족으로 전문성에 따른 기능 분담이 잘 이루어지지 않을 수 있다. 가령, 사정상 복지프로그램에 대한 촉진 기능은 복지기관보다 관련 지역자치단체가 더 전문적으로 수행할 수 있다. 그럼에도 지역자치단체는 다른 더 중요한 업무를 이유로 촉진 기능을 복지기관에 미룰 수 있고, 복지기관은 기관의 양적 성과를 높이겠다는 생각으로 전문적이지도 않은 촉진 기능을 기꺼이 맡을 수 있다. 그리하여, 유통경로 전체로 보면, 원하는 내용의 촉진 수행이 효과적으로 이루어지지 않고 그 수행조차도 고비용적일 수 있다. 결국 촉진 기능의 비효과적, 비효율적 수행으로 말미암아 유통경로라는 하나의 협업체는 효율적으로 경로서비스를 창출하지 못한다.

또 다른 이유로 협업체 구성원의 일탈행위(opportunistic behaviors)를 생각해 볼 수 있다. 설령 협업체 구성원 간의 기능 배분이 전문성에 따라 이루어졌어도, 구성원이 오로지 자신의 이익을 극대화하겠다는 생각으로 협업체 전체의 목표에 해가 되는 행위를 할 수 있다. 예를 들어, 복지기관이 상담이나 치료 서비스의 유통을 지역의 사설기관에 위탁하였다고 하자. 이 경우에, 사설기관은 그 서비스 유통을 위해 복지기관으로부터 지원받은 자원을 다른 목적으로 전용할 수도 있다. 이런 일이 자주 발생하면, 서비스 유통은 부실해질 수밖에 없고, 당연히 유통경로라는 협업체 전체의 목표는 달성되지 못한다.

그 밖에도 많은 이유 때문에, 유통경로라는 협업체의 구성원들은 효율성 극대화라는 협업체 전체의 목표보다는 자신의 개별적 목표에 치중하여 경로기능을 수행할 수 있다. 따라서 유통경로 구성원들의 행동은 전체의 목표에 맞게 조정, 통제되어야 한다. 이런 조정과 통제의 일들을 통칭하여 경로관리라고 한다.

경로관리의 핵심은 경로 구성원이 전체 목표의 달성으로부터 이탈하지 않게 하는 것이다. 이를 위해서는, 먼저 경로 구성원들 중 누군가가 경로리더(channel leader)가 되어야 한다. 경로리더란 경로 구성원 간의 소통과 협조를 촉진하며 그들이 개별적 이익에 집착하지 않고 전체의 이익을 추구하도록 통제하는 역할을 수행한다. 물론, 경로리더의 위상이 강하지 않을 경우에는 경로 구성원들이 자율적으로 상호 간의 조정과 통제에 임하게 된다. 이러한 경로 구성원 간의 자율적 조정과 통제는 소위 시장이라고 지칭되는 곳에서 찾아볼 수 있다. 시장에서는 제조업자, 유통업자, 소비자가 판매자로서 또는 구매자로서 서로 개별적으로 만나서, 교환거래를 성사시키기 위해 조정과 통제를 시도한다. 이런 시장의 자율적 통제 메커니즘(mechanism)을 '보이지 않는 손'이라고 말한다.

사회복지 분야에서, 경로 구성원 간의 자율적 조정, 통제가 이루어지는 시장은 현실적으로 찾아보기 힘들다. 대부분의 경우에, 복지기관이나 정부기관이 경로리더로서 경로 구성원에 대한 조정과 통제를 이끌어가기 마련이다. 그렇지만, 복지기관도 개별적 이익에 치중하여 행동할 수 있다. 이런 상황에서 유통 중개자로 활동하는 사적 업소나 비영리단체 그리고 소비자는 복지기관의 그런 지나친 행동을 제어하게 된다.

결국, 통상적인 유통경로에서 복지기관, 중개자, 복지소비자 모두는 많든지 적든지 간에 다른 경로 구성원의 행동을 조정, 통제해야 한다. 그리하여 경로 구성원 각자는 그러한 조정, 통제의 능력을 갖추어야 한다. 이 능력을 일반적으로 **힘**(power)이라고 지칭한다. 힘이란 타 경로 구성원이 자발적으로 수행하지 않을 일을 수행하게 만드는 능력이라고 정의된다. 경로 구성원 각자는 타 경로 구성원의 지나친 개별적 행동을 제어할 수 있을 만큼 힘을 보유해야 한다. 그렇지 않으면 유통경로는 효과적, 효율적으로 움직일 수 없다.

힘의 실체는 크게 두 가지 관점에서 이해된다. 첫 번째로, **종속성**(dependence)의 높고 낮음으로 힘을 파악할 수 있다.[3] 복지기관의 유통 중개자에 대한 종속성이 유통 중개자의 복지기관에 대한 종속성보다 작다면 복지기관은 그만큼 중개자에게 힘을 발휘할 수 있다. 상대방에 대한 종속성은 상대방으로부터 얻는 유·무형의 가치가 크고, 그것을 상대방 이외의 다른 주체로부터 얻을 수 없을 때 높아진다. 예를 들어, 지역에서 복지기관의 서비스를 대행하여 높은 지명도를 얻은 사설업체는 그 지명도를 활용해 자기의 사업을 크게 확장할 수 있다. 이때 그 높은 지명도는 사설업체가 복지기관과 일을 같이함으로써 얻은 무형의 가치이다. 한편, 사설업체가 지역에서 높은 지명도를 얻는 데 도움이 되는 곳은 그 복지기관 밖에 없을 때, 사설업체의 복지기관에 대한 종속성은 높게 된다.

반면, 복지기관이 사설업체로부터 얻어 내는 가치는 복지서비스를 복지기관의 뜻에 맞추어 잘 유통하는 것이다. 만약 사설업체가 복지서비스의 유통을 그렇게 잘 수

---

3) Emerson, Richard M. (1962), "Power-Dependence Relation," *American Sociological Review*, Vol. 27 No.1 (February), pp. 239-272.

행한다면 복지기관이 사설업체로부터 얻는 가치는 높게 된다. 이 경우에, 만약 복지기관에게 그런 가치를 제공할 수 있는 대안적 주체들이 많다면, 복지기관의 사설업체에 대한 종속성은 낮게 된다. 그러나 그런 대안적 주체들이 적을수록 복지기관의 사설업체에 대한 종속성은 높아진다. 결국, 복지기관과 사설업체는 이런 식으로 서로에 대한 종속성을 따져 볼 수 있다. 그리고 종속성이 더 작은 쪽은 다른 상대방에게 그만큼 더 큰 힘을 보유하게 된다.

종속성 대신에 힘의 기반(bases)을 고려하여 힘을 파악하는 방법도 있다. 힘의 기반은 5가지로 분류될 수 있다.[4] 먼저 **보상(reward)**이라는 기반에 따라 행사하는 힘이 있다. 가령, 유통 중개자가 얻기 원하는 경제적, 비경제적 보상물을 복지기관이 갖고 있다면 복지기관은 유통 중개자에게 그 보상물을 제공하고 유통 중개자로 하여금 자발적으로는 하지 않는 일을 하게 만들 수 있다. 이때 복지기관은 유통 중개자에게 보상에 기반을 둔 힘을 보유하고 있는 것이다.

그런 보상물은 유형적일 수도 있고 아니면 무형적일 수도 있다. 복지프로그램이 출범되면 그 프로그램에 참가할 소비자들을 적정하게 확보하기 위하여 잠재적 소비자층을 대상으로 촉진활동을 전개해야 한다. 이때 복지서비스의 유통을 맡은 중개자는 그런 촉진활동을 자발적으로 수행하지 않을 수 있다. 다만 찾아오는 소비자에게 복지서비스를 제공하는 소극적 역할에 머무를 수 있다. 여기에 대해서 복지기관은 다양한 보상물을 제공하여 그 중개자로 하여금 적극적으로 촉진활동을 수행하게 만들어야 한다. 이런 보상물은 금전적, 비금전적 재화가 될 수도 있고 아니면 영업권과 같은 무형의 자산이 될 수 있다. 영업권이란 그 중개자가 일정 지역에 거주하거나 일정 자격요건을 갖춘 복지소비자 집단을 배타적으로(exclusively) 할당받는 것이다. 이런 배타적 할당이 이루어지면 그 중개자는 다른 중개자의 침범을 받지 않고 할당된 복지소비자 집단에게 서비스를 전달하며 그 대가를 안정적으로 얻어 낼 수 있다.

보상 대신에 **제재(punishment)**에 기반을 둔 힘도 있다. 복지기관이 유통 중개자에게, 또는 유통 중개자가 복지기관에 가할 수 있는 제재 중에 대표적인 것은 직접적

---

4) French, John R., Jr. and Bertram Raven (1959), "The Bases of Social Power," in *Studies in Social Power*, Dorwin Cartwright, Ed., (Ann Arbor, MI: University of Michigan), pp. 150-167.

으로 즉시 서로의 교환거래 관계를 끊은 것이다. 이런 제재 이외에도, 적기에 제공해야 할 금전적, 비금전적 자원들을 늦게 제공하여 상대방에게 피해를 주는 제재도 있다. 또는 제공해야 할 의무는 없지만 제공할 수도 있는 것을 제공하지 않아 상대방에게 피해를 입히는 제재도 있다. 이 밖에 관습이나 법제도의 테두리 안에서 적극적으로 상대방의 활동을 방해하는 것도 제재에 포함된다. 제재를 줄 능력이 있으면 이 능력을 앞세워 상대방으로 하여금 자발적으로는 수행하지 않을 일을 수행하게 만들 수 있다.

전문성(expertness)에 기반을 둔 힘도 있다. 전문성이란 경로서비스의 창출에 도움이 되는 정보와 그 정보에 기초한 판단(judgment)를 의미한다. 가령, 복지서비스에 대한 소비자층의 욕구나 이용행태에 대해 잘 알고 있는 유통 중개자는 그만큼 물적소유, 협상, 위험 부담, 촉진 등의 활동에 필요한 전문성을 갖고 있다고 볼 수 있다. 복지기관이 그런 유통 중개자의 전문성을 필요로 한다면, 유통 중개자는 전문성에 기반을 둔 힘을 복지기관에 행사할 수 있다. 유통 중개자는 전문적 정보와 분석내용을 복지기관에 제공하고, 그 대신 복지기관으로 하여금 자발적으로는 수행하지 않을 일을 수행하게 만들 수 있다.

정당성(legitimacy)에 기반을 둔 힘도 있다. 정당성이란 법제도, 규범, 전통적 가치 등에 부합하는 것을 의미한다. 가령, 복지기관은 복지서비스의 유통을 중개자에게 위임하면서 이 위임과 관련된 쌍방의 의무와 권리를 법적 계약서에 명시할 수 있다. 그리하여 만약 그 중개자가 자신의 이익에 따라 계약서와는 다르게 경로기능을 수행한다면, 복지기관은 그것의 충실한 수행을 중개자에게 요구할 수 있다.

규범과 전통적 가치는 복지기관과 유통 중개자가 소속되어 있는 하나의 공동체 안에 내재해 있는 행동의 잣대이다. 소비자를 대면하면서 복지서비스를 전달하는 유통 중개자가 소비자의 동향에 어떤 변화를 감지했다면, 그 변화를 복지기관에 알려주는 것은 공동체적 상규상 당연한 일이 될 것이다. 특히, 유통 중개자와 복지기관이 오랫동안 같이 일을 해 왔다면 더욱 당연한 것이 될 것이다. 그러나 유통 중개자는 그런 당연한 일을 자발적으로 하지 않을 수 있다. 그렇게 알려 주는 것이 귀찮고 비용이 들며 복지기관이 몰라도 된다고 생각할 수 있기 때문이다. 그래서 복지기관은 유통 중개자에게 소비자의 동향 변화를 알려 달라고 종종 요구할 수 있다. 이런 요구를 받은 유통 중개자는 별로 내키지 않지만 이런저런 비용과 귀찮음을 감수하며 그 요구를 들어주게 된다. 공동체적 상규상 그렇게 해야 함이 당연하기 때문이다. 즉, 복지기관은 그런 요구를 할 정당한 힘을 갖는다.

마지막으로, **준거성(reference)**에 기반을 둔 힘을 생각해 볼 수 있다. 여기서 준거성이란 한 유통주체가 다른 어떤 유통주체에 소속되고 싶어 하는 경향과 관련이 있다. 유통 중개인이 복지기관의 일원이 되고 싶다면, 유통 중개인은 자발적으로 수행하지 않는 일이라도 복지기관의 요구에 따라 수행할 수 있다. 이 경우에, 복지기관은 준거성에 기반을 둔 힘을 행사한 것이다. 만약 복지기관이 유명하거나 평판이 좋다면 그렇지 않은 경우보다 유통 중개인은 복지기관의 일원이 되기 원할 것이다. 그런 유명세나 평판은 모두 브랜드자산의 중요 요소이다. 결국 브랜드자산이 큰 복지기관이나 유통 중개인은 상대방에게 준거성에 기반한 힘을 행사할 수 있다.

힘은 경로관리의 동력이다. 경로 구성원들은 서로에게 힘을 행사하여 모두가 개별적 이익의 실현보다는 경로 전체의 목표 달성을 위해 노력하도록 해야 한다. 이런 과정에서 경로 구성원들 간의 조정과 타협은 불가피한 것이다. 그러나 그 조정과 타협에서 **갈등(conflict)**은 필연적으로 발생한다. 갈등이란 경로의 한 구성원이 다른 구성원의 목표 달성에 방해가 되는 것을 의미한다. 가령, 특정 유통 중개자가 지나치게 자신의 개별적 이익을 추구하여 경로 전체의 목표가 달성되지 못하면 결국 다른 모든 유통 중개자에게 돌아갈 이익도 침해된다. 이런 경우, 그 특정 중개자와 다른 중개자 간에 갈등이 발생한다. 더 나아가, 그 특정 중개자와 복지기관 간에도 갈등이 발생하게 된다. 때로는 복지기관이 기관 운영의 효율성만 강조하여 유통 중개자의 희생을 강요하는 경우도 있다. 이때 유통 중개자는 복지기관과 갈등 상태에 돌입하게 된다.

갈등이 심화되면 유통경로라는 협업체는 붕괴하게 된다. 따라서 경로 구성원들은 서로 간에 갈등이 어느 정도 내재해 있는지 파악하고 갈등을 줄이고자 노력해야 한다. 여기서 갈등을 객관적으로 측정하고 그 측정된 갈등을 경로 구성원들이 인식하는 것은 매우 중요하다. 갈등의 측정은 갈등이 내재하는 사안들(issues)이 무엇인지 분석하는 것으로부터 시작한다. 가령, 복지기관과 유통 중개자 사이에 대금지급, 물품이나 인력의 지원에 관해 의견 차이가 발생할 수 있다. 이렇게 의견 차이가 있는 사안들을 정의하고 나면, 그 사안이 얼마나 중요한지, 그 사안에 대한 의견 차이가 얼마나 큰지, 그리고 그 의견 차이가 얼마나 빈번하게 발생하는지 알아보아야 한다. 그리하여 갈등과 관련된 사안의 중요도, 사안의 숫자, 사안별 의견 차이, 사안의 발생 빈도를 감안하여 갈등의 크기를 총체적으로 산정한다. 갈등 사안이 중요할수록, 갈등 사안의 숫자가 클수록, 각 사안별 의견 차이가 클수록, 그리고 각 사안의 의견 차이가 자주 발생할수록 총체적인 갈등의 수준은 높아진다.

요약하면, 각 경로 구성원의 입장에서 경로관리란 힘을 확보하여 타 구성원의 일탈 행위를 막기 위해 힘을 행사하며, 타 구성원과의 갈등을 줄여 가는 것이다. 여기서 일탈 행위란 지나친 개별 이익의 추구를 의미한다. 그런 힘의 행사와 갈등 해소를 위해 끊임없이 타 경로 구성원과 소통, 조정해야 한다. 이런 측면에서, 경로관리는 힘의 행사, 갈등 해결, 소통과 조정의 개념들로 집약될 수 있다.

집행적 과정 III
– 통제와 정보

CHAPTER 12

성과평가와
마케팅 감사

마케팅의 성과평가는 목표로 설정된 산출적 성과와 비용적 성과가 얼마나 도달되었는지 평가하는 것이다. 이러한 성과평가를 체계적으로 진행하기 위해서는, 산출적 성과와 비용적 성과 간의 관계를 파악해야 한다. 즉, 촉진이나 유통과 같은 마케팅 항목의 비용이 1단위 소요되면 인지도나 매출과 같은 산출이 얼마나 얻어지는지 설명하는 모형을 수립해야 한다. 그리고 마케팅 집행 후에 얻어진 비용적 성과와 산출적 성과를 그 모형에 대입하여, 비용 대비 산출이 목표한 대로 성취되었는지 분석해야 한다.

성과평가는 특정 사업에서 마케팅의 목표가 제대로 성취되었는지 살펴보고, 동시에 그런 성취가 계획된 과정에 따라 최소의 비용으로 이루어졌는지 살펴보는 것이다. 즉, 마케팅의 효과성과 효율성을 분석하는 것이다. 더 나아가, 성과평가를 통해 확인된 기존 마케팅의 장점과 단점은 다음 기간에 전개될 마케팅의 계획과 집행에 반영된다. 마케팅 감사(audit)는 비교적 긴 기간마다(가령, 1년 정도의) 정기적으로 복지기관의 마케팅을 점검하는 것이다. 마케팅 감사는 특정 사업에 대해서 실시할 수도 있지만 일반적으로 복지기관의 모든 사업에 걸쳐서 종합적으로 실시한다. 마케팅 감사의 내용은 외부환경, 전략, 조직 및 제도, 성과평가 및 트래킹(tracking), 의사결정지원 등으로 나누어질 수 있다.

12 1 성과평가의 의의

마케팅은 경영 목표의 달성에 기여하는 여러 기능들 중 하나이다. 마케팅 이외의 그러한 기능들로 회계, 재무, 인사조직, 생산 등의 기능을 들 수 있다. 이러한 모든 경영적 기능들이 유기적으로 어우러져 수행될 때 복지사업의 경영 목표는 효율적으로 온전히 달성된다. 마케팅 성과평가란 그런 타 기능들과의 유기적 관계 속에서 마케팅이 경영 목표의 달성에 얼마나 기여했는지 파악하고, 그 결과에 기초하여 마케팅의 개선점을 제안하는 것이다.

마케팅 성과평가에서 먼저 수행해야 할 것은 복지사업의 경영적 여건을 고려하며 마케팅 목표의 타당성을 살펴보는 것이다. 가령, 복지사업에 재무적 부담이 크다면, 수익(revenue)의 증가나 또는 고객 확보 비용의 절감이 마케팅 목표로 타당할 것이다. 만약 복지기관이나 복지사업의 인지도와 이미지가 낮고 그로 인해 향후 사업 전개에 어려움이 있다면, 브랜드자산(brand equity)의 강화가 마케팅의 1차적 목표로서 타당할 것이다. 또는, 복지사업의 기반이 되는 잠재 고객의 규모가 충분하지 못하다면 본원적 수요(primary demand)의 증대가 마케팅의 목표로서 타당할 것이다.

성과평가에서 마케팅 목표는 두 가지 관점으로 분석될 수 있다. 하나는 **산출적 성과**의 분석이고 다른 하나는 **비용적 성과**의 분석이다. 산출적 성과란 마케팅 활동을 통해 얻고자 하는 것과 관련이 있다. 인지도 10% 증가나 복지프로그램에 대한 가입자의 10% 증가는 산출적 성과이다. 가입자의 10% 증가에 따라 가입비와 보조금의 수입이 20% 증가하였다면, 이런 증가는 산출적 성과에 해당한다. 비용적 성과란 마케팅 활동에 소요되는 비용의 절감을 의미한다. 가령, 광고비 20%의 절약은 비용적 성과에 해당된다. 또는 마케팅을 위한 출장 비용이나 행사 비용을 10% 줄인 것도 비용적 성과이다. 산출적 성과와 비용적 성과의 극대화는 곧 마케팅이 효과적이고 동시에 효율적이라는 것을 의미한다.

〈도표 12-1〉은 영리기업이나 비영리기관을 막론하고 일반적으로 고려될 수 있는 마케팅의 산출적 성과들을 정리해 본 것이다. 마케팅의 산출은 크게 세 가지로 분류될 수 있다. 먼저, **행태적 산출**을 들 수 있다. 행태적 산출이란 복지소비자의 생각, 느낌, 행동에 변화를 주는 것이다. 소비자에게 유·무형의 재화나 서비스인 제품의 장점을 이해시키거나, 소비자로 하여금 제품에 대해 긍정적 이미지와 느낌을 갖고 제품을 선호하여 구매할 의도를 갖게 하는 것이다. 일반적으로 브랜드자산이나 고객자산의 증대는 행태적 산출에 해당한다.

다음으로 **시장적 산출**을 들 수 있다. 시장적 산출이란 복지기관과 소비자 간의 교환과 관련된 것이다. 시장이란 교환이 이루어지는 개념적, 물리적 공간이다. 제품의 가격이나 매출과 관련된 것은 시장적 산출이다. 가격, 매출량, 매출액, 시장점유 등이 시장적 산출의 측정지표들이다. 복지프로그램의 경우에, 프로그램에 가입한 소비자들의 숫자나 그들이 낸 가입비 그리고 프로그램을 위해 지원받은 보조금 등은 시장적 산출의 측정지표가 될 수 있다. 또한 경쟁 프로그램 대비 가입자의 숫자나 수익의 규모 등도 시장적 산출의 측정지표가 될 수 있다. 프로그램에 대한 소비자 1인당 수익이 경쟁 복지기관보다 높다면, 이것도 시장적 산출이 높음을 반영한다.

재무적 산출은 마진, 비용 등을 감안한 영업이익, 순이익 또는 사업투자에 대한 수익과 같은 것이다. 영리적인 기업의 경우 주식 가격과 관련된 지표들도 재무적 산출을 대변한다. 복지프로그램의 경우, 공공성을 이유로 이익극대화가 강조되지 않을 수 있다. 그렇지만 이익이란 효율적인 프로그램의 운용을 반영한다. 비용 절감적으로 프로그램을 운용한다면, 이익을 낼 수 있고, 이러한 이익은 더 질 높은 프로그램의 운용에 투자될 수 있다. 이런 측면에서 공공성이 중요한 복지프로그램에서도 나름대로 이익의 개념을 정립하고 그 수준을 측정하여 성과평가에 반영해야 한다.

한편, 복지프로그램을 운용하기 위해서는 시설이나 인력에 투자할 필요가 있다. 공공성을 강조해 복지사업에서 적극적으로 이익을 추구하지는 않더라도 그러한 투자의 기회손실은 최소화되어야 한다. 합리적 투자에 따른 기회손실의 감소나 잘못된 투자에 따른 기회손실의 증가는 복지기관의 미래 입지에 큰 영향을 미친다. 따라서 투자수익률과 같은 측정지표도 재무적 산출에 포함될 수 있다.

<도표 12-1> 마케팅의 산출적 성과

행태적 산출	인지도	브랜드·제품에 대한 회상(recall), 재인(recognition), 연상(associations)
	태도	브랜드·제품에 대한 긍정적, 부정적 판단(judgment), 선호(preference)
	행위의도	브랜드·제품에 대한 구매의도, 구전 및 추천 성향
시장적 산출	가격	유보가격, 원가 대비 가격, 경쟁자 대비 가격, 수요의 가격탄력성
	매출 및 시장 점유	매출량, 매출액, 매출성장, 시장점유
재무적 산출	이익 및 수익	영업이익, 순이익, 투자 대비 수익, 총 자산 대비 수익, 현금흐름(cash flow)

복지기관은 행태적, 시장적, 재무적 산출을 적절히 반영하여 산출적 성과평가를 수행해야 한다. 예를 들어, 특정 복지프로그램에 대해, 복지기관은 그 프로그램에 대한 인지도와 태도를 제고하여, 프로그램의 가입자를 늘리고, 이에 따라 재무 건전성을 확보하고자 할 수 있다. 이 경우에, 산출적 성과평가는 인지도와 태도, 프로그램 가입자의 숫자 그리고 수익 등의 지표들로 파악된다. 여기서 성과평가란 그런 지표들에 따라서, 사전에 설정된 목표와 사후에 성취한 것을 비교해 보는 것이다.

산출적 성과를 정확히 평가하기 위해서는 마케팅 이외의 타 기능들이 성과에 기여한 부분을 고려해야 한다. 가령, 소비자의 복지프로그램에 대한 인지도나 태도가 10% 증가하였다고 하자. 이런 10%의 증가가 오로지 마케팅이라는 기능에 의한 것은 아닐 것이다. 그 10%의 증가는 마케팅, 회계, 재무, 인사조직 등의 여러 기능들이 유기적으로 어우러져 만들어 낸 결과이다. 마케팅의 산출적 성과평가가 정확하게 이루어지기 위해서는, 인지도 10% 증가나 고객 숫자의 10% 증가와 같은 특정 산출에 대해 마케팅이 얼마나 기여했는지를 따져 보아야 한다. 가령, 복지프로그램 가입자의 수가 10% 증가한 것에 대해 마케팅이 40% 기여했다면 실제로 마케팅의 산출적 성과는 가입자 수의 4%(0.1×0.4) 증가에 해당된다. 만약 다음 기에도 같은 수준의 증가율을 예상하여 마케팅의 목표를 결정한다면 그 목표는 10%가 아닌 4%가 될 것이다.

한편, 산출적 성과를 달성하려면 비용이 소요되기 마련이다. 만약 이 비용이 너무 크다면 산출적 성과의 달성은 무의미해진다. 따라서 마케팅 성과평가는 비용적 측면도 고려해야 한다. 가령, 10%의 수익 증가에 마케팅이 40% 정도 기여하려면 비용은 얼마나 소요되는지 따져 보아야 한다. 비용적 성과를 평가하려면 먼저 마케팅 활동의 항목들을 정의하고 각 활동 항목에서 발생하는 비용을 파악해야 한다. 그러나 이러한 마케팅 비용분석 방법론은 현실적으로 집행하기 어려울 때가 많다. 많은 경우에 복지기관의 비용관리시스템이 마케팅 활동 체계에 맞추어져 있지 않기 때문이다.

그렇지만, 마케팅 비용의 파악은 복지기관의 비용처리시스템에 맞추어 이루어져야 한다. 가능한 최대한으로 마케팅 활동의 실상을 고려하며, 비용처리시스템이 제공하는 정보를 가공하여 마케팅 비용을 산정할 수밖에 없다. 하나의 예로서, 복지기관의 직원은 자 기관을 대신하여 복지서비스의 유통을 수행하는 비영리기관에 출장을 갈 수 있다. 이때 그 직원의 출장 목적은 복합적일 수 있다. 새로운 복지프로그램을 개발하는 데 필요한 의견을 구하며(즉, 마케팅조사의 목적으로), 동시에 그 비영리기관과 관련하여 발생한 회계처리 문제를 해결하고, 더 나아가 그 비영리기관이 요구하는 고정처리를 위해 출장을 갈 수 있다. 이러한 여러 목적들을 위해 하나의 출장이 이루어지고, 출장비용도 하나로 묶여 처리되는 것이 현실적이다. 각 목적마다 개별적으로 출장비용이 처리되는 경우는 현실적으로 거의 없을 것이다. 각 목적에 따라 출장비용을 나누어 보는 것은 번거롭고 때로는 불가능하기 때문이다.

또 다른 측면에서, 마케팅 기능은 복지기관의 여러 부서들에 분산되어 수행되기 마련이다. 이들 중에는 공식적으로 마케팅 부서에 해당하는 곳도 있고 그렇지 않은 곳도 있다. 어느 부서는 광고나 홍보의 업무를 담당하고 다른 어떤 부서는 복지서비스의 유통을 담당하기도 한다. 이때, 각 부서에서 처리한 비용을 놓고, 마케팅 기능과 관련된 것과 그렇지 않은 것을 분석해 내야 한다. 어렵고 불완전해도 그런 비용 분석은 피할 수 없다. 그리하여 완전하지는 않지만, 그래도 타당한 수준에서 기관 전체의 마케팅 비용 항목과 비용의 규모를 파악해야 한다.

정리하면, 마케팅의 성과평가는 목표로 설정된 산출적 성과와 비용적 성과가 얼마나 도달되었는지 평가하는 것이다. 이러한 성과평가를 체계적으로 진행하기 위해서는, 산출적 성과와 비용적 성과 간의 관계를 파악해야 한다. 즉, 촉진이나 유통과 같은 마케팅 항목의 비용이 1단위 소요되면 인지도나 매출과 같은 산출이 얼마나 얻어지는지 설명하는 모형을 수립해야 한다. 그리고 마케팅 집행 후에 산정된 비용적 성과와 산출적 성과를 그 모형에 대입하여, 비용 대비 산출이 목표한 대로 성취되었는지 분석해야 한다. 이하에서는 그 모형에 대해서 살펴보기로 한다.

12 2 비용과 산출의 모형

비용과 산출의 모형은 마케팅 활동이 복지소비자에게 영향을 주는 과정과 그 결과를 설명해 준다. 〈도표 12-2〉는 예시적으로 비용과 산출의 개념적 모형을 보여 주고 있다. 이 모형은 크게 두 부분으로 나뉘어져 있다. 먼저, 마케팅 활동이 소비자에게 영향을 주는 부분이다. 이 영향은 일반적으로 **마케팅믹스(marketing mix)**의 운용에 따른 복지소비자의 행태적 변화를 의미한다. 마케팅믹스의 운용에는 복지서비스와 같은 제품에 대한 관리, 가격관리, 촉진관리, 유통경로관리의 네 가지 세부적 활동들이 포함된다. 각 세부적 활동은 더욱 세부적 활동으로 나뉘어질 수 있다. 가령, 복지서비스 관리에는 새로운 서비스 프로그램의 개발, 서비스 프로그램의 종류별 라인업(line-up) 관리, 기존 서비스 프로그램에 대한 개선 등의 다양한 세부적 활동들이 포함된다. 물론, 이러한 각 세부적 범주의 활동은 더욱 세부적으로 또 한 번 나뉘어질 수 있다.

〈도표 12-2〉 비용과 산출의 개념적 모형

마케팅 활동 비용	행태적 산출	시장·재무적 산출
마케팅믹스 운용 비용	인지도, 태도, 행위의도	가격, 매출, 시장점유, 이익

〈도표 12-2〉에서, 마케팅믹스의 운용에 따라 산출되는 복지소비자의 행태는 일반적으로 인지도, 태도, 행위의도의 세 가지 범주로 분류될 수 있다. 물론 각 범주는 다시 더 세부적인 항목으로 나뉘어질 수 있다. 인지도는 회상과 재인으로 다시 나뉘어질 수 있고, 태도는 호의도, 좋아함, 신뢰 등으로 다시 나뉘어질 수 있으며, 행위의도는 단순구매의도, 반복구매의도, 구전이나 추천의도 식으로 나뉘어질 수 있다.

복지소비자의 행태는 꼭 그렇게 세 가지로만 범주화하는 것은 아니다. 마케팅의 목적이나 상황에 따라 얼마든지 다르게 범주화할 수 있다. 가령, 세 가지로 범주화하는 대신에 인지도, 복지서비스의 속성에 대한 신념, 감성적 이미지, 태도, 충성도 등의 여러 종류로 범주화할 수 있다. 더 나아가, 여러 범주들 간의 관계를 설정할 수도 있다. 예를 들어, 복지프로그램에 대한 인지도를 높이고, 다음으로 그것에 대한 태도를 높인 후에, 이어서 행위의도를 높인다는 생각을 해 본다면, 행태의 세 가지 범주들에 대하여 '인지도 → 태도 → 행위의도'의 전후 관계가 설정될 수도 있다.

다음으로, 〈도표 12-2〉는 행태적 변화에 따른 시장·재무적 산출의 변화를 제시하고 있다. 일반적으로 시장·재무적 산출은 구매행위와 관련된 것으로서 가격, 매출, 시장점유, 이익, 투자수익 등이 그 산출에 속한다. 복지사업의 경우, 복지프로그램에 대한 가입자의 숫자, 가입비의 수준, 가입비 수령을 통한 수익, 복지프로그램에 대해 정부나 지역자치단체로부터 받은 보조금 그리고 타 복지기관 대비 프로그램 가입자의 규모 등이 시장·재무적 산출에 속한다. 시장·재무적 산출은 행태적 산출에 따라 달라진다. 복지프로그램에 대한 인지도나 가입의도가 높을수록 가입자도 안정적으로 많아지고 수익도 높아질 것이다.

비용과 산출의 모형을 성과평가에 사용하려면, 그 모형의 구성 개념인 마케팅 활동, 행태적 산출, 시장·재무적 산출마다 세부적 내용들을 정의하고, 측정해야 한다. 마케팅 활동의 경우에는, 그 활동의 세부적 내용에 소요된 비용과 이 비용을 소요하여 수행한 활동의 수준을 측정해야 한다. 행태적, 시장·재무적 산출의 경우에도 그 산출의 세부적 내용을 측정해야 한다. 만약 행태적 산출을 인지도, 태도, 행위의도로 분류한다면, 각 분류 내에서 세부항목들을 결정하고 각 항목에 따라 산출을 측정해야 한다. 행태적 산출의 세부항목은 금전적으로 측정하기 어렵다. 대신에, 주관적 수치로 측정되는 것이 일반적이다. 가령, 복지프로그램에 대한 인지도나 태도가 얼마나 높아졌거나 좋아졌는지는 5점이나 7점 척도에 따라 설문을 통해 측정될 수 있다.

만약 시장·재무적 산출을 복지프로그램의 가격지지력과 수익으로 분류한다면, 각 분류 내에서 구체적 세부내용을 결정하고, 각 세부내용마다 측정이 이루어져야 한다. 행태적 성과와 달리 시장·재무적 성과는 객관적 수치로 측정되기 마련이다. 가령, 복지프로그램의 가격지지력은 가격 상승에 따라 이탈하는 고객의 숫자로 측정될 수 있다. 복지프로그램의 수익은 금전적으로 측정되지만, 경쟁 복지프로그램의 수익과 비교된 상대적 수치로도 측정될 수 있다.

　결국, 비용과 산출의 모형은 마케팅 활동에 비용이 얼마나 소요되는지에 따라 행태적 산출이 얼마나 변화하고, 다시 이 변화에 따라 시장·재무적 산출이 얼마나 변화하는지를 보여 준다. 즉, 비용과(동시에, 마케팅 활동 수준과) 산출 간의 관계를 계량적으로 알려 준다. 이 관계에 기초하면, 얼마의 비용을 소요하여 얼마의 산출을 얻을 것인지를 목표로 결정할 수 있고, 사후에 그 목표에 얼마나 도달했는지를 정확하게 파악할 수 있다. 그리하여 성과평가를 객관적이고 일관성 있게 수행할 수 있다.

　〈도표 12-3〉은 우리나라 서비스 산업을 대상으로 작성된 비용과 산출의 모형을 보여 준다. 이 도표의 모형은 설명의 편의상 실제의 모형을 단순화한 것이다. 그 모형에서, 마케팅 활동은 촉진과 유통의 두 가지이다. 그리하여 촉진비용의 수준과 유통점포의 숫자가 행태적 산출에 영향을 미친다. 여기서 유통점포의 숫자는 유통비용의 수준을 나타내 준다. 그 모형에서, 사업기간은 해당 사업이 수행되어 온 기간을 의미한다.

　행태적 산출은 사업의 브랜드 인지도와 충성도로 구성된다. 브랜드 인지도가 높거나 충성도가 높으면 그만큼 행태적 산출도 높다. 브랜드 인지도는 브랜드에 대한 회상과 재인의 두 가지로 구성된다. 그 회상이나 재인이 높으면 브랜드 인지도도 그만큼 높다. 충성도는 구매의도, 추천의도, 제품가치, 신뢰, 호감의 다섯 가지로 구성된다. 각 구성 항목이 높으면 충성도도 그만큼 높다.

　〈도표 12-3〉에서 화살표의 영향력은 수치로 표시되어 있다. 이 수치는 자료를 표준화하여 산정한 것이다. 그리하여 긍정적 또는 부정적 영향력의 최소값은 0이고 최대값은 1이다. 촉진비용과 유통점포의 숫자는 행태적 산출에 긍정적 영향을 미치고 있다. 유통점포의 숫자가 1단위 증가하면 행태적 산출은 0.770단위 증가한다. 촉진비용이 1단위 증가하면 행태적 산출은 0.161단위 증가한다. 따라서 유통점포의 숫자를 증가시켜 얻는 행태적 산출이 촉진비용을 증가시켜 얻는 것보다 약 4.8배(0.770÷0.161) 크다. 사업기간도 행태적 산출에 긍정적인 영향을 미친다.

　행태적 산출은 시장·재무적 산출에 긍정적 영향을 미친다. 행태적 산출이 1단위 증가하면, 시장점유는 0.203단위 증가한다. 시장점유가 1단위 증가하면, 영업이익은 0.538단위 증가한다. 행태적 산출은 시장점유를 경유하여 영업이익에 영향을 미친다. 이 경우에, 행태적 산출이 1단위 증가하면, 영업이익은 약 0.108단위(0.20×0.538) 증가한다. 동시에 행태적 산출은 시장점유를 경유하지 않고 직접 영업이익에 영향을 미치기도 한다. 이 직접적 영향에서, 행태적 산출이 1단위 증가하면, 영업이익은 0.345단위 증가한다. 따라서 행태적 산출이 1단위 증가하면, 영업이익의 총 증가는 약 0.454단위(0.109+0.345)이다.

한편, 촉진비용의 수준이나 유통점포의 숫자는 행태적 산출을 거치지 않고도 직접적으로 시장·재무적 산출에 긍정적 영향을 미치고 있다. 유통점포 숫자가 1단위 증가하면 시장점유는 0.636단위 증가한다. 그러나 유통점포의 숫자는 직접적으로 영업이익에 영향을 미치지 않는다. 시장점유를 경유하여 영향을 미칠 뿐이다. 촉진비용이 1단위 증가하면 시장점유는 0.153단위 증가한다. 촉진비용은 직접적으로 영업이익에도 영향을 미친다. 이 경우에, 촉진비용이 1단위 증가하면, 영업이익은 0.125단위 증가한다.

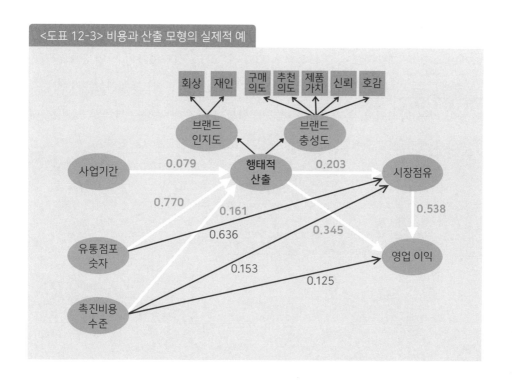

<도표 12-3> 비용과 산출 모형의 실제적 예

〈도표 12-3〉과 유사한 모형을 복지프로그램의 사업에 대해서도 작성해 볼 수 있다. 유통활동의 수준은 복지서비스의 전달을 담당하는 인력과 조직의 규모이다. 촉진비용은 복지프로그램을 알리고 설득하는 데 소요되는 금전적, 비금전적 비용이다. 행태적 산출은 복지기관과 복지프로그램에 대한 인지도, 태도, 충성도 등이다. 시장점유는 유사한 복지서비스를 제공하는 경쟁 프로그램들 간에 이용자의 숫자를 비교한 것이다. 또는 그들 간에 수익을 비교한 것이다. 영업이익은 복지프로그램을 운영하며 발생한 총 수익에서 그 운영에 소요된 여러 비용들을 차감한 것이다. 물론, 이를 위한 모든 조사와 분석에는 많은 시간과 노력이 요구된다. 그만큼 복지기관은 그런 모형 수립에 전략적인 사고와 입장을 취해야 한다.

실제 상황에서 성과분석 모형은 〈도표 12-3〉보다 훨씬 더 정교하게 개발될 수 있다. 가령, 촉진 부문은 광고, 판매촉진, 인적영업, 홍보 등으로 세분화하여 그 모형에 설정할 수 있다. 가격이나 제품과 관련된 요소들도 유통이나 촉진과 함께 그 모형에 설정할 수 있다. 행태적 산출도 더 세분화하여 그 모형에 설정할 수 있다. 가령, 고객만족과 같은 고객자산 요소도 행태적 산출로 고려할 수 있다.

〈도표 12-3〉과 같은 모형을 구체적이고 완전하게 확보하면, 일정 수준의 특정 산출을 얻기 위해서 특정 활동의 비용을 얼마나 소요해야 하는지 알 수 있다. 이에 따라 마케팅 목표를 계량적으로 정확하게 수립할 수 있고, 성과평가의 작업도 객관적으로 수행할 수 있다. 그리고, 〈도표 12-3〉과 같은 모형을 좀 더 정밀하고 구체적으로 만들어 가는 과정에서, 복지기관은 마케팅 활동의 강점과 약점을 파악하고, 이를 내부적으로 공유하여 마케팅 활동의 효과성과 효율성을 제고할 수 있다.

12 | 3 마케팅 감사와 트랙킹(Tracking)

마케팅 감사란 정기적으로 복지기관의 모든 마케팅 상황을 점검하는 것이다. 이 점검을 통해, 복지기관은 마케팅의 자원배치와 기능수행에 개선을 도모한다. 〈도표 12-4〉는 마케팅 감사의 주요 내용을 외부환경, 전략, 조직 및 제도, 성과평가 및 트랙킹, 의사결정지원의 다섯 부문으로 나누어 제시하고 있다.

〈도표 12-4〉 마케팅 감사

외부환경	(1) 거시적 복지환경 점검 ① 인구통계적, 정치적, 경제적, 사회문화적, 법제도적 요인 ② 복지서비스 개발의 기술적 요인 (2) 미시적 복지환경 점검 ① 시장(복지소비자의 욕구와 행태, 시장규모 및 성장 등) ② 경쟁자(경쟁자의 특징, 경쟁구조 및 행태 등) ③ 이해관련자(물품 및 서비스 공급체제, 복지서비스 유통체제, 복지관련 기관 및 단체 등)
전략	(1) 마케팅 목표 점검 ① 목표의 타당성(시장기회, 시장경쟁, 가용자원 등의 여러 요인에 따른 타당성) ② 목표의 명확성(성과평가의 효과적 기준이 될 만큼의 명확성) (2) 전략 및 자원배치 점검 ① 전략 기획과 실행의 적절성(시장세분화, 표적시장 결정, 포지셔닝, 마케팅믹스 등) ② 표적시장/고객집단별, 마케팅믹스 요소별 자원 할당의 적절성
조직 및 제도	(1) 조직 구조와 운영의 점검 ① 마케팅 부서·담당자에 대한 권한과 책임 배분의 합목적성 ② 조직 통합성(개별 부서·담당자 간의 조정과 협력, 부서 간 시너지 극대화) (2) 제도의 점검 ① 마케팅 업무 내용과 과정의 체계적 일관성 ② 업무 수행절차의 투명성과 객관성
성과평가 및 트랙킹	(1) 마케팅 성과평가의 점검 ① 평가의 합목적성과 정확성 ② 평가결과 피드백(Feedback)의 효과성과 효율성 (2) 트랙킹(Tracking)의 점검 ① 트랙킹 내용의 타당성과 시의적절성 ② 트랙킹 결과 공유와 활용의 적절성
의사결정 지원	(1) 마케팅조사의 점검 ① 조사체제 구축과 운영의 효과성과 효율성 ② 조사방법론의 타당성 (2) 마케팅정보시스템의 점검 ① 정보 생성과 축적의 효과성과 효율성 ② 정보 공유와 활용의 적절성

외부환경 부문의 감사에서는, 복지사업의 마케팅에 영향을 미치는 외부환경의 변화를 감지하고 복지사업의 마케팅이 그 환경적 변화에 잘 부합하는지 진단한다. 또한 이 진단시스템이 제대로 운영되는지도 살펴본다. 외부환경이란 복지기관이 통제할 수 없는 외부요인들을 의미한다. 정치적, 경제적, 사회문화적, 법제도적 요인들이나 복지소비자의 욕구와 관련된 요인 그리고 복지서비스 시장의 경쟁구조와 관련된 요인 등은 복지기관이 원하는 대로 통제하기 어렵다. 따라서 복지사업의 마케팅은 외부환경의 변화에 맞추어 수행되어야 한다. 예컨대, 사회문화적 가치관이나 법제도에 거스르며 복지마케팅을 수행할 수는 없다. 더 나아가, 외부환경적 요인의 변화에 따라 새로운 복지서비스의 개발과 마케팅이 요구되기도 한다. 가령, 1인 가구가 늘어나거나 노령 인구가 늘어나는 것은 새로운 복지마케팅의 필요성을 의미한다.

전략 부문의 감사에서는, 마케팅 목표의 달성을 위한 전략적 방안이 점검된다. 아울러, 전략 수행에 필요한 자원의 확보와 배치가 점검된다. 마케팅 목표는 복지기관의 외부환경과 내부적 상황에 맞추어 적절하게 결정되어야 하며, 동시에 내부 구성원이나 외부 이해관련자가 효율적으로 이해, 공유할 수 있도록 명확하게 수립되어야 한다. 이러한 적절성과 명확성이 확보된 마케팅 목표만이 성과평가의 구체적 잣대가 될 수 있다. 마케팅전략의 수행방안은 시장세분화, 표적시장 결정, 포지셔닝 그리고 마케팅믹스 운용과 관련이 있다. 전략 부문의 감사는 이러한 수행방안의 기획과 집행을 검토한다. 또한 그 기획과 집행에 필요한 자원이 충분히 확보되고 적절하게 할당되었는지도 점검한다.

조직 부문의 감사에서는, 복지기관을 구성하는 부서들 간의 마케팅적 시너지(synergy)를 점검한다. 마케팅 목표를 달성하려면, 마케팅, 생산, 연구개발, 재무, 회계, 구매 및 그 이외의 모든 부서들이 목표 달성을 위해 통합적으로 움직여야 한다. 그리고 이 통합적 움직임을 위해 각 부서는 타 부서와 유기적인 조정을 유지해 나아가야 한다. 이러한 유기적 조정을 실현하려면 마케팅에 대한 책임과 권한이 관련자들에게 효과적으로 배분되어야 한다. 만약, 개별적 이해관계로 말미암아 각 부서가 그런 유기적 조정과 통합적 움직임에 소극적이라면, 마케팅 목표의 달성은 어렵게 된다. 조직 부문의 감사는 그 통합적 움직임에 문제가 없는지 점검하고, 개선점을 찾아 부서들 간의 시너지를 제고시킨다.

제도 부문의 감사에서는, 마케팅과 관련된 업무과정이 체계적인지 점검한다. 더 나아가서, 업무의 수행절차가 객관적이고 투명하며 일관성이 있는지 점검한다. 예를 들어, 복지프로그램의 개발이나 수정의 경우에, 시장조사나 부서 간 의견조정에 관한 규정이 명확하게 있어야 한다. 역할과 책임소재도 분명하게 규정되어야 한다. 문제가 발생한다면 그 문제는 누가 어떻게 처리하는지도 잘 규정되어야 한다.

통제 부문의 감사에서는, 마케팅 성과평가와 트랙킹(tracking)이 점검된다. 앞에서 서술된 비용과 산출의 모형을 점검하고, 그 모형에 따른 성과평가 수행의 합목적성과 정확성을 점검한다. **트랙킹**이란 마케팅 수행에 필요한 정보의 항목들을 선택하여, 단기적 기간마다(가령, 3-4주마다) 정기적으로 그 항목들의 변화를 살펴보는 것이다. 복지프로그램에 대한 인지도나 태도 또는 이용자의 특징 등과 같은 것들이 트랙킹의 대상이 될 수 있다. 트랙킹을 통해 얻어 낸 정보를 사용하여, 수행 중인 복지프로그램의 마케팅을 전술적으로 진단하고 수정한다. 통제 부문의 감사에서, 이러한 트랙킹의 합목적성과 정확성이 점검된다.

마지막으로, 의사결정지원 부문의 감사에서는, 마케팅조사와 마케팅정보시스템에 대한 점검이 이루어진다. 마케팅조사는 마케팅과 관련한 의사결정문제의 해결에 도움이 되는 정보를 제공하여 준다. 예를 들어, 새로운 복지프로그램의 도입 여부를 결정하는 경우에, 복지기관은 마케팅조사를 통해서 그 프로그램에 대한 소비자의 생각과 느낌을 사전에 알아본다. 의사결정지원 부문의 감사는 마케팅조사가 의사결정문제에 직면한 담당자의 필요와 상황에 맞게 제대로 수행되는지 점검한다. 마케팅조사의 점검은 조사체제의 구축과 운영에 관한 것과 조사방법론에 관한 것으로 나누어질 수 있다. 마케팅정보시스템이란 마케팅 관련 정보를 축적하고, 관련자들이 쉽게, 활용할 수 있게 하는 시스템이다. 의사결정지원 부문의 감사를 통해서, 이러한 축적과 활용이 잘 이루어지고 있는지 진단한다.

CHAPTER 13

마케팅조사와
정보시스템

마케팅정보시스템은 복지기관에 필요한 다양한 마케팅 의사결정 모형들을 기반으로 개발, 운영되어야 한다. 각 의사결정 모형의 운용에 필요한 자료를 체계적으로 축적하고, 필요에 따라 그 모형에 맞추어 정보를 효율적으로 생성해야 한다. 많은 자료를 갖고 많은 정보를 만들어 내는 마케팅정보시스템보다는 적정량의 자료를 갖고 필요한 정보만을 효율적으로 만들어 내는 마케팅정보시스템이 바람직하다.

마케팅의 기획, 집행, 통제를 위해서는 정보가 필요하다. 포지셔닝을 기획하려면, 경쟁자의 차별점이 무엇인지 알아야 한다. 가격을 적정하게 책정하고 관리하려면, 복지소비자가 수용할 수 있는 가격의 범위를 알아야 한다. 성과평가를 하려면 고객 확보의 목표가 얼마나 달성되었는지 알아야 한다. 마케팅조사란 마케팅의 기획, 집행, 통제에 필요한 정보를 얻는 활동이다. 마케팅조사를 통해 얻어진 정보는 축적, 관리되어야 한다. 이런 축적, 관리의 시스템을 마케팅정보시스템이라고 한다. 이하에서는 마케팅조사와 마케팅정보시스템의 주요 개념과 내용이 서술된다.

13 1 마케팅조사의 정의와 조사과정

마케팅조사(marketing research)는 자료를 수집하고 분석하여 의사결정에 필요한 정보를 만들어 낸다. 자료는 어떤 현상적 사실을 수집한 것이다. 자료는 계량화된 것도 있고 그렇지 않은 것도 있다. 통계청에서 발표하는 연령대별 인구 규모나 학력 수준은 정보라기보다 단순히 자료에 지나지 않을 수 있다. 만약 새로운 복지프로그램의 개발을 위해서 노·장년층의 인구 규모와 학력 수준을 중년층과 비교해 알고자한다면, 통계청 자료를 분석하여 그 비교수치를 구하고, 해석해야 한다. 이렇게 비교, 해석한 결과물은 관련 의사결정자에게 정보로서 가치를 가질 수 있다.

복지프로그램에 대한 인지도, 태도, 이용의도를 설문하여 얻은 응답은 자료에 불과할 수 있다. 복지프로그램에 대한 태도가 10% 증가하면 이용의도는 몇 % 정도 증가하는지 알고 싶어하는 복지기관이 있다고 하자. 그리고, 그러한 태도와 이용의도 간의 관계를 파악하여 나온 결과로서, 태도가 10% 증가함에 따라 이용의도는 3% 증가한다는 것이 밝혀졌다고 하자. 이렇게 밝혀진 것은 하나의 정보이다. 마찬가지로, 관측을 통해 얻은 기록물은 자료에 해당한다. 어떤 행사에 참가한 사람들이 가족을 동반했는지 아닌지의 여부를 행사장 입구에서 관측한 것은 하나의 기록물에 해당한다. 마케팅 의사결정의 필요에 따라 복지기관이 관측 기록물을 분석하여 밝힌 내용은 정보가 된다.

마케팅조사는 복지기관 내부의 전담부서나 외부 전문기관에 의해 수행된다. 때로는 정보를 필요로 하는 부서가 직접 마케팅조사를 수행하기도 한다. 마케팅조사에 시간이나 예산을 많이 들일 수 없거나 심도 있는 정보가 많이 필요하지 않다면, 외부 전문기관이나 내부 전담부서보다는 정보가 필요한 부서가 직접 마케팅조사를 수행하기도 한다. 누가 조사를 담당하든, 마케팅조사의 수행자와 조사를 의뢰한 의사결정자 간에는 아주 긴밀한 소통과 협력이 필요하다. 의사결정자는 자신이 처한 의사결정문제를 명확하고 구체적으로 정의하여야 한다. 그리고 조사담당자에게 그 정의된 문제를 정확하게 전달하고, 문제해결에 필요한 정보가 무엇인지를 조사담당자와 협의해 나아가야 한다.

마케팅조사는 〈도표 13-1〉과 같이 7단계의 과정을 거쳐 진행된다. 먼저, 의사결정문제를 명확하게 정의해야 한다. 의사결정문제란 복지기관이 해결하고자 하는 마케팅 문제이다. 예를 들어, 기존에 운영하고 있던 복지프로그램에 이용자가 감소하였다면, 이용자의 감소를 막고 그 프로그램을 활성화할 것인지, 아니면 그 프로그램을 폐지할 것인지 결정하는 것은 하나의 의사결정문제이다. 만약, 그 프로그램을 활성화하기로 하였다면, 그 프로그램을 개선할 것인지도 하나의 의사결정문제이다. 또는 그 프로그램을 이용하면서 소비자가 부담하는 금전적, 비금전적 비용을 낮출 것인지도 하나의 의사결정문제이다. 그 프로그램에 대한 촉진메시지를 더 감성적으로 전환할 것인지도 하나의 의사결정문제이다.

의사결정문제를 명확히 정의하면, 다음으로 조사문제를 명확히 정의해야 한다. 조사문제는 의사결정문제의 해결을 위해 필요한 정보와 관련이 있다. 즉, 이 정보를 얻기 위한 조사의 내용이 무엇인지가 조사문제에 해당한다. 의사결정문제의 예로서, 복지프로그램의 이용에 소비자가 부담하는 금전적, 비금전적 비용을 적정하게 결정하는 것을 생각해 보자. 이러한 결정을 위해서 여러 정보가 필요하다. 소비자의 소득수준도 알아야 하고, 복지프로그램으로부터 소비가 얻는 효용도 알아보아야 한다.

이 경우에 조사문제는 소비자의 소득은 어느 수준이고 소비자가 복지프로그램으로 부터 얻는 효용은 무엇이고 얼마나 되는지에 관한 것이다.

조사를 통해 얻어야 할 정보가 결정된다면, 그 정보를 만드는 데 필요한 활동들을 체계적으로 계획해야 한다. 이렇게 계획하는 것을 조사설계라고 한다. 예를 들어, 새 로운 복지프로그램에 대한 소비자의 선호도를 알기 위한 조사에도, 단순히 그 복지 프로그램만을 소비자에게 설명하면서 선호도를 물어볼 수 있고, 아니면 그 복지프 로그램과 유사한 복지프로그램을 소비자에게 비교해 설명하면서 선호도를 물어볼 수 있다. 또는, 소비자에게 직접 선호도를 알아보지 않고, 유사한 복지프로그램에 대 해 타 기관이 이미 수집한 자료를 획득하고(즉, 2차자료를 획득하고) 분석하여 선호 도를 알아볼 수 있다. 이렇듯이, 하나의 조사문제를 놓고도, 다양한 방식으로 조사 를 수행할 수 있다. 조사설계란 조사문제에 맞추어 특정 방식의 조사를 선택하여, 그 조사를 어떻게 시작하고 완결할 것인지를 계획해 놓은 것이다.

조사설계가 결정되면, 다음으로 자료수집 방법이 결정되어야 한다. 자료에는 필요 에 따라 직접 복지기관이 생성하는 1차자료와 기존에 다른 주체에 의해 생성된 2차 자료가 있다. 2차자료를 수집할 경우에, 복지기관은 적합한 자료원(sources)에서 자 료를 찾고, 필요에 맞추어 가공, 변환해야 한다. 1차자료를 수집할 경우에, 복지기관 은 자료수집 대상을 정하고 설문이나 관측을 통해 그 대상으로부터 자료를 수집한 다. 자료수집의 방법이란 이 모든 1차자료와 2차자료의 수집방법을 의미한다.

자료수집 방법이 결정되면, 자료수집 대상을 선택한다. 통계학적 용어로, 자료수집 대상의 전체를 모집단이라고 지칭하고, 그 일부를 표본이라고 지칭한다. 자료수집 대 상이 기존 복지프로그램을 경험한 소비자라고 한다면, 모집단은 그 모든 소비자이 다. 그러나 시간적, 경제적, 기술적 이유로 모집단을 대상으로 자료수집을 할 수 없다 면, 표본을 대상으로 자료수집을 하게 된다. 많은 경우에, 자료수집 대상을 선택한다 고 함은 모집단을 결정하고, 그 모집단의 일부를 표본으로 삼는 것을 의미한다.

자료수집 방법과 대상을 결정하면 자료수집과 분석에 들어간다. 같은 자료를 놓고 도, 그것을 어떻게 분석할지는 필요한 정보가 무엇인지에 달려 있다. 예를 들어, 단 순히 복지프로그램에 대한 소비자의 선호도가 평균값을 중심으로 어떻게 분포되어 있는지 알고 싶은 경우도 있고, 아니면 연령이나 학력에 따라 그 선호도가 어떻게 달라지는지 알고 싶은 경우도 있다. 이런 각 경우에 맞추어, 적합한 분석방법이 선택되어 자료분석이 이루어져야 한다.

마지막으로, 보고서 작성에 들어간다. 자료분석의 결과를 해석하여 필요한 정보를 생성, 정리하고, 이 정보를 전달하는 보고서를 작성한다. 보고서는 단순히 자료분석의 결과를 나열해서는 안 된다. 조사문제에 맞추어, 필요한 정보만을 효율적으로 제시해야 한다.

〈도표 13-1〉에서, 설명의 편의상 화살표는 일방적으로 제시되어 있다. 그러나 어떤 한 단계에서 문제가 발생하면 그 위의 단계로 돌아가 그 단계의 결정을 조정할 수 있다. 가령, 조사설계의 결정에서, 의도된 조사설계가 현실적으로 어렵다고 판단되면, 조사 의뢰자와 수행자는 최대한 의사결정문제에 부합되게 조사문제를 다시 협의할 수 있다.

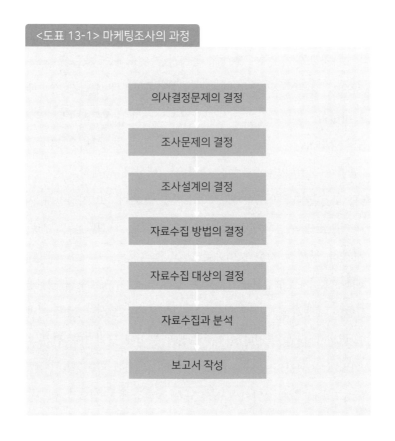

〈도표 13-1〉 마케팅조사의 과정

의사결정문제의 결정

조사문제의 결정

조사설계의 결정

자료수집 방법의 결정

자료수집 대상의 결정

자료수집과 분석

보고서 작성

　의사결정문제란 복지기관이 직면한 마케팅 과제와 관련이 있다. 마케팅 과제에는 시장세분화, 표적시장 선정, 포지셔닝과 같은 전략적 과제도 있고, 마케팅믹스나 성과 평가와 같이, 전략을 집행하는 과제도 있다. 이용이 침체되어 있는 복지프로그램에 대한 포지셔닝 수정은 하나의 전략적 과제이다. 이 전략적 과제의 핵심적 의사결정문제는 포지셔닝 수정의 내용과 관련이 있다. 가령, 경쟁자와 더 유사하게 포지셔닝을 수정할 것인지, 아니면 더 차별적인 것으로 수정할 것인지를 결정하는 것은 중요한 의사결정문제가 된다.

　기존 복지프로그램이 주는 이미지가 소비자에게 편안하지 않다면, 그 이미지를 소비자가 편안히 다가갈 수 있는 이미지로 변경해야 한다. 이러한 이미지의 변경은 복지프로그램의 집행적 과제로 추진될 수 있다. 복지프로그램의 기존 포지셔닝을 수정하지 않고, 단지 복지프로그램을 전달하는 방식에 변화를 주어서 이미지를 변경할 수 있다. 이러한 이미지의 변경은 하나의 전술적 과제이다. 이 과제의 의사결정문제는 변경될 이미지는 무엇이고, 그에 따라서 복지프로그램의 전달방식은 어떻게 수정할 것인지에 관한 것이다.

　하나의 의사결정문제가 정의되면, 이로부터 여러 조사문제들이 도출된다. 조사문제란 의사결정문제를 해결하는 데 필요한 정보와 관련이 있다. 포지셔닝의 수정이라는 의사결정문제를 해결하려면, 경쟁자의 차별점을 파악해야 한다. 경쟁자의 차별점은 무엇인지를 파악하는 것은 하나의 조사문제가 된다. 그리고, 기존 복지프로그램의 속성들 중 소비자에게 중요하지 않은 것을 파악하는 것도 또 하나의 조사문제가 된다. 이런 파악은 포지셔닝을 어떻게 수정할 것인지 결정하는 데 도움이 되기 때문이다. 이것들 이외에도, 포지셔닝 수정이라는 의사결정문제에 대해 여러 조사문제들이 제기될 수 있다. 〈도표 13-2〉는 의사결정문제와 조사문제 간의 관계를 예시적으로 제시하고 있다.

의사결정문제	조사문제의 한 가지 예
포지셔닝 수정	경쟁 복지프로그램의 차별점은?
혁신적 복지프로그램의 개발	기존 복지프로그램으로 해결되지 못하는 욕구는?
유통경로의 개선을 통한 복지프로그램 이용자층 확대	유통경로에서 이용자가 겪는 불편 사항은?
복지프로그램의 반복이용자 증가 대책	반복이용의 수준과 반복이용이 높은 복지소비자 층은?
기존 복지프로그램의 이미지 제고	복지소비자가 추구하는 자아와 가치는?

13 3 조사설계

조사설계는 조사수행의 내용과 과정을 계획한 것으로, 비유적으로 말해 집을 지을 때 사용되는 설계도와 같다. 일반적으로 조사설계에는 탐험적 조사설계, 서술적 조사설계 그리고 인과관계적 조사설계가 있다.[1]

탐험적 조사(exploratory research)는 조사주체가 기존에 알지 못했던 새로운 사례를 발견하는(discover) 것이다. 새로운 사례란 복지기관이 이전에 알지 못했던 문제의 발생과 관련이 있다. 만약 새롭게 도입된 혁신적 복지프로그램의 이용자가 예상보다 매우 적었다면, 이것은 복지기관이 직면한 하나의 새로운 문제에 해당한다.

---

1) Iacobucci, Dawn and Gilbert A. Churchill (2018), *Marketing Research: Methodological Foundations*, 12th ed., Nashville, TN: Earlie Lite Books, Inc.

그 이용 저조의 원인과 결과가 무엇인지 알아보는 것은 새로운 사례의 발견에 해당한다.

복지기관의 입장에서 새로운 사례를 발견해야 하는 일은 흔히 있기 마련이다. 과거에 직면하지 않은 문제를 해결해야 하는 상황은 늘 발생하기 때문이다. 가령, 주변에 대안적 서비스를 제공하는 경쟁자가 발생하면, 복지기관은 과거에 없었던 새로운 현상에 직면하는 것이다. 이런 직면 속에서, 복지기관은 그 경쟁자가 가져다주는 여파가 무엇인지를 분석해야 한다. 즉, 경쟁자의 출현과 그 여파에 관한 하나의 새로운 사례를 발견해야 한다. 또 하나의 예로서, 전례 없는 보조금의 대폭 삭감으로 복지프로그램의 축소가 불가피해질 수 있다. 이런 축소가 복지기관의 운영이나 소비자의 반응에 가져다주는 부정적 여파를 규명하는 것도 하나의 사례를 발견하는 것이다.

탐험적 조사는 표준적 절차나 방법에 크게 의존하지 않는다. 그보다는 조사대상과 조사상황에 맞추어 비정형적이고 심층적으로(in-depth) 수행된다. 또한 탐험적 조사는 기존의 일반적인 시각에 매이지 않는다. 그렇게 매이게 되면, 기존 시각에 잘 맞는 사실들은 강조되고, 그렇지 않은 새로운 사실은 조사과정에서 간과될 수 있기 때문이다.

예를 들어, 여가 프로그램의 이용자가 감소하고 있어서 그 이유를 찾아보고자 하는 복지기관이 있다고 하자. 이때, 복지기관의 입장에서 먼저 해야 할 것은 탐험적 조사를 통해 그 이유가 될 만한 것들이라면 모두 찾아보는 것이다. 다음에야 비로소 그것들 중 어떤 것이 정말 중요한 이유가 되는지 밝혀 볼 수 있게 된다. 기존의 시각에 의존해 그 이유가 될 만한 것을 미리 예단해 본다면, 프로그램의 내용이나 수강료에 관한 이유들이나 아니면 시간적, 장소적 편의성에 관한 것들이 그 이유로 고려될 수 있다. 이렇게 미리 예단한 이유들에 맞추어 시각이 고정되면, 정작 다른 중요한 이유들은 조사과정에서 간과될 수 있다. 특히 그런 다른 이유들이 복지기관과 여가 프로그램의 특수성에 기인한 것이라면 더욱 그럴 수 있다. 가령, 해당 지역의 특수한 공동체 문화나 생활환경에 어떤 변화가 와서 여가 프로그램의 이용자가 감소할 수도 있다. 그러나 기존의 일반적 시각에 맞추어 예단된 조사에서는, 그런 특수성과 관련된 이유들이 간과될 수 있다.

위의 예에서, 탐험적 조사는 이용자 감소의 이유가 될 만한 것은 무엇이든지 다 찾아보아야 한다. 따라서 어떤 정형화된 시각과 틀(frame)에 맞추어 조사를 진행하면 안 된다. 조사상황에 맞추어 여러 시각과 여러 틀을 적용하여 깊이 있게 사례의 특수성과 관련된 현상을 파헤쳐야 한다. 그래야 기존의 일반적인 사실에서 벗어난 새롭고 특별한 사실을 찾아낼 수 있다. 따라서 탐험적 조사는 소수의 개인이나 집단을 대상으로 심층적으로 이루어진다.

또한, 위의 예에서, 탐험적 조사는 이용자 감소의 이유가 될 만한 것들을 발견하는 데 그칠 뿐이다. 이유가 될 만한 것들 각각이 얼마나 일반화될 수 있는지 계량적으로 따지지 않는다. 각 이유에 대해 일반화의 가능성이 몇 퍼센트나 되는지 분석하지 않는다. 그리하여 탐험적 조사는 통계적 분석을 하기에 충분히 많은 개인이나 집단을 대상으로 수행되지 않는다.

탐험적 조사에서 주로 사용되는 자료수집 방법에는, 문헌탐구, 전문가의견수집, 심층면접, 표적집단면접과 같은 정성적(qualitative) 방법들이 있다. 문헌탐구는 이전에 수행된 정성적, 계량적(quantitative) 조사결과를 살펴보는 것이다. 이를 통해 직접적으로 조사를 하지 않고도, 원하는 사례를 간접적으로 알아낼 수 있다. 또는 원하는 사례를 찾는 데 도움이 되는 정보를 얻어 낼 수 있다. 전문가의견수집은 문자 그대로 전문가들로부터 그들만의 식견과 판단을 수집하는 것이다. 이를 통해 찾고자 하는 사례와 관련된 지식을 얻을 수 있다.

전문가의견수집의 한 종류로서 **델파이 방법(Delphi Method)**이 있다.[2] 이 방법에서, 조사자는 한 집단의 전문가들을 선택하여 그들 각자에게 특정 사안에 대해 의견을 요청한다. 그리고 전문가의 의견들을 모두 수집하고 정리한다. 이 정리는 대체로 전문가들 간에 일치하는 의견과 상이한 의견을 중심으로 이루어진다. 조사자는 그렇게 정리한 것을 각 전문가에게 전달하고, 해당 사안에 대한 의견을 다시 요청한다. 이에 따라 각 전문가는 그 전달받은 것을 고려하면서 조사자에게 의견을 재차 제시한다. 여기서 각 전문가는 이전의 의견을 유지할 수도 있고, 아니면 수정할 수도 있

---

2) Dalkey, Norman and Olaf Helmer (1963), "An Experimental Application of the Delphi Method to the Use of Experts," *Management Science*, 9 (3): 458-467.

다. 이런 식의 피드백(feedback)과 의견제시의 과정은 조사에 참여한 전문가들의 대다수가 어떤 일치된 의견에 도달할 때까지 충분히 반복된다. 조사자는 그 일치된 의견을 델파이 방법의 조사결과로 채택한다.

심층면접(in-depth interview)은 일반적으로 개인 1명을 조사 대상자로 삼아서 비교적 긴 시간 동안 면접방식으로 조사를 진행하는 것이다. **표적집단면접**(FGI: focus group interview)은 보통 8명 내외의 조사 대상자들을 한자리에 모아 놓고, 주어진 주제에 대해 집단토의를 진행하는 방식이다. 예를 들어, 이용자가 감소한 여가 프로그램의 장단점이 무엇인지 토의하도록 하고, 이용자 감소의 이유들을 찾아보게 할 수 있다.

개별적으로 진행되는 심층면접과 표적집단면접 간에는 여러 장단점들이 존재한다. 심층면접에 비해 표적집단면접이 갖는 큰 장점들 중 하나는 참가자들 간의 의견교환이다. 참가자들은 의견교환을 통해 더 다양하고 의미 있는 의견을 제시할 수 있다. 그러나 특정 참가자가 의견교환의 과정과 분위기를 지배할 수 있다. 그리하여 다른 참가자가 자신의 의견 표출에 소극적이거나 그 지배적 참가자의 의견에 끌려갈 수 있다. 개별면접에서는 피면접자의 사생활이 보호되면서 의견표출이 솔직하고 자유롭게 이루어질 수 있다.

탐험적 조사에서 발견된 새로운 사례는 조사가 이루어진 시점이나 상황에서 얻어진 하나의 조사결과에 지나지 않는다. **서술적 조사**(descriptive research)는 특정 시점과 상황에 국한된 하나의 조사결과가 얼마나 일반화될 수 있는지 알아보는 것이다. 예를 들어, 어떤 복지기관이 재가복지 서비스의 제공에 대해 탐험적 조사를 실시했다고 하자. 그 결과로 자존감이 높은 소비자는 재가복지 서비스를 그다지 반기지 않는 것으로 나타났다. 이것은 그 탐험적 조사의 시점과 상황에 국한된 하나의 사례이다. 자존감과 재가복지 서비스 간의 부정적 관계가 그 시점과 상황을 넘어서 얼마나 일반화될 수 있는지는 그 탐험적 조사로 알 수가 없다.

탐험적 조사로 발견된 사례가(예로서, 위의 자존감과 재가복지 서비스 간의 부정적 관계가) 얼마나 일반화될 수 있는지 따져 보려면 서술적 조사를 수행해야 한다. 서술적 조사에서 **모집단**(population)의 개념은 매우 중요하다. 모집단은 서술적 조사의 결과가 얼마나 일반화될 수 있는지 말해 준다. 만약 모집단을 서울시에 거주하는 재가복지 서비스의 잠재적, 현시적 소비자로 특정했다면, 서술적 조사의 결과는 당연히 그 모집단 안에서만 일반화될 수 있다. 통상적으로 모집단을 대상으로 수행되는 서술적 조사는 드물기 마련이다. 모집단을 대상으로 서술적 조사를 수행하다 보면 비용도 높아지고 조사집행상의 문제도 많이 발생하기 때문이다. 그리하여 모집단을 대표할 수 있는 **표본(sample)**을 추출하여 서술적 조사를 수행하기 마련이다.

서술적 조사는 특정 사실이 얼마나 일반화될 수 있는지 계량적(quantitative)으로 설명하기 위한 것이다. 이를 위해서, 서술적 조사는 표준화된 척도(scale)에 따라 계량적으로 자료를 수집한다. 예를 들어, 서울시에 거주하는 잠재적, 현시적 재가복지 서비스의 대상자 중 1,000명을 대표적 표본으로 추출하고, 이들에게 자존감의 수준과 재가복지 서비스의 수용태도를 물어보아서, 그 응답을 6점 척도로 받을 수 있다 (1=매우 낮음, 6=매우 높음). 그리하여 그 1,000명에 대한 응답을 〈도표 13-3〉과 같이 분석할 수 있다.

〈도표 13-3〉 서술적 조사의 예: 자존감 vs. 재가복지 수용태도(각 6점 척도)			
자존감 수용태도	낮은 자존감(1, 2, 3 응답)	높은 자존감(4, 5, 6 응답)	소계 / 총계
낮은 수용태도 (1, 2, 3 응답)	120명	280명	400명
높은 수용태도 (4, 5, 6 응답)	480명	120명	600명
소계 / 총계	600명	400명	1,000명

이 도표에서, 높은 자존감을 가진 응답자들은 400명이다. 이들 중 70%인 280명은 낮은 수용태도를 보이고, 나머지 30%인 120명은 높은 수용태도를 보인다. 한편, 낮

은 자존감을 가진 응답자들은 600명이다. 이들 중 80%인 480명은 높은 수용태도를 보이고, 나머지 20%인 120명은 낮은 수용태도를 보인다. 따라서 자존감이 높을수록 낮은 수용태도를 보인다고 판단할 수 있고, 이러한 판단은 통계적 검증을 통해서 뒷받침 받을 수 있다. 따라서 서울시 재가복지 서비스의 잠재적, 현시적 대상자 내에서 자존감과 그 서비스에 대한 수용태도 간의 부정적 관계는 〈도표 13-3〉에서 제시된 수치에 근거하여 일반화될 수 있다.

요컨대, 서술적 조사는 특정 모집단에 대하여 X라는 변수와 Y라는 변수 간의 상관관계를 밝히는 것이다. 위의 예에서, X는 자존감이고 Y는 재가복지 서비스에 대한 수용태도이다. 그리고 이 두 변수간의 상관관계는 부정적인 것이다. 그런데 X와 Y 간에 상관관계가 있다고 해서 곧 X와 Y 간에 인과관계가 있는 것은 아니다. X와 Y 간에 인과관계가 없더라도 X와 Y 간에 상관관계는 얼마든지 존재할 수 있다.

홍보활동에 예산을 많이 투여한 복지기관일수록 기부를 많이 받았다는 서술적 조사의 결과가 있다고 하자. 여기서 X는 홍보예산이고, Y는 기부이다. 그 서술적 조사는 X와 Y 간의 긍정적 상관관계를 보여 주지만, 이를 보고 곧 X가 Y의 원인이라고 단정지을 수는 없다. 여러 대안적 설명이 가능하기 때문이다. 가령, 기부를 많이 받아서 넉넉해진 예산을 홍보에 투여하여 홍보예산과 기부 간의 긍정적 상관관계가 나타날 수 있다. 또는, 기부를 많이 받고자 복지기관은 서비스 프로그램을 대폭 개선하였고, 동시에 홍보활동도 늘릴 수 있다. 이때 홍보의 증가는 기부를 늘리는 데 기여하지 못한 반면, 서비스 프로그램의 개선은 기부를 늘리는 데 크게 기여할 수 있다. 즉, 프로그램의 개선을 경험한 이용자들이 마음을 움직여 복지기관에 기부를 많이 할 수 있다. 그러면, 기부 증가의 원인은 서비스 프로그램의 개선이지 홍보의 증가는 아니다.

이렇듯이, 서술적 조사는 Y라는 결과에 X가 원인으로 작용하였다는 것을 밝혀주지 못한다. X와 Y 간의 인과관계를 밝히기 위한 조사는 서술적 조사와는 다른 방식으로 진행되는데 보통 그런 조사를 **인과관계적 조사**(causal research)라고 칭한다. 인과관계적 조사는 실험적(experimental) 방식을 취한다. 실험적 조사에서 원인으로 설정된 X는 실험주체에 의해 조작되고(manipulate), X가 조작되어 변화되는 Y는 측정된다(measure).

가령, 복지서비스 프로그램에 급식을 포함시키는 것이 그 프로그램에 대한 가입 의사를 얼마나 변화시키는지 실험적 조사를 통해 알아본다고 하자. 이때, X는 급식 포함 여부이고, Y는 가입 의사이다. 실험적 조사에서 조사자는 그 프로그램의 이용대상자로 정의된 모집단으로부터 두 개의 집단을 만들 수 있다. 각 집단은 서로 동질적이며, 모두 모집단을 대표한다고 가정한다.

그러면, 그 두 집단들 중 하나에게는 급식이 포함된 프로그램을 소개하며 가입 의사를 묻고, 다른 하나에게는 급식이 포함되지 않은 프로그램을 소개하고 가입 의사를 묻는다. 급식 포함의 여부만 제외하면 두 집단에게 소개된 프로그램은 동일하며, 프로그램을 소개하고 가입 의사를 묻는 조사상황도 두 집단 간에 동일하다. 이때, 급식 포함의 프로그램을 소개받은 집단은 실험집단이라고 지칭되고, 급식이 포함되지 않은 프로그램을 소개받은 집단은 통제집단이라고 지칭된다.

실험에서 **조작**(manipulation)이란 그렇게 통제집단과 실험집단을 만들어 급식 포함 여부에 따라 다른 프로그램을 소개하는 것이다. 그리고 이 조작 이후에 가입 의사를 묻는 것은 측정에 해당한다. 만약 실험집단의 가입 의사 점수가 통제집단의 것보다 의미 있게 높다면, 급식 포함이라는 것은 가입 의사를 높이는 데 긍정적으로 작용했다고 판단할 수 있다. 즉, 급식 포함이라는 X와 가입 의사라는 Y 간에는 긍정적인 인과관계가 있는 것이다.

원론적으로, 조사는 탐험적 조사로 시작되어, 서술적 조사를 거쳐, 인과관계적 조사로 마무리 짓게 된다. 탐험적 조사를 통해 X와 Y 간의 인과관계를 시사하는 하나의 사례를 발견하면, 서술적 조사를 통해 X와 Y 간의 인과관계를 계량적으로 시사하는 X와 Y 간의 상관관계를 규명한다. 다음으로, 인과관계적 조사를 통해 X→Y의 인과관계를 증명한다.

13 4 자료수집 방법

자료수집 방법은 1차자료의 수집과 2차자료의 수집에 따라 나누어질 수 있다. **1차 자료**란 조사자가 당면한 조사목적과 상황에 따라 직접 수집한 것이다. 만약 어떤 복지기관이 설문조사를 수행하여 소비자의 불평행위(complaints)에 관한 자료를 수집한다면, 이 자료는 1차자료에 해당한다. 또는 프로그램의 이용자 현황을 기록하여 자료화했다면, 이런 자료도 1차자료에 해당한다. 그러나 그 복지기관은 직접 자료를 수집하지 않고도 소비자의 불평행위를 알아볼 수 있다. 이미 과거에 유사한 다른 복지기관들이 소비자의 불평행위에 관해서 많이 조사하였다면, 그 복지기관은 기존의 조사자료를 살펴보며, 소비자의 불평행위를 알아볼 수 있다. **2차자료**란 이상에서 기술한 바와 같이 조사문제와 관련하여 기존에 수집된 자료를 말한다.

2차자료의 출처(sources)는 매우 다양하지만, 크게 내부출처와 외부출처로 나누어볼 수 있다. 내부출처의 2차자료란 조사주체 내부의 개인이나 부서가 기존에 확보하고 있는 자료를 말한다. 2차자료의 출처는 조사주체 내부가 아닌 외부의 여러 다른 주체들이 될 수도 있다. 여기에는 다른 복지기관이나, 공공기관 또는 자료를 전문적으로 판매하는 영리업체가 포함된다.

2차자료의 수집이 갖는 큰 장점들 중 하나는 효율성이다. 1차자료에 비해, 2차자료는 비교적 빠른 시간에 적은 노력과 비용으로 수집될 수 있다. 또 하나의 장점으로서, 만약 2차자료의 출처가 지속적으로 안정되게 자료를 수집한다면, 2차자료의 신뢰성은 높아진다. 매년 동일한 방식에 따라 규칙적으로 수집된 통계청 자료는 시간적, 상황적 일관성을 갖고 어떤 동향이나 변화를 지속적으로 보여 줄 수 있다.

그러나 원래 2차자료를 생성한 조사의 목적, 방법, 상황 등은 2차자료를 수집해 활용하려는 조사주체의 의도와 딱 맞아 떨어지기 힘들다. 그리하여, 2차자료의 활용에는 그만큼 한계가 있기 마련이다. 복지기관의 규모와 운영방식이 달라지면 소비자의 불평행동도 그만큼 달라진다. 소비자 불평행동의 2차자료를 활용하려는 복지기관이 규모와 운영방식에 있어서 그 2차자료를 생성한 복지기관과 많이 다르다면, 2차자료의 활용도는 크게 낮아진다.

조사목적에 있어서도 2차자료를 생성한 조사주체와 그것을 활용하려는 조사주체 간에 괴리가 있을 수 있다. 만약 소비자 불평행동에 관한 2차자료가 기존 복지프로그램의 평가를 위해 생성된 것이라면, 그 2차자료는 새로운 혁신적 복지프로그램의 개발에 큰 도움이 되지 못한다. 기존 복지프로그램을 구성하고 있는 것들 중 문제가 되는 요소를 알아보는 데 도움이 되는 자료와, 기존 복지프로그램에서 찾아볼 수 없는 새로운 혁신적 요소를 찾아보는 데 도움이 되는 자료는 다르기 마련이다. 또 하나의 예로서, 2차자료의 활용에 적합한 측정방법이 2차자료의 생성에 사용된 측정방법과 상이하면, 2차자료의 활용성은 떨어지게 된다. 2차자료를 활용하려는 복지기관은 불평행동의 수준을 7점 척도로 살펴보기 원하지만, 기존에 생성된 2차자료는 2점 척도로 불평행동의 발생 유무만을 말해 줄 수 있다. 그러면 2차자료의 활용도는 떨어지게 된다.

2차자료의 수집이 1차자료의 수집보다 훨씬 효율적인 경우가 많기 때문에 조사주체는 먼저 2차자료의 수집을 통해 자신이 원하는 정보를 얻어야 한다. 그러나 위에서 서술된 바와 같이, 2차자료는 조사주체가 원하는 것을 충분히 제공해 주지 못할 수 있다. 이 경우에, 2차자료의 분석에서 얻은 결과를 기반으로 1차자료의 수집에 들어가게 된다.

1차자료의 수집은 정성적인 자료의 수집과 계량적인 자료의 수집으로 나누어 볼 수 있다. 정성적 자료란 수치적 분석이 불가능한 언어적 자료나, 비언어의 시각적, 음성적 자료를 말한다. 정성적 자료에 대해서는 주관적인 내용 분석만이 가능하다. 이러한 내용 분석은 통상적으로 분류(classification)와 판단(judgments)에 의해 이루어진다. 가령, 복지소비자를 대상으로 심층면접을 실시하여 새로 출시된 복지프로그램에 대한 반응을 알아보았다고 하자. 이때 수집된 구술자료의 내용을 주관적으로 판단하여 그 프로그램에 대한 반응을 이용의 편의성, 프로그램의 유용성 등과 같이 여러 범주로 구분할 수 있다. 다음으로, 각 범주의 자료가 갖고 있는 의미를 해석, 정리하여 그 범주의 자료에 대해 어떤 판단을 내릴 수 있다. 최종적으로 각 범주의 판단을 종합하여, 전반적인 판단에 도달할 수 있다.

앞에서도 언급되었지만, 정성적 자료는 주로 탐험적 조사에서 수집된다. 정성적 자료는 제한된 조사대상자들을 상대로 심층적인 질문이나 관찰을 통해 만들어진다. 그리하여 정성적 자료를 분석하여 어떤 일반적 관계를 증명하기는 어려워도, 과거에 알지 못했던 특정 사례를 발견하고 이해하는 것은 가능하다. 이러한 발견과 이해를 통해서 조사주체는 조사문제와 관련된 변수들 간의 관계에 대해 통찰력을 갖게 된다.

계량적 자료는 **척도(scale)**를 이용하여 조사대상의 특징이나 움직임을 양적으로 수치화한 것이다. 이 수치화된 것을 통계학적 원리에 따라 분석하면, 어떤 상관관계나 인과관계가 얼마나 일반화될 수 있는지 평가할 수 있다. 척도는 일반적으로 네 종류로 나뉘어진다: (1) 명목척도(nominal scale), (2) 서열척도(ordinal scale), (3) 등간척도(interval scale), (4) 비율척도(ratio scale).

명목척도는 단순히 분류의 목적으로만 사용되는 수치를 생성한다. 가령, 어떤 조사 응답자들을 대상으로, 남자에게는 1이라는 수치가, 여자에게는 2라는 수치가 부여되었다면, 이 1과 2는 명목척도의 점수들이다. 이 명목척도에서, '1=남자'와 '2=여자'라는 분류 이외에 1과 2는 아무런 의미도 없다. 따라서 그 명목척도가 '1=여자'와 '2=남자'로 바뀐다 해도 아무런 문제가 없다.

서열척도로 만들어지는 수치는 단순히 어떤 양적인 크기의 순서만을 의미한다. 가령, 조사주체는 소비자들에게 5개의 복지기관들을 제시하고 호감이 가는 순서를 매겨달라고 요청할 수 있다. 이때, 각 소비자는 호감이 큰 순서대로 1에서부터 5까지 그 5개의 복지기관들을 나열할 수 있다. 그러면 1로 매겨진 복지기관은 2로 매겨진 복지기관보다, 2로 매겨진 복지기관은 3으로 매겨진 복지기관보다, 3으로 매겨진 복지기관은 4로 매겨진 복지기관보다, 4로 매겨진 복지기관은 5로 매겨진 복지기관보다 더 큰 소비자의 호감을 얻고 있는 것이다.

그러나 서열척도에서 점수 간의 차이는 같을 수도 있고 다를 수도 있다. 위의 예에서, 1과 2 간에, 2와 3 간에, 3과 4 간에, 4와 5 간에 호감도의 차이가 같다는 보장은 없다. 그리하여 서열척도의 점수로는 복지기관 간에 호감도의 차이가 얼마나 큰지 알아볼 수 없다.

등간척도로 만들어지는 수치는 순서뿐만 아니라 순서 간의 양적 차이도 알려 준다. 예를 들어, 복지기관에 대한 호감도를 5점 척도로 물어보았다고 하자(1=매우 낮음, 5=매우 높음). 그리고 소비자는 척도에 있어서 두 점수 간의 차이를 동일하게 생각하고 응답하도록 요구받았다고 하자. 소비자가 이 요구대로 응답하였다면, 1과 2 간에, 2와 3 간에, 3과 4 간에, 4와 5 간에 호감도의 차이는 같게 된다. 그리하여 응답 점수들 간의 양적 비교도 가능해진다. 가령, 2와 4 간의 호감도 차이는 2와 3 간의 호감도 차이보다 2배나 크다. 이때 소비자에 주어진 그 5점 척도는 등간척도가 된다.

등간척도의 가장 큰 문제점은 기준점이 없다는 것이다. 위의 예에서 1은 호감도가 매우 낮다는 것을 의미할 뿐이다. 호감도가 매우 낮다는 것은 호감도가 완전히 없다는 것과 다르다고 볼 수 있다. 다만 호감도가 매우 낮은 어떤 수준에서 매우 높은 어떤 수준까지의 구간을 1점에서 5점까지 동일한 간격으로 나누었을 뿐이다. 온도의 수치는 대표적으로 등간척도에 따른 것이다. 온도 수치들 간의 차이는 일정하지만, 그 수치들에게 기준점이 없다. 끝없이 낮은 온도와 끝없이 높은 온도만이 있을 뿐이다.

등간척도와 마찬가지로, **비율척도**의 수치들도 동일한 간격이다. 그러나 비율척도에는 기준점이 있다. 대표적인 비율척도의 예로서, 무게나 혈압을 들 수 있다. 무게나 혈압의 기준점은 0으로 무게나 혈압이 완전히 없음을 의미한다. 설문조사에서 사용하는 척도들 중, 비교적 비율척도에 가까운 것으로서, 일정총계척도(constant sum scale)를 들 수 있다.

이 척도에서, 응답자는 일정한 점수를 부여받고, 자신의 평가에 따라 주어진 대안들에 그 점수를 나누어 배분한다. 예를 들어, A, B, C, D의 네 가지 복지서비스 대안들에 대한 선호도를 응답하는 소비자에게 100점이 부여될 수 있다. 그러면 소비자는 자신의 선호도에 따라서 100점을 그 네 가지 대안들에게 나누어 배분한다. 그 대안들 중 어느 것에는 0점이 배분될 수도 있다. 그 네 가지 대안들에 대한 선호도가 동일한 소비자는 각 대안에 모두 같게 25점씩 배분한다.

수집된 자료에 대해서는 **신뢰도**(reliability)와 **타당도**(validity)의 평가가 이루어져야 한다. 신뢰도와 타당도는 척도에 의해 측정된 수치에 오차(errors)가 적을수록 높아진다. 측정수치는 〈도표 13-4〉와 같이 두 가지의 오차에 의해 왜곡되어 있다.

<도표 13-4> 측정수치와 측정오차

$$Y = TS + SES + RES$$

- ✓ Y: 측정된 수치
- ✓ TS(True Score): 오차 없이 측정할 때 만들어지는 진실된 수치
- ✓ SES(Systematic Error Score): 측정의 체계적 오차를 반영하는 수치
- ✓ RES(Random Error Score): 측정의 무작위적 오차를 반영하는 수치

이 도표에서, 측정된 수치는 진실된 수치(TS)와 측정오차에 따른 수치들(SES, RES)로 구성되어 있다. 체계적 오차의 수치(SES)는 측정도구나 상황과 관련하여 언제나 일정하게 발생하는 것이다. 가령, 어떤 체중계에서 0이 0kg에 맞추어진 것이 아니라 1kg에 맞추어져 있다면, 그 체중계로 측정된 사람의 몸무게는 언제나 1kg씩 더 나오게 된다. 이때 그렇게 더 나온 1kg은 체계적 오차(SES)이다. 면접조사에서, 면접자의 호감성 때문에 그만큼 더 긍정적으로 높아진 응답은 체계적 측정오차에 해당한다. 여론조사에서 먼저 특정 유도질문을 하면, 그 유도질문 때문에 응답이 일정하게 더 긍정적이거나 부정적일 수 있다. 이렇게 일정하게 변화하는 것도 체계적 오차에 해당한다. 측정수치에 타당도가 높다고 함은 체계적 측정오차가 적음을 말한다.

무작위적 오차의 수치(RES)는 우연히 생긴 원인 때문에 무작위적으로 발생하는 것이다. 가령, 우연히 사소한 일로 동료와 직장에서 언쟁을 벌인 사람은 그 언쟁 직후 받은 설문에서 평소보다 더 부정적인 응답을 피력할 수 있다. 그 언쟁으로 기분이 나빠졌기 때문이다. 반대로, 설문 직전에 우연한 일로 기분이 좋아진 응답자는 평소보다 더 긍정적인 응답을 피력할 수 있다. 이런 식으로 우연적인 원인 때문에 측정수치가 무작위적으로 변화할 수 있다. 측정수치에 신뢰도가 높다고 함은 무작위적 측정오차가 적음을 말한다.

정성적 자료를 수집하거나, 아니면 척도에 따라 계량적 자료를 수집하는 방법은 크게 두 가지로 분류된다. 하나는 **설문**(interview)이고, 다른 하나는 **관측**(observe)이다. 설문은 질문을 제시하여 응답을 얻는 방법이다. 가령, 복지서비스에 얼마나 만족하는지 물어보고, 7점 척도로써(1=매우 불만족, 7=매우 만족) 그 응답을 받을 수 있다. 또는 복지서비스를 경험하면서 느낀 불만사항들을 자유롭게 서술하도록 요청할 수 있고, 이에 대해 응답자는 자신의 생각을 언어적, 비언어적으로 특별한 형식 없이 서술할 수 있다.

관측은 조사자가 조사대상과 물리적, 심리적 거리를 두고 살펴보는 것이다. 원칙적으로 관측은 관측 대상의 물리적, 심리적 움직임에 영향을 주면 안 된다. 관측의 결과는 언어적, 비언어적으로 서술되거나, 아니면 척도에 따라 수치화된다. 소비자가 복지서비스를 이용하는 동안 카메라로 소비자의 행태적 특징들을 살펴보는 것은 전형적인 관측 조사에 해당한다. 정성적인 관측방법의 예로서 민속학적(ethnographic) 방법을 들 수 있다. 이 방법에서, 조사자는 특정 집단의 내부에 들어가 그 집단의 사회문화적 관점을 유지하며 집단의 특징과 행태를 관측한다.

설문과 관측은 서로 장단점이 있다. 설문에서, 조사자는 상황에 맞추어 여러 질문들을 유연하게 제공하며 응답을 쉽게 받아 낼 수 있다. 물론, 한 번에 많은 질문을 응답자에게 제공하여 짧은 시간에 다양한 내용의 응답을 얻어 낼 수 있다. 그러나 설문응답은 응답자의 기억에 의존하기 때문에 부정확한 기억으로 응답이 왜곡될 수 있다. 또는, 정확한 기억으로 응답한다고 하더라도, 응답을 언어적, 비언어적으로 표현하는 데 왜곡이 발생할 수도 있다. 이외에도, 질문이 응답을 유도하는 경우에 정확한 응답을 기대하기 어렵다. 설문자나 설문환경이 응답에 영향을 주어 응답이 왜곡되기도 한다.

관측에서 조사자와 조사대상은 격리되므로, 조사자가 조사대상에 주는 영향은 최소화된다. 따라서 그만큼 측정에 왜곡이 적어진다. 그러나 관측은 설문에 비해 비효율적이다. 조사대상이 보여 주는 것만을 관측할 수 있으므로, 원하는 것을 관측할 때까지 조사자는 기다려야 한다. 그리하여 설문에 비해 관측에는 더 많은 시간, 노력, 비용이 투여된다. 또한 관측에는 여러 관측 도구들이 요구될 수 있다. 이러한 도구들을 갖추고 운용하는 데에도 많은 자원이 소요될 수 있다. 가령, 모금광고물에 대한 복지소비자의 반응을 뇌파측정으로 알아보는 것은 관측의 한 종류이다. 뇌파측정에는 여러 도구가 이용된다. 물론, 관측 도구가 측정을 왜곡시킬 수도 있다. 뇌파측정 도구에 문제가 생기면 측정결과에 오류가 발생한다.

　이상에서, 자료수집 방법의 주요 내용들을 살펴보았다. 조사자는 그 내용들을 숙지하고, 조사설계에 따라 합당한 조사방법을 결정해야 한다. 2차자료만 수집할 것인지 아니면 1차자료까지도 수집할 것인지 결정해야 한다. 척도를 선택하여 계량적인 자료를 수집할 것인지 아니면 정성적인 것만 수집할 것인지 결정해야 한다. 계량적 자료를 수집한다면, 신뢰도와 타당도는 어떻게 평가할 것인지도 생각해 보아야 한다. 그리고 설문과 관측 중에서 어떤 것을 선택할 것인지도 생각해 보아야 한다.

13 5 　자료수집 대상

　통계학적 용어로 자료수집 대상은 **모집단**(population)이라고 지칭된다. 만약 노인장애인 프로그램을 운영하고 있는 복지기관이 그 프로그램 이용자의 만족도를 파악하고자 한다면, 이 만족도 조사에서 모집단은 과거 그 프로그램을 이용한 노인장애인 전체이다. 때로는, 최근 수년간 그 프로그램을 이용한 노인장애인들만이 관심의 대상이 될 수 있다. 이때 모집단은 이 수년간의 노인장애인들로만 구성된다.

　모집단을 조사대상으로 삼는 경우는 그렇게 흔하지 않다. 일반적으로 모집단의 규모는 크기 마련이다. 그리하여 모집단 조사에는 비용이 많이 소요되거나, 아니면 조사가 거의 불가능하기 때문이다. 그리하여 모집단 조사 대신에, 모집단 구성원들 중 일부를 선택하여 조사가 이루어진다. 이 일부를 **표본**(sample)이라고 지칭한다. 표본은 모집단을 대표하는 것이 있고, 그렇지 않은 것이 있다.

모집단 대상의 조사를 전수조사라고 칭하고, 표본 대상의 조사를 표본조사라고 칭한다. 표본이 모집단을 완벽히 대표하지 못하면 그만큼 **표본오차**가 발생한다. 그리하여 표본조사는 전수조사보다 정확하지 않다고 생각할 수 있으나, 실제로는 꼭 그렇지도 않다. 경우에 따라서는 전수조사보다 표본조사가 더 정확할 수도 있다. 모집단은 표본보다 크기 때문에 자료수집과 분석과정에서 문제가 더 많이 발생할 수 있고, 그리하여 조사의 오차도 매우 커질 수 있기 때문이다. 이런 오차를 통칭하여 **비표본오차**라고 일컫는다. 예를 들어, 훨씬 더 많은 응답자를 상대하다 보면 자료수집에서 실수가 그만큼 더 많아진다. 또한, 방대한 자료를 정리하고 분석할수록 그만큼 실수가 더 많아진다. 따라서 전수조사가 가능하다고 해도 비표본오차를 고려할 때 표본조사가 전수조사보다 더 바람직할 수도 있다.

표본을 추출하기 위해서는 먼저 모집단을 정의하고, 모집단에 상응하는 **표본프레임(sample frame)**을 찾아야 한다. 표본프레임은 실제로 표본이 추출되는 집단이다. 가령, 서울시 거주자를 모집단으로 삼았을 때, 서울시 거주자의 휴대전화번호 명부는 표본프레임으로 사용될 수 있다. 그리하여 표본은 그 휴대전화번호 명부에서 추출된다. 표본프레임은 모집단과 정확히 일치하지 않을 수 있다. 위의 예에서, 모든 서울시 거주자가 휴대전화번호 명부에 등재되지 않을 수도 있기 때문이다. 표본프레임이 모집단과 일치하지 않을수록 그만큼 표본오차도 커진다.

표본프레임을 결정하면, 표본프레임을 구성하는 단위를 확인하고, 그 단위에 따라 표본을 얼마나 추출할 것인지 결정한다. 위의 예에서, 표본추출 단위는 휴대전화번호 명부에 등재된 개별 가입자이다. 표본의 구성원은 이 가입자들 중 표본에 포함된 사람이다. 표본의 크기는 여러 요인들에 따라 결정된다. 비용이나, 비표본오차, 조사결과의 유의성(significance) 등이 그 요인들에 해당한다. 표본이 클수록, 비용이나 비표본오차는 커지기 마련이다. 특히, 확률표본에서 표본의 크기는 조사결과의 유의성과 관련이 있다. 그리하여 그 유의성의 수준을 어느 정도까지 용인할지에 따라 표본의 크기가 결정된다.

표본추출 방법에는 확률표본추출법과 비확률표본추출법이 있다. 모집단의 각 구성원이 표본으로 추출될 확률은 사전에 알려져 있을 수도 있고 그렇지 않을 수도 있다. 만약 모집단이 남자 30%, 여자 70%로 구성되어 있다면, 남자와 여자가 표본으로 추출될 확률은 각각 30%와 70%이다. 표본추출에서, 이런 식의 확률은 사전에 알려질 수도 있고, 그렇지 않을 수도 있다. **확률표본추출법**이란 사전에 알려진 그런 확률에 맞추어 표본을 추출하는 것이다. **비확률표본추출법**은 그런 확률이 사전에 알려져 있지 않은 경우에, 편의성이나 조사목적에 맞추어 자의적으로 표본을 추출하는 방법이다. 비확률표본추출법에 비하여, 확률표본추출법에서는 조사결과의 통계적 유의성이 검증될 수 있는 장점이 있다. 그러나 표본추출에 금전적, 비금전적 비용이 많이 들며, 때로는 추출 방법이 복잡하고 어려워, 커다란 조사 오차를 야기할 수 있다.

확률표본추출법들 중 가장 널리 알려진 것으로 무작위표본추출법(random sampling)이 있다. 무작위표본추출법에는 단순무작위표본추출법(simple random sampling), 층화표본추출법(stratified sampling) 그리고 군집표본추출법(cluster sampling)과 같은 것들이 있다. **단순무작위표본추출법(simple random sampling)**은 모집단의 각 구성단위가 표본으로 뽑힐 확률을 동일하게 놓고 표본을 무작위로 추출하는 방법이다. 가령, 모집단 1,000명의 사람들로부터 100명의 표본을 추출한다고 하자. 이 경우에, 모집단의 각 사람이 표본으로 뽑힐 확률을 동일하게 놓는다면, 모집단의 각 사람이 표본으로 뽑힐 확률은 다 같이 10%(100÷1,000)이다.

층화표본추출법(stratified sampling)에서는, 먼저 모집단을 여러 개의 하위집단들로 나눈다. 이때, 하위집단 내의 동질성과 하위집단 간의 이질성이 의미 있게 확보되어야 한다. 그리하여, 각 하위집단마다 단순무작위표본추출법을 사용하여 일정 숫자의 구성원들을 선택한다. 각 하위집단에서 선택되는 구성원들 숫자는 모집단 대비 하위집단의 크기나 기타 조사관련 요인들에 따라 결정된다. 최종적으로, 각 하위집단에서 선택된 구성단위들을 모두 합하여 표본으로 삼는다.

2021년 1월 현재에 서울시의 행정동들은 425개이므로, 서울시 거주자라는 하나의 모집단은 425개의 하위집단으로 나뉠 수 있다. 이러한 425개의 하위집단들에 대하여 층화표본추출법을 적용하여 서울시 거주자의 표본을 확보하려면, 각 행정동마다 일정 숫자의 거주자들을 단순무작위표본추출법으로 선택하고, 그렇게 행정동마다 선택된 거주자들을 모두 합산하면 된다.

군집표본추출법(cluster sampling)에서도 모집단은 먼저 여러 개의 하위집단들로 나뉘어진다. 하위집단 내의 동질성과 하위집단 간의 이질성은 확보되어야 한다. 다음으로, 단순무작위표본추출법을 이용하여 그 하위집단들 중 일정 숫자의 하위집단들을 선택한다. 그리고 이렇게 선택된 하위집단들에 속한 모든 구성원들을 합하여 표본으로 삼는다. 위에서 제시한 서울시 거주자라는 모집단의 예에서, 군집표본추출법을 사용하여 표본을 확보하려면, 425개의 행정동들에서 일정 숫자의 행정동을 단순무작위표본추출법으로 선택하고, 이렇게 선택된 행정동들의 거주자들을 모두 합산하면 된다.

모집단의 구성원이 표본으로 추출될 확률을 사전에 알지 못하면, 비확률표본추출법(nonprobability sampling)만을 사용할 수 있다. 비확률표본추출법으로는 편의표본추출법(convenience sampling), 판단표본추출법(judgement sampling), 할당표본추출법(quota sampling) 등이 있다.

편의표본추출법(convenience sampling)은 편의성에 따라 임의로 표본을 추출하는 방법이다. 만나기 쉬운 응답자들을 표본으로 삼는 것은 전형적인 편의표본추출법에 해당한다. **판단표본추출법**(judgement sampling)은 모집단의 특성을 잘 반영한다고 판단되는 모집단 구성원이나 조사목적에 잘 부합한다고 판단되는 모집단 구성원을 표본으로 삼는 방법이다. **할당표본추출법**(quota sampling)은 모집단 구성원의 특징에 따라서 표본 구성원의 비율을 사전에 결정하고, 이 비율에 맞추어 표본을 추출하는 방법이다. 가령, 성별에 따라서 남자와 여자는 각각 50%로 그리고 소득에 따라서 저소득자는 30%, 중간 소득자는 50%, 고소득자는 20%로 표본을 추출할 수 있다. 이러한 비율은 모집단과 일치할 수도 있고, 아니면 편의성이나 조사목적에 따라 자의적으로 결정될 수도 있다.

표본추출 방법과 함께 결정되어야 할 사항은 표본의 크기이다. 확률표본추출법의 경우에 표본의 크기는 조사결과의 통계적 유의성 검증과 관련이 있다. 이 검증에서 신뢰성 구간과 검증의 위험도는 표본의 크기에 영향을 미친다. 한편, 비확률표본추출법의 경우에 표본의 크기를 결정하는 과학적 근거는 없다. 다만, 조사목적과 편의성에 의해 자의적으로 결정될 뿐이다.

　자료수집 대상의 결정에는 조사의 정확성과 함께 효율성이 고려되어야 한다. 위에서도 언급되었지만, 모집단을 대상으로 이루어지는 전수조사가 언제나 표본조사보다 더 정확한 자료를 생성하지는 않는다. 전수조사의 비표본오차가 표본오차보다 더 클 수 있기 때문이다. 그리하여, 조사의 효율성을 고려한다면, 표본조사가 전수조사보다 더 바람직할 수 있다. 조사자는 표본오차와 비표본오차를 잘 고려하여 전수조사를 수행할 것인지, 아니면 표본조사를 수행할 것인지 결정해야 한다. 또한 그런 오차들을 잘 따져서 표본의 크기나 표본추출 방법을 결정해야 한다.

13 6 자료수집과 분석

　자료수집을 위해서는 설문이나 관측의 방법을 구체적으로 결정해야 한다. 예를 들어, 설문의 경우에, 면접자가 직접 응답자를 만날 것인지, 아니면 전화나 우편을 이용하거나 인터넷, 모바일 매체를 통해서 응답자와 접촉할 것인지 선택해야 한다. 또는 일대일 설문을 진행할 것인지 아니면 특정 시간과 공간에 응답자들을 모아 놓고 설문을 진행할 것인지 선택해야 한다. 또한 설문에 시청각적 수단을 사용할 것인지 아니면 단순 설문지만 사용할 것인지도 결정해야 한다. 응답자에 대한 사례를 얼마나 어떻게 제공할지도 응답결과에 영향을 주기 때문에 신중히 결정해야 한다. 이렇듯이, 구체적으로 설문을 진행하기 위해서는 많은 것들을 용의주도하게 집행해야 한다.

　관측의 경우에도 많은 것들을 고려해야 한다. 가령, 조사대상자에게 자신이 관측되고 있음을 사전에 알려야 하는지 결정해야 한다. 또는 관측에 기록이나 측정을 위한 도구를 어떻게 사용할 것인지도 결정해야 한다. 관측현장에서 관측결과를 어떻게 분류, 정리할 것인지도 결정해야 한다. 물론, 관측시점과 장소 그리고 기타 상황들도 결정해야 한다. 이상의 것들 이외에도, 관측을 용의주도하게 집행하기 위해서는 많은 사항들이 결정되어야 한다.

정성적 자료이든 계량적 자료이든, 자료가 수집되면, 먼저 수집된 자료 중 불량한 부분을 제거하거나 보정해야 한다. 자료의 불량성은 조사대상자와 조사상황의 부적합성이나 불성실한 응답, 관측 도구의 잘못된 작동이나 관측자의 실수 등과 같은 많은 요인들에 의해 야기된다. 다음으로, 분석 목적에 맞추어 자료를 변환해야 한다. 가령, 응답자별로 정리된 자료를 복지서비스의 특징 등과 같은 다른 기준으로 재배열하거나, 일별 자료를 월별 또는 분기별 자료로 전환할 수 있다.

자료변환이 이루어진 정성적 자료에 대해서는, 질적 내용분석이 이루어진다. 그리고 이 분석 결과를 판단하여 조사취지에 부합하는 정보를 얻어 낸다. 이러한 판단적 정보획득에 사용되는 방법들은 표준화된 틀 내에서 구체적으로 정형화하기 어렵다. 가령, 내용분석의 결과물들을 부호화(coding)하거나 범주화(categorizing)해야 한다는 원론적인 접근법은 존재하지만, 그 부호화와 범주화의 구체적 집행은 조사목적이나 상황에 따라 매우 다양하기 마련이다. 결국 정성적 자료의 분석은 조사자의 식견이나 통찰력에 따라 유연하고도 비정형적으로 이루어진다.

서술적 조사나 인과관계적 조사를 통해 얻어진 계량적 자료의 분석에는 통계학적 기법들이 사용된다. 특정 모집단에 대하여, X라는 변수와 Y라는 변수에 대한 계량적 자료가 얻어졌다면, 이러한 자료의 분석은 X와 Y 간의 관계를 규명하기 위한 것이다. 일반적으로 그러한 관계는 교차분류표(cross-classification table) 분석이나, 상관관계계수(correlation coefficient) 분석을 통해 규명된다. 물론, 조사자는 변수 간의 관계를 말해 주는 통계치인 공분산(covariance)이나 상관관계계수에 기초하여 다양한 모형들을 추정할 수 있다. 대표적으로, 이러한 모형들에는 분산분석(ANOVA) 모형, 회귀분석(regression analysis) 모형, 요인분석(factor analysis) 모형 등과 같은 것이 있다.

13 7 보고서 작성

    보고서는 배경, 목적과 범위, 방법, 결과, 논의라는 5개 부분으로 나뉘어질 수 있다. 먼저 배경 부분에서는 의사결정문제와 조사문제가 제시된다. 목적과 범위에서는 조사를 통해 얻고자 하는 정보의 종류와 내용을 제시한다. 그리고 이 정보가 어떤 조사설계에 따라 얻어질 것인지 간략하게 제시한다. 물론 조사가 수행되는 상황이나 조건도 간략히 제시한다.

    방법 부분에서는 조사설계, 자료수집 방법, 자료수집과 분석의 방법을 제시한다. 결과 부분에서는 분석 결과를 제시하고, 그 결과의 의미, 한계점 등을 제시한다. 마지막으로 논의 부분에서는 주요 분석 결과를 간략하게 정리하고, 분석 결과에 따른 실무적 정책 수립과 집행을 제안한다. 그리고 조사의 한계점을 극복하기 위한 방안도 제시한다. 일반적으로, 보고서 맨 앞에는 보고서의 핵심을 한두 쪽으로 요약한 것을 제시한다.

13 8 마케팅정보시스템

    정보가 필요할 때마다 일회성으로 마케팅조사를 수행하는 경우에 여러 문제점이 발생할 수 있다. 무엇보다도, 마케팅조사에 시간이 소요되어 의사결정 시점에 맞추어 완성도 높은 정보를 만들어 내지 못할 수 있다. 시장의 변화를 시계열적(time-series)으로 일관성 있게 추적하지 못하여 낭패를 겪을 수도 있다. 과거에 수행했던 조사를 불필요하게 반복하여 자원을 낭비할 가능성도 있다. 조사를 하고 나면 그때뿐이라는 생각에서 도덕적 해이가 발생할 수도 있다. 도덕적 해이는 자원의 낭비나 정보의 불량성으로 이어지게 된다.

이런 모든 문제점들을 극복하기 위하여, 마케팅조사의 과정과 결과물들은 복지기관의 집단지성으로서 복지기관 내에 축적, 관리되어야 한다. 이런 축적, 관리의 수단이 **마케팅정보시스템**이다. 이런 정보시스템은 하나의 업무 체계와 인프라로서, IT 기술과 접목되어 구축, 운용되기 마련이다. IT 기술과 접목되기 이전에는, 일종의 큐레이터(curator)와 유사한 담당자나 부서가 조사과정의 기록물과 조사 결과물을 일일이 수기로 정리, 수집하고, 필요에 따라 제공하였다. 오늘날 이런 큐레이터의 역할 중 많은 부분이 IT 관련 하드웨어와 소프트웨어에 의해 수행되고 있다.

마케팅정보시스템은 자료를 축적하고, 축적된 자료를 가공하여 의사결정에 도움이 되는 정보를 제공한다. 마케팅정보시스템이 잘 움직이려면, 다양한 마케팅 의사결정 모형들이 체계적으로 개발, 운용되어야 한다. 대표적인 마케팅 의사결정 모형으로서 시장수요결정 모형을 들 수 있다. 이 모형은 수요의 수준이 무엇에 의해서 얼마나 변화하는지 보여 준다.

노인여가복지 서비스의 수요를 결정하는 요인들로는 노인층의 규모, 노인이 소속된 세대의 특징들, 서비스 이용에 들어가는 비용 그리고 여가 프로그램의 특징을 들 수 있다. 마케팅정보시스템은 노인여가복지 서비스의 수요량과 수요결정 요인에 관한 자료를 축적하고 있어야 한다. 그리고 그 수요량이 관련 요인들에 의해서 어떻게, 얼마나 영향받는지 분석해 주는 모형을 갖추고 있어야 한다. 그래야 마케팅정보시스템은 노인여가복지 서비스의 수요예측이라는 의사결정문제에 도움을 줄 수 있다.

예를 들어, 마케팅정보시스템은 축적된 자료를 분석모형에 적용하여서 서비스 이용비용이 1단위 증가하면, 수요는 0.01단위 감소한다는 식의 정보를 제공할 수 있다. 서비스 이용비용을 높여도 수요가 크게 감소하면 복지기관에 도움이 되지 않는다. 그 정보는 마케팅 의사결정자가 서비스 이용비용을 어떻게, 얼마나 변화시킬지 결정하는 데 도움이 된다.

따라서, 마케팅정보시스템은 복지기관에 필요한 다양한 마케팅 의사결정 모형들을 기반으로 개발, 운영되어야 한다. 각 의사결정 모형의 운용에 필요한 자료를 체계적으로 축적하고, 필요에 따라 그 모형에 맞추어 정보를 효율적으로 생성해야 한다. 많은 자료를 갖고 많은 정보를 만들어 내는 마케팅정보시스템보다는 적정량의 자료를 갖고 필요한 정보만을 효율적으로 만들어 내는 마케팅정보시스템이 바람직하다.

참고문헌

Bagozzi, Richard P. (1975), "Marketing as Exchange," *Journal of Marketing*, Vol. 39, No. 4, pp. 32-39.

Bernouille, Daniel (1954), "Exposition of a New Theory on the Measurement of Risk," *Econometrica*, Vol. 22, No. 1, pp. 23-26.

Blumenthal, David, Melinda Abrams and Rachel Nuzum (2015) "The Affordable Care Act at 5 Years," *New England Journal of Medicine*, 372 (25), pp. 2451-2458.

Borg, Ingwer and Patrick J. F. Groenen (2005), *Modern Multidimensional Scaling: Theory and Applications*, (2nd ed.), New York: Springer-Verlag.

Coughlan, Anne T., Erin Anderson, Louis W. Stern and Adel I. El-Ansary (2006), *Marketing Channels*, Pearson Education, Inc., Upper Saddle River: New York.

Dalkey, Norman and Olaf Helmer (1963), "An Experimental Application of the Delphi Method to the Use of Experts," *Management Science*, 9 (3): 458-467.

Day, George S. and David B. Montgomery (1983), "Diagnosing the Experience Curve," *Journal of Marketing*, Vol. 47, No. 2 (Spring), pp. 44-58.

Dickson, Peter R. and James L. Ginter (1987), "Market Segmentation, Product Differentiation, and Marketing Strategy," *Journal of Marketing*, Vol. 51, No. 2, pp. 1-10.

Emerson, Richard M. (1962), "Power-Dependence Relation," *American Sociological Review*, Vol. 27 No. 1 (February), pp. 239-272.

Emerson, Richard M. (1976), "Social Exchange Theory," *Annual Review of Sociology*, Vol. 2, pp. 335-362.

French, John R., Jr. and Bertram Raven (1959), "The Bases of Social Power," *in Studies in Social Power*, Dorwin Cartwright. Ed., (Ann Arbor, MI: University of Michigan).

Gutman, Jonathan (1982), "A Means-End Chain Model Based on Consumer Categorization Processes," *Journal of Marketing*, Vol. 46, No. 2, pp. 60-72.

Holbrook, Morris. B. (1999), *Consumer Value: A Framework for Analysis and Research*, London: Routledge.

Homans, George C. (1958), "Social Behavior as Exchange," *American Sociological Review*, Vol. 63, No. 6, pp. 597-606.

Iacobucci, Dawn and Gilbert A. Churchill (2018), *Marketing Research: Methodological Foundations*, 12th ed., Nashville, TN: Earlie Lite Books, Inc.

Katsikeas, Constantine S., Neil A. Morgan, Leonidas C. Leonidou, and G. Tomas M. Hult (2016), "Assesing Performance Outcomes in Marketing," *Journal of Marketing*, Vol. 80 (March), pp. 1-20.

Keller, Kevin Lane (2013), *Strategic Brand Management*, Pearson Education International 4th ed.

Keller, Kevin Lane (2001), "Building Customer-Based Brand Equity: A Blueprint for Creating Strong Brands," *Working Paper* No. 01-107, Marketing Science Institute.

Klein, B. and K. B. Leffler (1981), "The Role of Market Forces in Assuring Contractual Performance," *Journal of Political Economy*, Vol. 89, No. 4, pp. 615-641.

Kotler, Philip (1972), "A Generic Concept of Marketing," *Journal of Marketing*, Vol. 36, No. 2, pp. 46-54.

Kotler, Philip and Sidney J. Levy (1969), "Broadening the Concept of Marketing," *Journal of Marketing*, Vol. 33, No. 1, pp. 10-15.

Krishnan, H. Shanker (1996), "Characteristics of Memory Associations: A Consumer-Based Brand Equity Perspective," *International Journal of Research in Marketing*, Vol. 13, pp. 389-405.

Kruskal, J. B., and M. Wish (1978), *Multidimensional Scaling*, Sage University Paper series on Quantitative Application in the Social Sciences, 07-011. Beverly Hills and London: Sage Publications.

Lavidge, Robert J., and Gary A. Steiner (1961), "A Model for Predictive Measurements of Advertising Effectiveness," *Journal of Marketing*, Vol. 25, Issue 6, Oct. pp. 59-62.

Macneil, Ian R. (1978), "Contracts: Adjustment of Long-Term Economic Relations under Classical, Neoclassical, and Relational Contract Law," *Nw. U. L. Rev.*, pp. 854-905.

Maslow, Abraham H. (1943), "A Theory of Human Motivation," *Psychological Review*, Vol. 50, No. 4, pp. 370-396.

McDonald, R. P. (1985), *Factor Analysis and Related Methods*, Hillsdale, NJ: Erlbaum.

McWilliams, Jeremiah (2010), "Twenty-Five Years Since Coca-Cola's Big Blunder," *Atlanta Business News*, 26 April.

Morrison, Alan and Robin Wensley (1991), "Boxing up or Boxed in?: A Short History of the Boston Consulting Group Share/ Growth Matrix," *Journal of Marketing Management*, 7 (2), pp. 105-129.

Myers, James H. (1996), *Segmentation and Positioning for Strategic Marketing Decisions*, American Marketing Association.

Park, C. Whan, Bernard J. Jaworski and Deborah J. MacInnis (1986), "Strategic Brand Concept-Image Management," *Journal of Marketing*, Vol. 50, No. 4, pp. 135-145.

Reichheld, Fred (2006), "The Microeconomics of Customer Relationships," *MIT Sloan Management Review*, Vol. 47 No. 2 (Winter), pp. 72-78.

Rogers, Everett M. (2003), *Diffusion of Innovations* (5th ed.), New York, NY: Free Press.

Urban, Glen L. and John R. Hauser (1993), *Design and Marketing of New Products*, NJ: Prentice Hall.

Wedel, Michel and Wagner Kamakura (2000), *Market Segmentation: Conceptual and Methodological Foundations*, 2nd ed., Springer Science & Business Media, New York.

Williamson, Oliver E. (1981), *The Economic Institutions of Capitalism: Firms, Markets, Relational Contracting*, New York, NY: Free Press.

Wind, Y. and V. Mahajan (1981), "Designing product and business portfolios," *Harvard Business Review,* 59 (1), pp. 155-165.

보건복지부 (2017), 사회복지관 운영관련 업무처리 안내

서울시복지재단 (2010), 브랜드마케팅하기

서울시복지재단 (2011), 까리따스방배종합사회복지관 경영컨설팅 최종보고서

색인

인물 색인